Ja! genau!

Deutsch als Fremdsprache

Kurs- und Übungsbuch

Claudia Böschel
Carmen Dusemund-Brackhahn

B1

Band 2

Cornelsen

Ja genau! B1/2

Deutsch als Fremdsprache

Im Auftrag des Verlages erarbeitet von:
Claudia Böschel und Carmen Dusemund-Brackhahn

In Zusammenarbeit mit der Redaktion: Andrea Finster (verantwortliche Redakteurin)
sowie Imke Schmidt

Bildredaktion: Nicola Späth
Projektleitung: Gunther Weimann

Beratende Mitwirkung: Eva Enzelberger, Bernhard Falch, Sara Hägi,
Ester Leibnitz, Sabine Roth und Lidia Wanat

Illustrationen: Joachim Gottwald, Krimiseiten: Josef Fraško, Seite 26: Laurent Lalo
Layoutkonzept und technische Umsetzung: zweiband.media, Berlin
Umschlaggestaltung: Rosendahl Berlin

Weitere Kursmaterialien:
Audio-CD für den Kursraum ISBN 978-3-06-024171-2
Sprachtraining B1 + DaZ ISBN 978-3-06-024165-1
Sprachtraining B1 + DaF ISBN 978-3-06-020464-9
Handreichungen für den Unterricht ISBN 978-3-06-024174-3

www.cornelsen.de

1. Auflage, 2. Druck 2013

Alle Drucke dieser Auflage sind inhaltlich unverändert und können im Unterricht nebeneinander verwendet werden.

Druck: Stürtz GmbH, Würzburg

ISBN 978-3-06-024162-0

Inhalt gedruckt auf säurefreiem Papier aus nachhaltiger Forstwirtschaft.

Die Autorinnen im Gespräch
Anstelle eines Vorworts

Ja genau B1 ?!

Ja, das Lehrwerk ist gewachsen und mit dem Lernfortschritt ist auch Neues dazugekommen. Dabei sind wir unserem Prinzipien treu geblieben und ...

... aber die **Hand** ist gewandert?

Sie ist ein gutes Beispiel für unseren Versuch, **kontinuierliche Arbeitsformen** zu vermitteln, die den Lernenden **Routine** und damit **Sicherheit** geben.

Ja, in den A1-Bänden haben wir damit Dialoge geübt und dann in A2 Textstrukturen. Mit Erfolg, die Nebensätze und Verbkonjugation sitzen.
Aber wo ist die Hand jetzt?

Jetzt wird es spannend. Wir bieten auf der letzten Seite einer jeden Einheit einen **Fortsetzungskrimi** zur Lektüre an. Aber natürlich lassen wir die Lernenden damit nicht alleine, hier helfen die fünf Schritte der Hand bei der Erarbeitung und Wiedergabe von Textinhalten.

Dabei ist auch wieder ein Ball im Spiel?

Ja klar. Bewegung und häufige Sprecherwechsel machen den Unterricht lebendiger. Generell ist es uns wichtig, durch sehr **abwechslungsreiche Übungstypen** alle Lernertypen anzusprechen.

Ja, aktive Lernende wünschen wir uns alle.

Wir glauben daran, dass selbstständiges Arbeiten und ein großes Maß an Interaktion im Kurs auch durch ein Lehrwerk gefördert werden kann. Das ist nicht immer leicht. Deshalb bieten wir **kooperative Arbeitsformen** wie „Expertengruppen" oder „Lernstationen" immer wieder als feste Aufgabentypen an.

Neues erarbeiten und Altes festigen – das ist ja gerade für diese Niveaustufe sehr wichtig. Man denkt, das ist jetzt bekannt, muss es aber doch nochmal erklären ...

Ja, das kennen wir und haben deshalb eine **zyklische Progression**, das heißt, durch alle Bände hindurch wird Bekanntes immer wieder aufgegriffen und mit dem Neuen da verknüpft, wo es passt. Das sorgt für Aha-Erlebnisse.

Ich unterrichte sehr heterogene Gruppen, da war mir der Aufgabentyp **„Schon fertig"** oft eine Hilfe.

Schon fertig?

Keine Sorge, „Schon fertig" gibt es weiterhin ... und eine Fülle an Extramaterial, apropos „Extra". Diese Zusatzseite für alle, die etwas mehr machen wollen, bleibt, aber jetzt dreht sich alles um ein Wort. Das soll zum Nachdenken, Lesen und Weiterreden anregen ... und natürlich Spaß machen!

Ich bin gespannt ...

Und wir erst! Jedenfalls hoffen wir auf viele Erkenntnisse – beim Deutschlernen und Deutschlehren und wünschen viel Spaß und Erfolg mit *Ja genau!*

Ja genau!

- ein Lehrwerk für Erwachsene ohne Vorkenntnisse
- in sechs Bänden:
  Band 1 und 2 führen zur Niveaustufe A1, Band 3 und 4 zu A2,
  Band 5 und 6 zu B1 des Gemeinsamen europäischen Referenzrahmens.
- Das Lehrwerk bereitet auf folgende Prüfungen vor:
  Goethe-Zertifikat A1: Start Deutsch 1; telc Deutsch A1; ÖSD A1
  Goethe-Zertifikat A2: Start Deutsch 2; telc Deutsch A2; ÖSD A2
  Goethe-Zertifikat B1: Zertifikat Deutsch; telc Deutsch B1; Deutsch-Test für Zuwanderer;
  Österreichisches Sprachdiplom Deutsch B1
- Jeder Band hat sieben Einheiten.
- Jede Einheit besteht aus zehn Seiten:
  zwei Einstiegsseiten, vier Präsentationsseiten, eine Projektseite, eine Extra-Seite mit fakultativem Zusatzmaterial, eine „Ich kann ...“-Seite als Zusammenfassung der Lerninhalte und der letzten Seite, auf der ein Fortsetzungskrimi in sieben Teilen erzählt wird.
- Der Übungsteil ist ins Kursbuch integriert. Zu jeder Einheit gibt es fünf Seiten mit Übungen sowie eine Seite, die den Lernwortschatz präsentiert.
- In das Kurs- und Übungsbuch eingelegt ist eine Audio-CD für Lernende (mit der Vertonung des Fortsetzungskrimis und allen Hörtexten des Übungsteils).
- Neben dem Kurs- und Übungsbuch gibt es noch: ein Trainingsheft, eine Audio-CD für Lehrende (Kursraum-CD) und die Handreichungen für den Unterricht.

Legende

Die Symbole und ihre Bedeutung

Hier gibt es etwas zu hören.
5 Wo? Zahl = Tracknummer der Kursraum-CD für Lehrende.
Die Tracknummern des Krimis und die im Übungsbuchteil beziehen sich auf die im Buch eingelegte CD.

Hier arbeiten Sie zu zweit.

Hier erarbeiten Sie den Krimi – in fünf immer gleichen Schritten.
Sie werden in Teil 1 (vgl. S. 15) erklärt.

7 Hier müssen Sie vor- oder zurückblättern. Wohin? Die Seitenzahl ist angegeben.

Was!? Schon fertig? Hier finden Sie weitere Aufgaben.

Hier werden Sie aufgefordert, das Erlernte in der Welt draußen auszuprobieren. Wenn Sie nicht in D A CH lernen, nutzen Sie das Internet oder probieren Sie die Aufgabe im Kursraum aus.

Hier finden Sie zusätzliche Übungen, wenn Sie etwas vertiefen wollen.

Inhalt

Der liebe Haushalt

Das bisschen Haushalt

1 Auf die Plätze ...

a) Arbeiten Sie in zwei Gruppen. Welche Gruppe findet in drei Minuten die meisten Wörter zum Thema Haushalt?

b) Zählen Sie die Wörter von der anderen Gruppe. Welche gehören Ihrer Meinung nach nicht dazu? Diskutieren Sie im Kurs. Der/Die Lehrer/in ist Schiedsrichter.

Das ist doch gar kein Haushaltswort!

Das passt nicht, weil ...

Ich glaube, es gehört dazu, weil ...

2

2 Ein Lied aus den 70er-Jahren – immer noch aktuell?

a) Hören Sie und kreuzen Sie an.

1. Der Mann meint, der Haushalt macht sich von allein. Das heißt,
   a) [ ] das ist viel Arbeit.
   b) [x] das ist nicht viel Arbeit, das kann man nebenbei machen.
2. a) [x] Er versteht nicht, warum sich Frauen über die Arbeit beschweren. – complain
   b) [ ] Er würde auch lieber im Haushalt arbeiten.
3. a) [ ] Er findet, dass Frauen arbeiten gehen sollten.
   b) [x] Er denkt, dass Frauen froh darüber sein sollten, wenn sie nur den Haushalt machen.

should be happy about it

b) Was denken Sie über das Lied? Wer macht bei Ihnen den Haushalt? Erzählen Sie im Kurs.

Es hat sich viel/wenig/nichts geändert. Meistens ...
Der Mann sollte mal für eine Woche die Rolle tauschen. / Hausarbeit ist schwere Arbeit, besonders wenn man Kinder hat. / Geldverdienen ist anstrengender/leichter/...
Wir teilen uns die Hausarbeit. Ich mache .... Mein Mann / Meine Frau macht ...
Das meiste mache ich / macht ... / Ich mache alles allein, denn ...

3 XXL-Familien.
Vermutungen. Schauen Sie das Bild an und sprechen Sie über die Fragen.

Was glauben Sie, ...
... wie viel Wäsche in dieser Familie am Tag gewaschen wird?
... wie viele Badezimmer es gibt?
... wie viel Brot diese Familie pro Tag isst?
... wie viele Einkaufswagen beim wöchentlichen Großeinkauf gebraucht werden?

4 Alltag in einem Zehn-Personen-Haushalt.
a) Was passiert in der Großfamilie morgens, mittags und abends? Lesen Sie den Blogeintrag und sammeln Sie.

ANJA, 42

Hallo. Wir leben in einem Haus mit elf Zimmern, denn zu meinem Haushalt gehören zehn Personen und vier Tiere. Ich mache schon lange keine genauen Zeitpläne mehr, denn irgendwas passiert immer: ein Armbruch, ein verpasster Bus oder eine kaputte Waschmaschine. Die wenigsten können sich unser Leben wirklich vorstellen. Aber sooo stressig ist es ja auch wieder nicht, finde ich. Da wir so viele sind, kann immer irgendwer irgendwas erledigen: den Boden wischen, Staub saugen, den Abfall wegbringen usw.
In der Woche stehe ich um fünf Uhr auf, wecke meinen ältesten Sohn Mike und gehe erst einmal in Ruhe ins Bad. Um die Zeit geht das noch. Obwohl wir drei Bäder haben, wird ab 7 Uhr Schlange gestanden. Dann wird es ein bisschen hektisch. Hemden werden gebügelt, die Sportsachen sind noch nicht eingepackt, Mathearbeiten werden noch schnell unterschrieben (obwohl das natürlich längst erledigt sein sollte), Brote werden geschmiert, Haare gekämmt, Jacken gesucht usw. usw. Wenn ich dann so gegen 7:30 Uhr endlich nur noch zwei Kinder im Haus habe, wird es „ruhig“. Die Kleinen räumen dann den Geschirrspüler ein und ich kümmere mich um die Wäsche. Das Waschen zweimal am Tag (jeden Tag und wir haben zwei Waschmaschinen!) ist gar nicht so schlimm. Aber das Sortieren! Irgendjemand hat eigentlich immer Socken an, die ihm oder ihr gar nicht passen.
Montags kaufen wir für die ganze Woche ein. Da werden dann drei Einkaufswagen voll. Nur das Brot kaufen wir jeden Tag frisch – insgesamt sind das 14 Brote pro Woche!
Zum Mittagessen ist fast die ganze Familie wieder zu Hause und alle helfen, den Tisch zu decken und wieder abzuräumen. Am Nachmittag sind die Hausaufgaben dran. Dabei helfen die Großen den Kleinen und ich muss nur in Notfällen dazukommen. Danach wird das Freizeitprogramm organisiert. Alle meine Kinder machen irgendeinen Sport oder gehen zum Musikunterricht. Manchmal denke ich, ich bin eine Taxifahrerin. Abends nach dem Essen wird dann gesungen, gebastelt, gebacken, gespielt, gestritten, geweint, gelesen, gebadet, gekuschelt ... Um elf brauche ich dann dringend mein Bett.

b) Markieren Sie neue Wörter im Text und ergänzen Sie Ihre Plakate aus Aufgabe 1.

c) Lesen Sie den Text noch einmal und überprüfen Sie Ihre Vermutungen aus Aufgabe 3.

Schon fertig?
Was haben Sie gestern im Haushalt gemacht? Schreiben Sie.

5 Warum würden Sie (nicht) gern in einer Großfamilie leben?

Hilfen im Haushalt

6 **Haushaltstipps. Bilden Sie vier Gruppen: gelb, blau, rot und grün. Jede Gruppe löst die Aufgaben a–d zu ihrem Text.**

a) Lesen Sie den Tipp und ordnen Sie das passende Foto zu.

b) Was kann man wann tun? Machen Sie Stichpunkte.

c) Schreiben Sie aus Ihrem Text nur den Satz mit *anstatt* auf einen Zettel.

Anstatt Kerzen gleich ...

d) Wortbildung: Finden Sie zu Ihren Wörtern ein passendes Nomen.

dauern helfen vorsichtig drucken

anstrengend verpacken sauber düngen

1. Anstatt Kerzen gleich anzuzünden, sollte man sie vorher ins Gefrierfach legen. Dann brennen sie länger. Die Dauer bei Teelichtern[1] verdoppelt sich, Stabkerzen halten dreimal so lang.
2. Kugelschreiberflecken in der Kleidung sind sehr hartnäckig. Haarspray ist da eine große Hilfe, denn wenn man sie damit besprüht, kann man die Flecken einfach abreiben.

1 das Teelicht (A, D), die Rechaudkerze (CH)

1. Eidotterflecken auf dem T-Shirt? Anstatt es sofort in die Waschmaschine zu stecken, sollten Sie den Fleck vorher abkratzen. Vorsicht: nicht den Stoff beschädigen! Dann in kaltem Salzwasser einweichen und auswaschen.
2. Sie haben Tinte aus dem Drucker auf Ihrem Schreibtisch oder am Pullover? Mit Zahnpasta geht sie ganz leicht raus. Sie können mit ihr auch Kalk entfernen oder Silberteile wieder zum Glänzen bringen.

1. Nach dem Streichen ist es oft eine große Anstrengung, alle Farbflecken zu entfernen. Machen Sie es sofort, dann ist es einfacher. Sind sie trotzdem mal angetrocknet, den Boden mit Zuckerwasser wischen, das entfernt die Flecken, ohne den Boden zu zerkratzen.
2. Anstatt Alufolie (z. B. die Verpackung von Schokolade) wegzuwerfen, sollte man über ihre vielen Einsatzmöglichkeiten im Haushalt nachdenken. Man kann damit wunderbar den Herd sauber machen, Pinsel frisch halten oder den Rost von Metallen entfernen.

1. Sauberkeit in der Mikrowelle ist auch aus hygienischen Gründen wichtig. Eine Schale mit Wasser und Zitronenscheiben hineinstellen und ca. drei Minuten auf höchster Stufe laufen lassen. Der Dampf löst die Flecken und man muss nur noch nachwischen.
2. Anstatt gebrauchte Teebeutel in den Müll zu werfen, benutzt man sie besser als Dünger für die Zimmerpflanzen.

A

B

C

D

7 Sie sind Experte/Expertin für Ihren Text.
Mischen Sie die Gruppen neu. In jeder Gruppe müssen alle Farben sein. Lösen Sie die Aufgaben a) bis d).

a) Erklären Sie den anderen den Tipp zu Ihrem Foto.

b) Tauschen Sie sich aus und machen Sie eine Liste mit allen Tipps.

– Kerzen ins Gefrierfach legen
– Eidotterflecken: vorsichtig abkratzen, in kaltes Salzwasser ...

So geht's:
*Er sieht fern, **anstatt** Fenster **zu** putzen.*
*Er sieht fern, **anstatt** aufzuräumen.*

c) Lesen Sie den Anfang von Ihrem *Anstatt*-Satz vor. Jede/r beendet einen Satz.

Anstatt Kerzen gleich anzuzünden, macht man vorher das Licht aus.

d) Präsentieren Sie Ihre Nomen.
Erfinden Sie weitere Wörter. Wählen Sie dann Ihr Lieblingsnomen.

Tipp
Denken Sie sich Wörter aus, egal ob es sie gibt oder nicht. Suchen Sie sie danach in einem Wörterbuch.

Wegwerfer

8 Und welche Haushaltstipps kennen Sie? Ergänzen Sie die Liste aus Aufgabe 7b) und erzählen Sie im Kurs.

Meine Mutter sagt immer, ...

Das wusste ich noch nicht.

Echt? Das ist ja super.

9 Nebensätze. Eine/r würfelt im Kurs. Wer zuerst den Satz beendet, würfelt als nächstes.

Wir gingen spazieren, ...

⚀	⚁	⚂	⚃	⚄	⚅
anstatt	als	obwohl	bevor	weil	nachdem

Beispiel:
Wir gingen spazieren, obwohl wir die Wohnung putzen sollten.

Weitere Satzanfänge:
Ich habe das Geschirr abgewaschen, ... / Ich habe aufgeräumt, ... / Du warst einkaufen, ... / Du solltest das Bad putzen, ... / ...

3 **10** Kurze und lange Vokale.

a) Hören und entscheiden Sie: lang (–) oder kurz (.)? Markieren Sie wie im Beispiel.

In unserem Haus gibt es ...

1. ... sieben Zimmer und vier Tiere. ... einen Topf im Ofen.
2. ... fünf Bücherschränke. ... hundert Putzlappen.
3. ... acht Radios und zwanzig Lampen. ... zehn Wecker.

b) Hören Sie noch einmal und sprechen Sie nach.

4 c) Bilden Sie einen Kreis. Hören Sie einen kurzen Vokal, gehen Sie nach links, hören Sie einen langen Vokal, gehen Sie nach rechts.

Besorgungen machen

11 **Warum ist Anja genervt? Geht Ihnen das auch manchmal so? Lesen Sie und dann erzählen Sie im Kurs.**

Ja, genau!

Ich kann Anja gut verstehen.

- Jonas, könntest du bitte kurz in die Stadt fahren und etwas besorgen?
- Wenn es sein muss.
- Na, vielen herzlichen Dank. Wenn ich mir schon mal etwas Hilfe wünsche, könntest du dir wirklich ein bisschen mehr Mühe geben.
- Okay, ist ja gut. Also, was brauchst du?
- Wir können es uns eigentlich nicht leisten, aber ich brauche unbedingt einen neuen Mixer und beim Hofer ist gerade einer im Angebot.
- Brauchst du sonst noch etwas?
- Ja, wir haben fast kein Hundefutter mehr. Und wenn du schon mal in der Stadt bist, könntest du auch noch Papas Brille beim Optiker abholen und das Päckchen für die Oma zur Post bringen. Oh, und Max braucht seine Tabletten, du weißt ja, wo die Apotheke ist.
- Mama, das kann ich mir unmöglich alles merken.
- Na, dann kannst du dir ja vorstellen, wie es mir immer geht. Mach dir am besten eine Liste. Aber schnell, die Post schließt um sechs.
- Kann ich mir auch etwas kaufen, ich brauche unbedingt einen neuen …

12 **Wiederholung: Reflexive Verben im Dativ. Markieren Sie die Pronomen im Text.**

Wissen Sie es noch?
mir, dir, sich, uns, euch, sich

13 **Lesen Sie noch einmal den Dialog in Aufgabe 11. Markieren Sie die Verben zu den Pronomen und ergänzen Sie damit die Liste.**

sich etwas (aus)denken,
sich Sorgen machen

Tipp
Schreiben Sie zu jedem Verb einen Beispielsatz und lernen Sie die Verben auswendig.
Ich habe mir etwas Neues ausgedacht.

14 **Reflexive Kette. Arbeiten Sie zu viert.**

So geht's: A beginnt einen Satz mit einem Personalpronomen und gibt den Zettel weiter. B ergänzt ein Verb aus der Liste von Aufgabe 13, C ergänzt das richtige Pronomen und D beendet den Satz.

Ich	*Ich kaufe*	*Ich kaufe mir*	*Ich kaufe mir eine neue Handtasche.*

5 **15** **Was hat Jonas vergessen?**

a) Hören Sie den Dialog und vergleichen Sie mit Aufgabe 11. Was fehlt?

b) Und Sie? Was vergessen Sie oft? Erzählen Sie im Kurs.

Geheimzahl • Passwort • Schlüssel • den Herd ausmachen • Zähne putzen • Sportsachen • …

oh nein, ich wusste, ich habe etwas vergessen.
Er hat Maxs Tabletten vergessen

16 Ermäßigungen.

a) Was ist was? Ordnen Sie die Bilder den Sätzen zu.

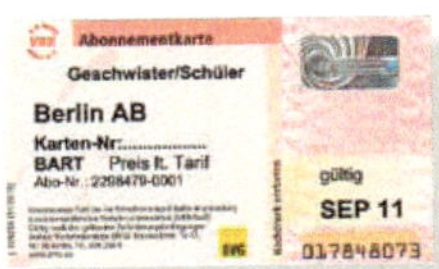

A

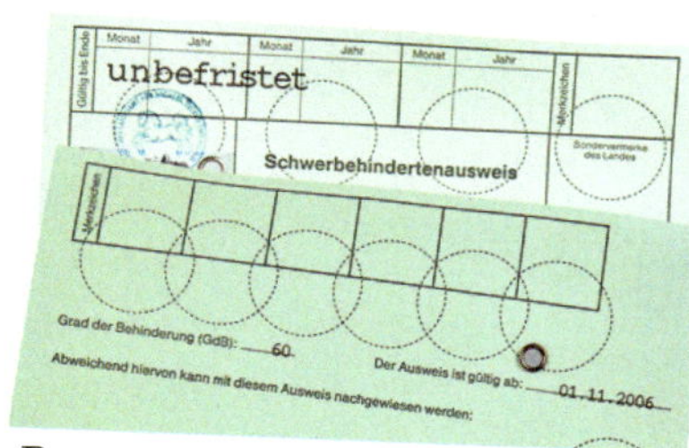

B

GEZ.

C

D

E

F

1. ☐ Damit sind viele Ferienangebote umsonst oder billiger.
2. ☐ Wenn man studiert, bekommt man viele Ermäßigungen.
3. ☐ Damit muss man oft weniger Eintritt zahlen, man muss nicht Schlange stehen und bekommt einen Sitzplatz.
4. ☐ Diese Clubkarte benutzt man nicht nur am Bankomat, man bekommt auch für viele Veranstaltungen Ermäßigungen.
5. ☐ Damit fahren Schüler/innen billiger Bus und U-Bahn.
6. ☐ Wenn man Hartz-IV (D)[1] bekommt, muss man keine GEZ bezahlen.

Rundfunkgebühren
Wenn man einen Fernseher und / oder ein Radio besitzt, muss man Gebühren zahlen.
in (D) bei der GEZ
in (A) bei der GIS
in der (CH) bei der BILLAG
Menschen, die wenig Geld haben, können von dieser Verpflichtung befreit werden.

1 Hartz-IV (D): die Mindestsicherung (A, CH)

6

b) Hören Sie. Was aus a) wird im Text genannt? Notieren Sie.

17 *Irgend-*

6

a) Hören Sie noch einmal die Texte aus Aufgabe 16 b) und ergänzen Sie die Sätze.

1. Irgend_________ ist immer dabei, was meinen Kleinen Spaß macht.
2. Irgend_________ hat mir jetzt gesagt, dass ich einen Behindertenausweis beantragen soll.
3. Ich kann alle Verkehrsmittel benutzen und irgend_________ ist in der Stadt immer etwas los.

b) Unterstreichen Sie im Text auf Seite 7 alle Formen mit *irgend-* ...

c) Ergänzen Sie die Satzanfänge.

Irgendwer muss mir doch ... / Ich habe mit irgendwem ... /
Ich habe irgendjemand ... / Ich habe irgendwas ...

So geht's:
Man weiß nicht genau
was (irgendwas),
wer (irgendwer/-jemand),
wo (irgendwo),
wann (irgendwann) und
wie (irgendwie) etwas ist.

Das ist irgendwie komisch...

7

helfen • sprechen • sehen • hören • treffen • kennenlernen

18 Welche Ermäßigungen nutzen Sie? War es schwierig, den Ausweis dafür zu bekommen? Erzählen Sie.

Alle zusammen

19 Lernen an Stationen – Haushaltsverben

wischen, bügeln, abwaschen, aufhängen, trocknen, putzen, aufräumen, gießen, einkaufen, heizen, nähen, reparieren, schneiden, waschen, wegwerfen, wegbringen, abtrocknen

(D) (A) (CH) *-Info*
In der (CH) sagt man auch **tischen** *und* **betten**.
Wischen *heißt in (D) den Boden nass putzen, was in (A)* **feudeln** *und in der (CH)* **aufnehmen** *heißt. Mit einem Besen* **fegt** *man in (D),* **wischt** *man in der (CH) und* **kehrt** *man in (A).*

Station 1:
Was machen Sie (nicht) gern? Eine/r sagt ein Verb aus der Liste, die/der andere reagiert darauf.

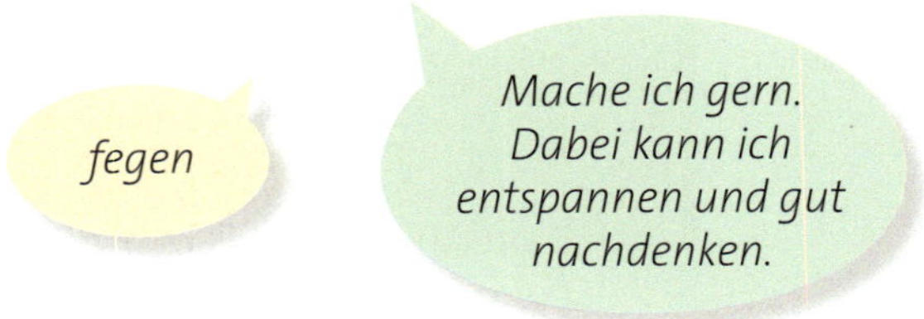

Station 2:
Sprechen Sie zu zweit. Eine/r sagt ein Verb aus der Liste, die/der andere reagiert schnell mit einem passenden Nomen.

Beispiel: waschen – Wäsche waschen; wegwerfen – Papier wegwerfen

Station 3:
Sie sind Hausdame/-herr in einem Hotel und kontrollieren Ihr Personal. Sehen Sie sich das Bild an. Was ist nicht in Ordnung? Machen Sie eine Liste.

Schon fertig?
Sie fahren in den Urlaub. Schreiben Sie einen kurzen Brief an Ihren Nachbarn, was er alles für Sie machen soll.

Was du nicht vergessen solltest, ...
Es wäre super, wenn du ...
Ganz wichtig ist, dass ...

20 **Präsentieren Sie Ihre Ergebnisse aus den Stationen.**

Zu Station 1: Welche Begründung hat Ihnen am besten gefallen? Berichten Sie im Kurs.

Beispiel: Claudia fegt gern, weil sie dabei entspannen und gut nachdenken kann.

Zu Station 2: An welche Nomen-Verb-Kombinationen können Sie sich noch erinnern? Machen Sie gemeinsam eine Liste an der Tafel.

Zu Station 3: Geben Sie Anweisungen an das „Personal". Ihr/e Partner/in hakt die Liste ab.

Schlüssel

Schlüssel
kind ich
warte darauf
/ dass du endlich
kommst / und / in
der Zwischenzeit
/ bin ich brav und
artig / erledige
unseren Haushalt
/ wie Schön-
schreiben / aber
/ du bist zu müde
/ mich zu loben.

aus: www.literaturplakate.de

Schlüssellied

Auf dem Weg nach Hause hatte ich noch frischen Mut.
Auf dem Weg nach Hause dachte ich, mir geht es gut.
Ich geh die Einfahrt rein und seh die Tür,
da kommt schon wieder hoch in mir dieses Gespür.
Ich suche dort und hier und hier und da,
es gibt keinen Ort, an dem mein Finger noch nicht war,
ganz ruhig, nur die Ruhe, vielleicht fällt es mir ein ...

Schlüsselwörter

Schlüsselerlebnis

Wohnungsschlüssel

entschlüsselt

Schlüsselloch

Schlüssel zum Erfolg

Schlüsselbein

Ich kann ...

über den Haushalt sprechen

Wir haben einen 2-/4-/6-/...Personen-Haushalt. Jeden Tag muss ich eine Maschine waschen / Brot kaufen / ...
Ich muss noch den Boden wischen / die Fenster putzen / Staub saugen.
Meine Frau kümmert sich um die Wäsche. / Ich erledige die Einkäufe. Sie macht alles, ich mache weniger. / Bei uns macht ... / Meine Kinder helfen viel/gar nicht.

Besorgungen organisieren

Könntest du etwas für mich tun? / Wenn du schon in der Stadt bist, könntest du doch auch zur Post gehen / die Brille vom Optiker abholen / die Medikamente von der Apotheke abholen. / ...
Und vergiss nicht das Hundefutter/die Brille/...

über Ermäßigungen sprechen

Man kann sich von der Gebühr befreien lassen.
Ich kaufe für die Ferien einen Ferienpass, damit können meine Kinder umsonst ins Freibad / viele Angebote nutzen. / Ich habe ein Semesterticket, damit kann ich alle Verkehrsmittel benutzen.
Wenn man arbeitslos ist, bekommt man für viele Veranstaltungen eine Ermäßigung.
Ich soll einen Behindertenausweis beantragen. / Ich muss den vollen Eintrittspreis bezahlen.

Ich kenne ...

Sätze mit *anstatt*

am Satzende	Ich treffe mich später noch mit meinen Freunden, anstatt **zu** lernen.
am Satzanfang	Anstatt Fenster **zu** putzen, gehe ich lieber spazieren.

Nomen aus Verben und Adjektiven

helfen – die Hilfe, drucken – der Drucker
anstrengend – die Anstrengung
sauber – die Sauberkeit

Indefinitpronomen mit *irgend-*

Irgendwer/Irgendjemand muss mir doch helfen können!
Irgendwas gibt es immer zu tun.
Irgendwo ist immer etwas los.

lange und kurze Vokale

sieben Zimmer, einen Topf im Ofen, fünf Bücher, acht Radios, zehn Wecker

Teil 1

25*

„Die Leiche liegt dort hinten unter dem Baum.“ Ulli Hartmann geht mit schnellen Schritten in Richtung Moritzbastei. Teresa Fuchs kann ihm kaum folgen[1]. Hätte sie doch nicht die neuen Schuhe angezogen. Aber wer konnte auch ahnen, dass an ihrem ersten Tag als Kriminalhauptkommissarin in Leipzig gleich ein Mord passiert und sie bei solch einem Mistwetter durch den Schillerpark laufen muss. Das letzte Mal, als sie hier war, hat es auch so geregnet, denkt sie, und sie spürt ihren Magen.

„Was wissen wir denn über das Opfer[2]?“, ruft sie ihrem neuen Kollegen zu und hofft, dass er ein wenig langsamer wird. „Männlich, ca. 45 Jahre, 1,80 m groß, Verletzung am Hinterkopf, wahrscheinlich erschlagen[3]. Er liegt hier ungefähr seit gestern Abend. Der Rechtsmediziner ist sich noch nicht ganz sicher, aber er denkt, dass der Mord zwischen 18:00 und 20:00 Uhr passiert ist. Wer der Tote ist, wissen wir noch nicht. Es gibt keine Papiere in seinen Taschen, aber wir haben ihn auch noch nicht umgedreht, weil wir auf Sie warten wollten.“

Teresa schaut, als sie endlich am Tatort ankommt, auf den sportlichen Körper im auffällig[4] bunten Anzug. „Na, dann helfen Sie mir mal“, fordert sie Herrn Hartmann auf und gemeinsam drehen sie den Toten um und – Teresa schreit auf. Nein, bitte nicht. Das darf doch nicht wahr sein! Sie spürt, wie ihr schlecht wird und ihr der Sekt, den sie am Morgen auf der kleinen Begrüßungsfeier getrunken hat, hochkommt. Ihr Kollege gibt ihr lachend ein Taschentuch und sagt: „Na, da haben Sie ja den richtigen Beruf gewählt, was?“ Teresa schaut ihn böse an. „Sehr lustig.“ Freunde werden wir sicher nicht, denkt sie und versucht mit ruhiger Stimme zu sagen: „Anstatt hier blöde Kommentare zu machen, schreiben Sie besser mit: Der Tote heißt Michael Seidel. Er ist 46 Jahre alt und Musiker von Beruf. Alles Weitere besprechen wir dann im Büro.“

Sie eilt zu ihrem Wagen zurück – jetzt schön ruhig bleiben. Doch im Auto kann sie nicht mehr. Die Tränen[5] kommen von ganz allein, als sie immer wieder denkt: „Micha ist tot, das kann doch nicht sein, Micha.“

Bevor sie nach Leipzig zurückgekommen ist – nach all den Jahren – hatte sie wieder viel an ihn denken müssen. Es

war eine wunderbare Zeit damals im Studentenwohnheim mit ihm, Gesine und den anderen. So viele Abende haben sie zusammen gekocht, gelacht, über die Welt diskutiert. Nur der Gedanke an den ständigen Streit mit Michas Verlobter störte die guten Erinnerungen und natürlich ... Da war es wieder – das schlechte Gewissen. Warum nur wurde Micha gerade an dem Ort getötet, an den sie jede Nacht denken musste und der sie deshalb nicht schlafen ließ? Das konnte doch kein Zufall sein.

Ihr Handy klingelt. Teresa atmet tief durch, bevor sie sich meldet. „Ach Sie sind es, Herr Hartmann ... Es gibt Neuigkeiten, so schnell? ... Sie haben die Tatwaffe gefunden? Das ist ja wunderbar ... Ein Stein, sagen Sie, aha. Gibt es Fingerabdrücke? ... Hätte mich auch gewundert bei dem Regen ... Gut. Ja, wir treffen uns dann gleich im Büro. Bis dann.“

Ein Stein? Wie damals. Teresa wird nervös. Ihre eigene Geschichte holt sie gerade wieder ein.

1 kaum folgen können: nicht mitkommen, der andere ist schneller
2 das Opfer: der Tote
3 jdn. erschlagen: jdn. mit einem Schlag töten
4 auffällig: sieht besonders aus, fällt auf
5 die Träne: kommt aus dem Auge, wenn man weint

* Sie können den Krimi auf Ihrer CD (im Buch) auch hören.

1. ~~Was bisher geschah. Fassen Sie zusammen und erzählen Sie.~~ (ab Kapitel 2)
2. Was ist hier passiert? Machen Sie Stichpunke (Was? Wer? Wann? Wo?).
3. Die Figuren: Michael Seidel. Was wissen Sie von ihm? (Name, Alter, Beruf, Aussehen ...)
4. Teresas Gedanken: Markieren Sie die Zeilen 39–49. Wie fühlt sie sich? Schreiben Sie.
5. Vermutungen: Was für eine Beziehung hatte Teresa zu Michael Seidel? Machen Sie Stichpunkte.

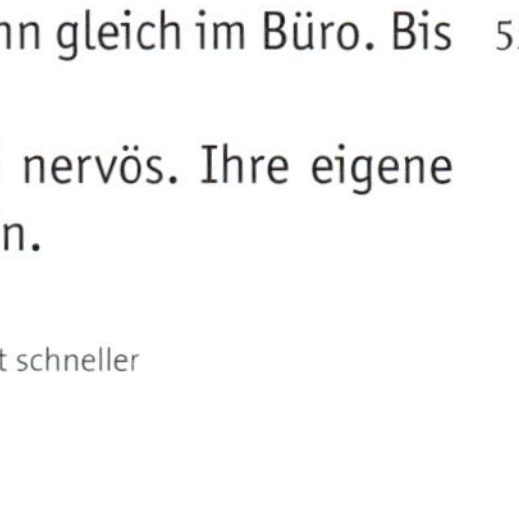

Reisen und arbeiten

Arbeiten, wo andere Urlaub[1] machen

1 der Urlaub (A, D), die Ferien (CH)

1 Leben auf einem Traumschiff. Sprechen Sie über die Fragen.

Wohin fährt das Schiff? • Wie viele Kabinen hat es? • Wie viele Leute passen auf so ein Schiff? • Wie viele Menschen arbeiten auf dem Schiff? • Welche Angebote gibt es für die Passagiere?

7

2 Wer bin ich?

a) Hören Sie und ordnen Sie zu. Ein Beruf wird nicht genannt.

Arzt [3] Zimmermädchen [1] Fitnesstrainer [2] Reiseleiterin [4] Apothekerin [ ]

b) Wer macht was? Hören Sie noch einmal und machen Sie sich Notizen.

Das Zimmermädchen: Kabinen sauber machen; das Bad ...
Der Arzt: Verband anlegen

3 Berufe an Bord. Spielen Sie *Was bin ich*?

So geht's: Der/Die Lehrer/in klebt allen einen Zettel mit einem Beruf auf den Rücken. Gehen Sie durch den Raum und suchen sich einen Partner/eine Partnerin. Stellen Sie Fragen, die nur mit „Ja" oder „Nein" beantwortet werden können. Bei einem „Nein" wechseln Sie den/die Partner/in, bis Sie Ihren Beruf erraten haben. Schreiben Sie ihn an die Tafel.

Arbeite ich in der Küche?

Nein.

4 Arbeitsleben. Was passt zusammen? Verbinden Sie.

1. Er/Sie möchte arbeiten, hat aber noch keine Arbeit. d
2. Sie kann etwas Bestimmtes sehr gut. a
3. Diese Eigenschaft ist besonders wichtig. b
4. Das ist der Chef / die Chefin. c

a) die Fachkraft
b) die Schlüsselqualifikation
c) der/die Arbeitgeber/in
d) der/die Arbeitssuchende

5 Lesen Sie die Fragen. Markieren Sie im Text die Antworten.

1. Welche Arbeitskräfte werden auf einem Schiff vor allem gesucht?
2. Welche Qualifikationen braucht man, um auf einem Kreuzfahrtschiff zu arbeiten?
3. Wie sind die Arbeitsbedingungen?

Kreuzfahrtschiffe bieten Chancen für Jobsuchende

Die Welt sehen und dafür bezahlt werden – auf Kreuzfahrtschiffen ist das für Fachkräfte der unterschiedlichsten Branchen möglich. Eine romantische Zeit auf See sollten sie aber nicht erwarten.

Berlin/Suhl – Es klingt wie ein Traumjob: um die Welt reisen, neue Leute kennenlernen und dabei auch noch Geld verdienen. Die Kreuzfahrtbranche boomt – und das ist gut für den Arbeitsmarkt. Denn jedes Jahr wird auf den Kreuzfahrtschiffen deutscher Reedereien Personal gesucht: Vom Zimmermädchen bis zum Fitnesstrainer, vom Arzt bis zum Ingenieur.

Frank Fleischmann, Sprecher der Agentur für Arbeit in Suhl, hat die Messe *MeerArbeit* gegründet und konnte so schon viele Arbeitssuchende auf die „Traumschiffe" vermitteln. Es werden vor allem Arbeitskräfte aus der Hotelbranche gesucht. Technische Berufe machen nur etwa 20 Prozent des Jobangebots aus. Gute Einstiegschancen also für junge Hotelfachleute.

Denn Kreuzfahrten gibt es inzwischen nicht nur im Luxusbereich. Das Angebot der Branche ist vielfältiger geworden und zieht auch immer mehr junge Menschen an. „Das ist für viele Arbeitssuchende eine Chance", sagt Frank Fleischmann.

Um auf einem Kreuzfahrtschiff zu arbeiten, braucht man eine abgeschlossene Berufsausbildung und mindestens ein Jahr Berufserfahrung. In der Regel werden auch gute Englischkenntnisse erwartet.

Teamfähigkeit ist eine wichtige Schlüsselqualifikation, denn das Leben und Arbeiten auf engstem Raum ist nicht so einfach: Auf einem Schiff kann man vor Konflikten nicht einfach weglaufen und auf Privatsphäre muss man mehr oder weniger verzichten. Meistens teilen sich zwei Mitarbeiter eine Kabine und die Familie sieht man wochenlang nicht. Dazu ist die Arbeitsbelastung auf einem Kreuzfahrtschiff sehr hoch: Man arbeitet häufig sieben Tage durch, freie Wochenenden gibt es nicht. Auch die Klimawechsel bei Reisen in den Süden können sehr anstrengend sein. Das alles ist eine Herausforderung auch für die persönliche Entwicklung, aber viele spätere Arbeitgeber schätzen diese Erfahrungen, die gern im Lebenslauf gesehen werden. So kann die Arbeit auf hoher See oft als Sprungbrett für die spätere Karriere genutzt werden.

6 Textdetektive.

a) Finden Sie im Text alle Wörter rund um Arbeit und Beruf.

b) Sie interessieren sich für die Arbeit auf einem Schiff. Notieren Sie Fragen zu den Begriffen.

Arbeitskräfte • Berufsausbildung • Schlüsselqualifikation • Arbeitsbelastung

c) Stellen Sie Ihrer Partnerin/Ihrem Partner Ihre Fragen. Er/Sie antwortet, danach wechseln Sie.

Schon fertig?
Schreiben Sie einen Dialog mit den Fragen und Antworten aus Aufgabe 6.

7 Könnten Sie sich vorstellen, auf einem Schiff zu arbeiten? Warum (nicht)?

Auf keinen Fall. Ich habe Familie und ...

Ja natürlich. Ich liebe ...

Höhepunkte der Reise

8 Maria hat eine Kreuzfahrt gemacht und zeigt ihre Fotos vom Landausflug.

a) Ordnen Sie die passenden Bilder zu. Wo war sie?

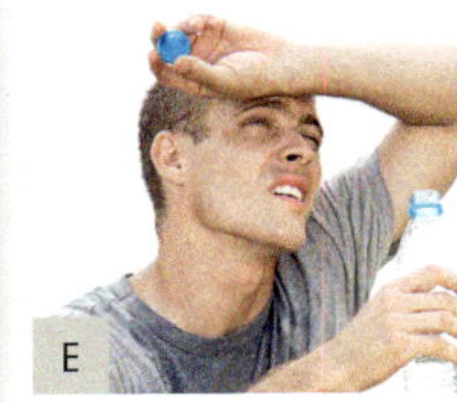

1. [E] Das war der heißeste Tag der Reise.
2. [B] Das war die lustigste Begegnung des Urlaubs.
3. [F] Das war das größte Abenteuer meines Bruders.
4. [C] Das waren die nettesten Leute unserer Gruppe.
5. [D] Das war das beste Essen des Landes.
6. [A] Das war der Lieblingsstrand der Touristen.

b) Genitiv. Lesen Sie die Regel und markieren Sie die Genitive in a).

Mit dem Genitiv sagt man, wem etwas gehört oder worauf sich ein Wort bezieht: Das war unsere Reise und das war der schönste Tag.
➜ Das war der schönste Tag unserer Reise.

*Nomen mit der und das haben im Genitiv meistens ein **s** am Ende: des Urlaubs. Ein **e** dazwischen hilft bei der Aussprache: des Landes*

c) Ergänzen Sie die Tabelle.

	der	*das*	*die*
bestimmter Artikel	des Urlaubs	des Landes	der Reise
unbestimmter Artikel	eines Urlaubs	eines Landes	einer Reise
Possessivartikel	meines Bruders	ihres Landes	unserer Gruppe
Plural	der Touristen/meiner, unserer, … Eltern		

Besitz ausdrücken:
- *Bei Namen mit Genitiv-**s**: Petras Buch*
- *beim Sprechen oft mit **von + Dativ**: das Buch von meinem Sohn*
- *mit Genitiv: das Buch meines Sohnes*

9 Maria beschreibt ihre Fotos. Jede/r sagt einen Satz.

Das war(en)	das dreckigste Zimmer die langweiligste Stadt der schönste Ausflug der größte Pool der freundlichste Reiseleiter die beste Bar die nettesten Leute …	der des meiner meines unserer unseres	Urlaubs Reise Landes Hotels Reisegruppe Schiffs Tour(en) …

10 **Maria schreibt einen Reiseblog. Arbeiten Sie zu zweit. Partner/in A bearbeitet den 19. Juni, Partner/in B den 21. Juni.**

a) Beantworten Sie die Fragen.

Wo ist Maria? Von welchen Personen spricht sie? Wie ist das Wetter?

b) Markieren Sie in Ihrem Text die Antworten auf diese Fragen:

A: Warum kann man Afrika gut sehen?
B: Warum hat der Journalist schon viel von der Welt gesehen?

c) Unterstreichen Sie alle Nomen von Personen und Tieren.

Sonntag, 19. Juni – sehr heiß – Ankunft in Gibraltar

Das ist schon merkwürdig: Englisches Leben mitten in Südeuropa. Bei unserem Ausflug sehen wir gleich im Hafen einen englischen Polizisten, englische Taxis und auch den typisch englischen Linksverkehr. Aber am lustigsten sind hier die Affen. Ich habe einen Jungen gesehen, der sogar einen Affen gestreichelt hat. Aber ich habe etwas Angst vor ihnen, denn sie sind furchtbar frech und stehlen alles. Man sieht sie überall auf diesem Felsen, der noch zu Europa gehört, aber nur noch ungefähr 14 km von Afrika entfernt ist. Wegen des guten Wetters konnten wir Afrika gut sehen.

Dienstag, 21. Juni – stürmisch – ein Tag auf dem Meer

Jetzt sind wir wieder auf dem Schiff und mir ist ein bisschen schlecht, weil die See so unruhig ist. Gut, dass man hier so interessante Menschen trifft, das lenkt ab. Gestern Abend saßen wir noch länger an der Bar und sprachen mit einem polnischen Studenten und einem Franzosen. Mit dem Polen hatte ich schon einmal in Gibraltar gesprochen, er wird Biologe und interessierte sich für die Affen. Der Franzose ist Journalist und hat wegen seiner Arbeit schon viel von der Welt gesehen. Ich freue mich auf den Artikel des Journalisten, den er über unsere Kreuzfahrt schreibt.

11 **Tauschen Sie Ihre Ergebnisse aus Aufgabe 10 aus.**

a) Berichten Sie Ihrem Partner / Ihrer Partnerin.

b) Vergleichen Sie Ihre Antworten: Was steht nach *wegen*? Ergänzen Sie die Regel.

Mit *wegen* + __________ gibt man einen Grund an.

c) Sammeln Sie Ihre Nomen und markieren Sie die Endungen. Dann ergänzen und vergleichen Sie. Was fällt Ihnen auf?

Akkusativ:	*Ich sehe den Mann.*	Wir sehen einen **Polizisten.**
Dativ:	*Ich spreche mit dem Mann.*	Ich sprach mit dem __________.
Genitiv:	*Der Artikel des Mannes.*	Ich freue mich auf den Artikel des __________.

Die n-Deklination:
- *maskuline Nomen von Personen und Tieren mit der Endung* -e: *der Junge, der Affe …*
- *maskuline Nomen mit den Endungen:* -and/-ant, -ent, -ist, -oge, -at: *der Patient*
- *einige weitere maskuline Nomen: der Mensch, der Bauer, der Nachbar, der Herr …*

Tipp

Adjektive vor Genitiv immer mit -(e)n

12 **Warum hat etwas nicht geklappt? Schreiben Sie die Sätze weiter.**

1. Wegen des schlechten Wetters …
2. Wegen deiner Verspätung …
3. Wegen des schlechten Lichts …

keinen Ausflug / keine Fotos gemacht • nichts gesehen • mich aufgeregt • …

Sprechen üben

13 **Was wissen Sie über ...?**
Würfeln Sie und beenden Sie den Satz zu einem Thema Ihrer Wahl.

1. ⚀ Die meisten ...
2. ⚁ Ich glaube, dass ...
3. ⚂ Besonders interessant finde ich, dass ...
4. ⚃ Ich wusste nicht, dass ...
5. ⚄ Was hältst du denn von ...?
6. ⚅ Hast du schon einmal ...?

Die meisten Deutschen lieben Kartoffeln.

Freizeitaktivitäten im Urlaub

Essen in D A CH

Wohnen in D A CH

Tipp
Lernen Sie die Satzanfänge. Sie helfen Ihnen, ein Gespräch zu führen.

14 **Prüfungsvorbereitung Sprechen, Teil 2. Sie reden über Bild A, Ihr/e Partner/in über B.**

a) Welche Informationen bekommen Sie? Berichten Sie kurz Ihrem Partner/Ihrer Partnerin. Danach wechseln Sie.

Was sehen Sie? / Was machen die Personen? / Wo wurde das Bild gemacht?

Tipp
Berichten Sie immer wieder deutschen Freunden von Dingen, die sie gehört oder gelesen haben. So üben Sie ganz nebenbei das Sprechen.

A

Also, am liebsten mache ich Aktivurlaub und da ist ein Urlaub an der Nordsee genau das Richtige für mich. Hier kann ich durchs Watt wandern, stundenlang Rad fahren, aber auch segeln und schwimmen. Das Wetter spielt für mich keine so große Rolle, ich mag es nicht so heiß. Am liebsten gehe ich auf den Campingplatz, da kann ich günstig Urlaub machen und lerne auch immer nette Leute kennen, außerdem bin ich da unabhängig. Das gefällt mir.

Für mich ist es im Urlaub am wichtigsten, dass es warm und sonnig ist. Ich liebe es, wenn es auch nachts noch warm ist. Seit Jahren fahre ich deshalb im Sommer immer ans Mittelmeer. Jedes Jahr suche ich mir einen anderen Ort und ein neues Hotel aus. In der Sonne liegen und baden, das ist für mich die richtige Erholung. Stress und Hektik habe ich zu Hause schon genug.

B

b) Erzählen Sie, welche Erfahrungen Sie gemacht haben.

Kennen Sie diese Art Urlaub? Wie machen Sie am liebsten Urlaub? Wie machen Familien in Ihrer Heimat Urlaub?

Jede/r spricht ca. 3 Minuten.

15 **Prüfungsvorbereitung Sprechen, Teil 3.** 1
Sie sollen gemeinsam mit Ihrem Partner / Ihrer Partnerin einen Ausflug für den Kurs planen.
TRip of a day

Wohin? → Rothenburg ob der Tauber
An welchem Tag? am Samstag / 8
Mit welchen Verkehrsmitteln? Zug.
Wer macht was? der Nuss knacker
(Geld einsammeln, Fahrkarten kaufen/ Sehenswürdigkeiten recherchieren)
Picknick machen? Essen und Getränke?
ich kenne ein gutes Italiannishe Restaurant.

Tipp
- *Sie sprechen mit Ihrer Partnerin / Ihrem Partner. Sehen Sie ihn/sie auch an!*
- *Sprechen Sie gemeinsam nacheinander über jede Frage.*
- *Seien Sie aktiv und machen Sie Vorschläge. Begründen Sie diese.*
- *Wenn Ihnen noch etwas einfällt, das Sie planen wollen, sprechen Sie auch darüber.*

nützliche Sätze

Wir sollten ... / Wir könnten ...
Weißt du, ob/wann/wie ...
Es wäre doch schön, wenn ...
Vielleicht können wir ...
Ja, dann .... / Das ist ... / Ich denke, wir ...
Das ist eine gute Idee. / Nein, es ist besser, wenn ...

8

16 **Aussprachetraining: *h* oder nicht?**
a) Hören Sie den Text und lesen Sie mit. Ergänzen Sie die Buchstaben. Hören Sie noch einmal und kontrollieren Sie Ihre Lösung.

__nne und __nne laufen aus dem __tel, sie haben __nger, sie gehen durch die Straßen __n und __r und dann in ein __us. __er sind alle Lichter __us, also gehen sie wieder raus. Vor dem __us sitzt ein __nd, der muss mal __ben sein Bein __ben. __ngrig laufen sie weiter __nd sehen ein __lles __us mit einem Schild: __er gibt es __mburger! Da gehen sie __n und __ssen, die Besitzer aber sind __ssen.

b) Finden Sie im Text Wortpaare, die als einzigen Unterschied am Wortanfang ein *h* oder kein *h* haben. Notieren Sie die Paare. Dann diktieren Sie Ihrem/Ihrer Partner/in ein Wort.

Hanne – Anne

c) Sammeln Sie mindestens sechs Verben, die mit *h* anfangen. Schreiben Sie das Partizip dazu. Dann diktieren Sie Ihrem Nachbarn/ Ihrer Nachbarin nur das Partizip. Korrigieren Sie gemeinsam.

holen – geholt

geholt

Alle zusammen

17 Eine Weltreise im Kurs.
a) Machen Sie ein Werbeplakat für ein Urlaubsziel in Ihrer Heimat. Arbeiten Sie allein oder in Ländergruppen.

Informieren Sie über:
- die Lage (Meer, Berge, Städte ...)
- das Klima: wann günstigste Reisezeit?
- wichtige Sehenswürdigkeiten (Gebäude, Nationalparks ...)
- die Freizeitmöglichkeiten (Sport, Kultur, ...)
- die Anreise (Bahn, Auto, Schiff ...)
- Übernachtungsmöglichkeiten (Hotel, Pension, Campingplatz, Jugendherberge, Ferienwohnung ...)

b) Machen Sie eine Ausstellung und präsentieren Sie Ihr Plakat.

So geht's: Die Hälfte des Kurses steht vor ihrem Plakat und beantwortet Fragen. Berichten Sie auch darüber, wo die Leute in Ihrer Heimat meistens Urlaub machen und wo Sie selbst in Ihrer Heimat schon einmal Urlaub gemacht haben. Die andere Hälfte geht durch die Ausstellung und informiert sich. Danach tauschen Sie.

18 Arbeiten Sie zu zweit. Eine/r wählt Rolle A, der/die andere Rolle B. Sie wollen zusammen in den Urlaub fahren. Einigen Sie sich auf ein gemeinsames Ziel aus der Ausstellung von Aufgabe 17.

A
- Sie sind im Urlaub gerne aktiv.
- Erholung bedeutet für Sie, dass Sie viel erleben.
- Am liebsten reisen Sie durch das Land oder treiben Sport.
- Das Klima ist für Sie nicht so wichtig.

B
- Sie arbeiten viel und möchten sich im Urlaub erholen, deshalb möchten Sie so wenig wie möglich selbst organisieren.
- Sie haben gerne gutes Wetter und interessieren sich für ferne Länder.

Ich würde gern ... / Ich finde es wichtig, dass ...
Ich möchte aber lieber ... / Wir könnten doch ...

EXTRA 9

Nordsee Ostsee Südsee Strand Wattenmeer Insel Atlantik Pazifik

segeln schwimmen tauchen surfen baden fischen rudern

Meer

Wenn man ans Meer kommt
soll man zu schweigen beginnen
bei den letzten Grashalmen
soll man den Faden verlieren
und den Salzschaum
und das scharfe Zischen des Windes
einatmen
und ausatmen
und wieder einatmen

Wenn man den Sand sägen hört
und das Schlurfen der kleinen Steine
in langen Wellen
soll man aufhören zu sollen
und nichts mehr wollen wollen
nur Meer
Nur Meer

Erich Fried

Seemannsknoten zum Ausprobieren

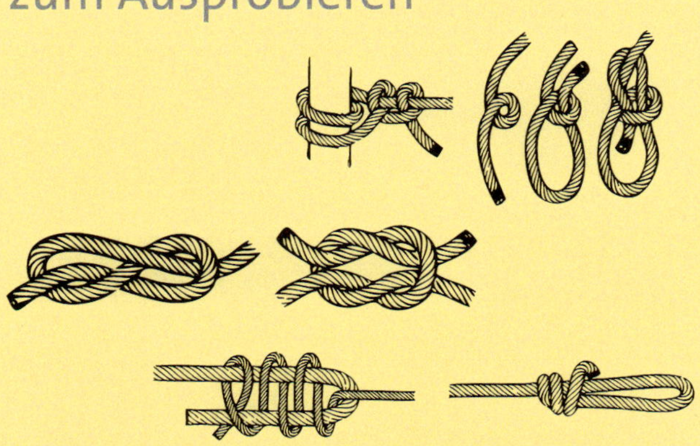

Das prickelt
Wenn sie dieses Logo sehen, denken viele Deutsche an Kindheit und Sommer. Denn es steht für ein Brausepulver, das es schon seit 1925 gibt. Damit gehört *Ahoi* zu den bekanntesten und ältesten deutschen Marken.

Ich kann ...

über Arbeitsmöglichkeiten und -bedingungen sprechen

Das ist ein Traumjob: Man sieht viel von der Welt und verdient auch noch Geld dabei.
Aber die Arbeitsbelastung ist sehr hoch: keine freien Wochenenden und man ist nie allein.
Man braucht eine abgeschlossene Berufsausbildung und mindestens ein Jahr Berufserfahrung.
Teamfähigkeit, Belastbarkeit und Flexibilität sind Schlüsselqualifikationen.

über Reiseerlebnisse berichten

Das war das beste Essen / das schönste Erlebnis / die größte Stadt / der heißeste Tag / ... der Reise.
Wir hatten ein schönes Hotel / eine nette Reisegruppe / gutes/schlechtes Wetter.
Wir waren lange unterwegs. Am ... Tag sind wir in ... angekommen.
Dann sind wir mit dem Zug/Bus/Schiff weitergefahren. Wir sind ... Stunden geflogen.
Das war der schönste/schlimmste Urlaub meines Lebens.

etwas planen

Wir brauchen ... Euro. / Wir sollten am ... fahren. / Wer macht ... ? / Drei Leute müssen ... /
Ich denke, wir sollten ... / Es wäre gut, wenn du die Getränke / die Fahrkarten kaufen würdest.
Du könntest die Ziele / die Sehenswürdigkeiten / die Fahrpläne / ... recherchieren.

Ich kenne ...

den Genitiv

		der	*das*	*die*
best. Artikel	Die Hose	des Mannes	des Kindes	der Frau ist zu klein.
unbest. Artikel	Die Länge	eines Urlaubs	eines Schiffs	einer Reise ist wichtig.
Possessivartikel	Die Eltern	meines Mannes	meines Enkelkindes	meiner Frau sind alt.
Plural	Das Haus der Eltern / meiner/seiner/unserer Eltern ist sehr groß.			

Begründungen mit *wegen* + Genitiv

Wir sind wegen des schlechten Wetters zu Hause geblieben.

die n-Deklination

	(normale Deklination)	*(n-Deklination)*
Nominativ	der Mann	der Junge
Akkusativ	den Mann	den Junge**n**
Dativ	dem Mann	dem Junge**n**
Genitiv	des Mannes	des Junge**n**

Tipp
Die n-Deklination immer nur bei maskulinen Nomen. Ausnahme: das Herz
► *Was hast du auf dem Herzen? (Dativ)*

das *h* im Anlaut

Hanna und Anna gehen ins Haus. Sie gehen hin und her, dann hinaus und aus.

Teil 2

26

Zurück im Büro tippt Teresa den Namen *Michael Seidel* in den Polizeicomputer. *Beruf: Musiker, Wohnort: Leipzig-Gohlis, verheiratet mit Katja Seidel.* Er hat sie also doch noch geheiratet. Und dabei wollte er sich damals gerade von ihr trennen. Zu konservativ, zu kompliziert hatte er sie gefunden, nachdem er im Wohnheim ein so ganz anderes Leben kennengelernt hatte. Die Musik war alles für ihn. Wie oft hatten sie gemeinsam auf der Bühne gestanden und von Liebe und dem Leben gesungen und genau das auch gefühlt! Katja hatte ihm nach den Konzerten immer gesagt, was er noch verbessern sollte, obwohl sie als Zahntechnikerin davon gar keine Ahnung[1] hatte. Jetzt muss sie Katja über seinen Tod informieren.

In diesem Moment geht die Tür auf. Eine langhaarige Blondine, die ihr irgendwie bekannt vorkommt, kommt herein. Die Haare passen nicht, aber doch, sie ist es: Katja Seidel. Kann sie etwa Gedanken lesen? Sie muss die Treppe hochgerannt sein, denn sie atmet schwer und ist sehr aufgeregt. „Sie müssen mir helfen. Mein Mann ist nicht nach Hause gekommen. Ich glaube, es ist etwas passiert ...“ Sie stoppt. „Teresa, bist du das?“

„Hallo Katja, ich wollte gerade zu dir fahren. Setz dich doch bitte.“ „Ich will mich nicht setzen, ich will wissen, was los ist!“

„Ich habe leider keine guten Nachrichten für dich. Michael ist tot. Er wurde heute Morgen erschlagen im Schillerpark gefunden.“ „Erschlagen? Im Schillerpark? Was soll das heißen?“ Katja sinkt auf den Stuhl vor Teresas neuem Schreibtisch. „Das weiß ich leider auch noch nicht, aber ich verspreche dir, dass ich es erfahren werde.“ Teresa versucht, Ruhe in die Situation zu bringen, aber das war genau der falsche Satz. „Versprechen? Was willst du mir denn versprechen? Du warst doch schon immer eine verlogene[2] Kuh. Ich hab' euch genau beobachtet damals. Du wolltest Micha haben, obwohl du wusstest, dass wir zusammen waren und uns sehr liebten. Du wolltest dieses Glück einfach kaputt machen. Micha hatte ja überhaupt keine Chance – so wie du mit ihm geflirtet hast. Und ausgerechnet du willst mir jetzt helfen? Ich fasse[3] es nicht.“ Sie bricht in Tränen aus.

Teresa zählt leise bis drei. Dann sagt sie ruhig: „Katja, ich glaube, es ist besser, wenn du mit meinem Kollegen sprichst. Ich hole ihn.“ Ohne ein weiteres Wort geht sie zu Ulli Hartmann in den Nachbarraum, erklärt ihm kurz die Situation und bittet ihn, zusammen mit Frau Seidel aus ihrem Büro zu gehen.

Kurze Zeit später sitzt Teresa wieder allein an ihrem Schreibtisch und schaut, ohne sie wirklich zu sehen, auf die Gläser, die noch überall herumstehen. Sie ist unsicher. Hat Katja so stark reagiert, weil sie gerade einen geliebten Menschen verloren hat? Oder hasst[4] Katja sie immer noch, obwohl das alles nun schon so lange her ist und sie am Ende ihren Michael doch bekommen hat?

Diese Kälte in ihren Augen – Teresa bekommt eine Gänsehaut. Könnte Katja ihren Mann getötet haben? Aber wenn ja, was für ein Motiv[5] sollte sie gehabt haben? Sie hat doch immer wie eine Löwin um ihn gekämpft. Sie würde ihn immer retten, sogar wenn sie selbst dadurch Probleme bekommen würde. Nein, es muss etwas anderes sein und das muss mit damals zu tun haben.

1 keine Ahnung haben: nichts wissen
2 verlogen *Adj.*: wenn man viel lügt
3 etwas nicht fassen: es nicht verstehen können
4 hassen ≠ lieben
5 das Motiv: der Grund

1. Was bisher geschah. (Seite 15)
2. Was ist jetzt passiert? (Was? Wer? Wann? Wo?)
3. Die Figuren: Katja Seidel. (Alter, Beruf, Aussehen ...)
4. Teresas Gedanken: (Zeile 3–13). Wie fühlt sie sich?
5. Vermutungen: Was für eine Beziehung hatten Teresa und Katja früher?

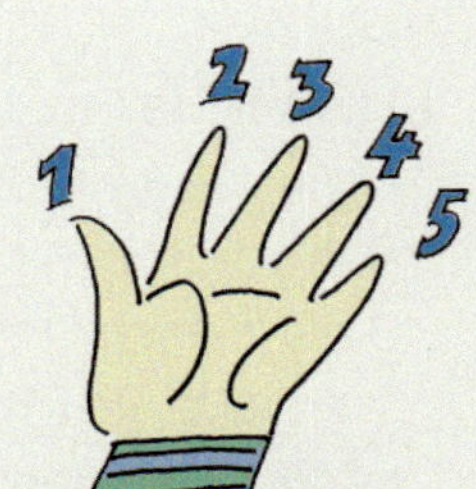

Männer und Frauen

Zusammenkommen

1 **Typisch Frau, typisch Mann? Lesen Sie die Cartoons. Stimmt das? Kommentieren Sie im Kurs.**

2 **Klischees.**

a) Was wird oft über Männer/Frauen gesagt? Machen Sie eine Liste.

Männer	Frauen
Männer können nicht zuhören. *Kleine Männer fahren große Autos.* ...	*Alle Frauen lieben Schuhe.* *Frauen können nicht einparken.* ...

b) Lesen Sie Ihre Listen vor. Die anderen kommentieren. Der Redemittelkasten hilft.

Das stimmt (nicht). Das sehe ich genauso / überhaupt nicht so.
Das ist doch Unsinn / nur ein dummes Klischee / ein Vorurteil.
Mein Mann / Meine Frau ist genauso / macht das auch immer.
Ich kenne einen Mann / eine Frau, der/die ...
Ich glaube, die meisten Männer/Frauen ...

3 Immer mehr Menschen suchen im Internet ihre große Liebe.

a) Was glauben Sie, wie verändern Kontaktbörsen das Kennenlernen?

9 b) *Ich habe es versucht* ... Sechs Personen berichten über ihre Erfahrung. Hören Sie zu und notieren Sie zu jeder Person ein Stichwort.

Frau 1: Kontaktbörse ist teuer

c) Was denken Sie über diese Stichworte? Diskutieren Sie im Kurs.

Früher hätte man gesagt: „Ich liebe dich."

4 Wer hat das gesagt? Das Magazin *Der Spiegel* hat Fragen gestellt. Lesen Sie die Antworten und entscheiden Sie: M für Männer, F für Frauen. Vergleichen Sie mit dem Lösungsheft. Was hat Sie überrascht?

1. Warum braucht eine Frau einen Mann / ein Mann eine Frau?

Wegen des guten Geruchs. • Weil ich für jemanden da sein will. • Weil mich die Ruhe in meinem Leben nervt. • Weil ich einen Sohn möchte. • Weil ich schon seit Jahren ein Doppelbett habe. • Weil meine Wohnung so farblos eingerichtet ist. M

Weil dann alles an mir lächelt. • Weil ich ein Kind und eine Familie möchte. • Weil ich Angst habe, komisch zu werden, wenn ich zu lange allein lebe. • Weil ich gefragt werden möchte, wie mein Tag war. • Weil Steuerklasse eins einfach Unsinn ist. • Weil ich nicht allein alt werden möchte. F

IRRITAR

2. Was stört Frauen an Männern, was Männer an Frauen?

Sie achten viel zu sehr aufs Aussehen. • Dass sie sich nicht aufs Kinderthema einlassen. • Haare in der Nase. • Dass sie es nicht zugeben können, wenn sie einen Fehler gemacht haben. • Sie verbringen zu viel Zeit mit Arbeit. • Wenn sie zu allem „Ja und Amen" sagen. • Lügen, weil sie feige sind. F

Dass sie alles an mir verbessern wollen. • Viel zu hohe Erwartungen. • Ihre Panik beim Thema Kinder. • Die ständige Forderung nach Emanzipation. • Dass die Beziehung als Teil der eigenen Selbstverwirklichung gesehen wird. M

3. Was ist schlimm am Alleinsein?

Weihnachten. • Das Aufwachen am Geburtstag. • Dass die Wohnung abends beim Nachhausekommen noch genauso aussieht wie am Morgen. • Dass ich vielleicht keine Kinder haben werde. • Dass mich niemand in den Arm nimmt, wenn es mir schlecht geht. • Allein essen zu gehen. F

Bis zu meinem 35. Lebensjahr nichts, ab meinem 50. fast alles. • Silvester. • Der Einzelzimmerzuschlag • Die Urlaubsplanung. • Diese schreckliche Kälte. • Dass ich im Internet auf Partnersuche gehen muss. • Dass ich allein nicht erwachsen werde. M

alle Zitate aus: Der Spiegel 45/10: Die Paarungsfalle

Schon fertig?
Welche Fragen würden Sie als Partnervermittler/in stellen? Schreiben Sie.

5 Und Sie? Beantworten Sie die drei Fragen aus Aufgabe 4. Sammeln Sie die Antworten.

Zusammen sein

6 **Sind Männer in D A CH anders? Wir haben Migrantinnen gefragt. Bilden Sie drei Gruppen: rot, gelb und blau. Lesen Sie Ihren Text und lösen Sie die Aufgaben a–c zu Ihrem Text.**

a) Was würde ein Mann aus dem Heimatland der Migrantin nicht tun? Notieren Sie Stichworte.

b) Was wird als typisch für den deutschen bzw. österreichischen Mann beschrieben? Machen Sie eine Liste.

c) Unterstreichen Sie im Text *sowohl ... als auch*, *entweder ... oder* oder *weder ... noch*.

ESMERALDA GONZALES*, 45, Designerin, aus Kuba, lebt seit 1995 in Dortmund.

Wenn deutsche Männer auf Kuba Urlaub machen, sind sie locker, lachen viel und genießen das Leben. In ihrer Heimat sind sie ganz anders: sehr ernst, sehr vernünftig und manchmal auch geizig. Im Restaurant wird getrennt bezahlt, das würde ein kubanischer Mann nie tun. Viele deutsche Männer machen sich auch oft Sorgen über die Zukunft. Sie arbeiten entweder für die Rente oder für ein Haus. Eine schöne Zeit im Hier und Jetzt machen sie sich aber nicht. Ich finde deutsche Männer auch sehr schüchtern. Wenn sie sich verlieben, wissen sie oft nicht, wie sie die Frau ansprechen sollen. Und bevor sie einen Fehler machen, sagen sie lieber gar nichts.

MARIOLA NOWARA*, 37, Übersetzerin, aus Polen, lebt seit 1999 in Graz.

Österreichische Männer sind nicht solche Muttersöhnchen! Als ich noch in Polen studierte, wohnte ich mit zwei Studenten zusammen. Als der eine mit dem Putzdienst dran war, hat er einfach seine Mutter angerufen und sie kam und putzte die ganze Wohnung. Die beiden Jungs spielten im Nachbarzimmer am Computer und es war ihnen weder peinlich noch unangenehm. Sie fanden das ganz normal. Österreichische Männer sind viel selbstständiger. Vielleicht ist das eine Folge der Emanzipationsbewegung. Leider helfen sie einer Frau auch nicht mehr. Als ich einmal einen schweren Koffer im Zug in das Gepäckregal heben musste, sind drei junge Männer daneben gestanden und keiner hat mir geholfen, total unhöflich. Ein Pole hätte mir sofort den Koffer aus der Hand genommen.

KATERINA PAPAS*, 23, Studentin, aus Griechenland, lebt seit 2009 in Berlin.

Der deutsche Mann ist ordentlich, er trägt Hemden und die Haare sind gekämmt. Er möchte sowohl tolerant als auch fortschrittlich sein. Aber er findet es trotzdem schwierig, wenn seine Frau mehr verdient oder mehr Erfolg hat als er selbst. Aber das würde er nicht laut sagen, denn dann würden ja alle denken, dass er ein Chauvi ist. Und was andere Menschen über ihn denken, ist ihm sehr wichtig. Griechischen Männern ist das eher egal. Sie sind oft sehr laut und wollen immer Recht haben. Sie denken, dass deutsche Männer „Weicheier“ sind. Ein Grieche würde zum Beispiel nie einen Kinderwagen schieben. Das finden sie unmännlich. Hier sehe ich sehr oft Väter mit ihren Kindern spielen, auch allein. Für mich ist ein Mann dann männlich, wenn er Verantwortung übernimmt.

* Namen von der Redaktion geändert

7 **Sie sind Experte/Expertin für Ihren Text. Mischen Sie die Gruppen neu. In jeder Gruppe müssen alle Farben sein. Lösen Sie die Aufgaben a–c.**

a) Erzählen Sie den anderen, was ein kubanischer/polnischer/griechischer Mann nicht tun würde. Was glauben Sie? Vergleichen und diskutieren Sie in der Gruppe.

b) Machen Sie eine gemeinsame Liste mit allen Eigenschaften. Sortieren Sie: positiv oder negativ? Vergleichen und diskutieren Sie in der Gruppe.

c) Lesen Sie die Beispiele. Dann markieren Sie Ihre Sätze aus den Texten auch mit +, –, *a/b*. Vergleichen Sie im Kurs.

Trinkst du Tee oder Kaffee?

Ich mag sowohl Tee (+) als auch Kaffee (+). = Ich mag beides.

Ich trinke weder Tee (–) noch Kaffee (–). = Ich mag keinen Tee und keinen Kaffee.

Ich trinke entweder Tee (a) oder Kaffee (b). = Egal. Das eine oder das andere.

8 **So sind sie.**

a) Schreiben Sie Sätze wie im Beispiel mit *weder ... noch, sowohl ... als auch* und *entweder ... oder*.

Mein Mann	*mögen*	Fußball / Autosport
Meine Frau	*brauchen*	Lippenstift / Parfum
Meine Tochter	*essen*	Kartoffeln / Reis
Mein/e Freund/in	*kaufen*	Schokolade / Oliven
Mein Vater	*haben*	Zeit / Geld
Meine Mutter	*tragen*	Röcke / Kleider
Mein Sohn	*lesen* –liest	Zeitschriften / Bücher
...	...	...
Ich		

Mein Mann mag weder Schokolade noch Oliven.

b) Sagen Sie drei Sätze aus a) laut. Nach jedem Satz machen die anderen das passende Zeichen aus Aufgabe 7 c).

+

–

a/b

9 **Und Sie? Welche Erfahrungen haben Sie mit Männern und Frauen in D A CH gemacht? Erzählen Sie im Kurs.**

beim Essen • bei der Arbeit • in der Freizeit • in der Familie ...

Zusammen arbeiten

Wenn Frauen wie Männer reden, hört man mehr auf sie.

Wenn Männer mehr wie Frauen reden würden, wäre die Arbeit schöner.

Ist das so ein Unterschied?

10 **Im Job: Reden Männer anders als Frauen?**
a) Lesen Sie die Überschriften. Welche Antworten fallen Ihnen ein?

BILD online

Wörterbuch fürs Büro

Warum Frauen im Job wie Kerle[1] reden sollen

Die Geschäftswelt ist immer noch eine Männerwelt. Nur jede 25. berufstätige Frau schafft es in Deutschland in eine Führungsposition. Warum ist das so? Der Autor und Unternehmensberater Peter Modler sieht die Ursache in seinem Buch *Das Arroganzprinzip* auch darin, dass Frauen die Machtspiele der Männer nicht verstehen. Er stellt fest, dass die Sprache der Geschäftswelt männlich ist und auf Frauen oft fremd oder missverständlich wirkt: „Männer mögen klare Ansagen, deutliche Urteile und konsequenten Führungsstil. Männer nutzen Sprache als Machtinstrument, senden andere Signale aus und zeigen ein starkes Revierverhalten. Frauen interpretieren Aussagen von Kollegen oft falsch. Männer

sprechen zum Beispiel auf Führungsebene sehr sachlich, um ihre Ziele zu beschreiben. Das soll objektiv, fair und gerecht wirken. Frauen empfinden aber genau das als emotionale Kälte und fühlen sich oft sogar angegriffen. Die Folge ist eine Verunsicherung, die zum Hindernis auf dem Weg zur Chefin wird."

1 der Kerl = der Mann

b) Richtig oder falsch? Lesen Sie den Artikel und kreuzen Sie an.

	richtig	falsch
1. In Deutschland gibt es mehr Chefs als Chefinnen.	☐	☐
2. Der Autor des Buches glaubt, dass das auch an der Sprache liegt.	☐	☐
3. Er sagt, dass Frauen Männer gut verstehen.	☐	☐
4. Männersprache drückt Macht aus, ist unsachlich und ungerecht.	☐	☐
5. Frauen sind schnell verunsichert und können deshalb schlechter Karriere machen.	☐	☐

c) Wie denken Sie über den Artikel? Kennen Sie das auch?

11 **Gegensätze. Was glauben Sie? Schreiben Sie weitere Beispiele.**

Während Männer von ihren Erfolgen erzählen, sprechen …

über Misserfolge sprechen / von ihren Erfolgen erzählen • etwas fordern / Vorschläge machen • loben / kritisieren • sich sachlich/emotional ausdrücken • diskutieren / lieber handeln • vorher überlegen / spontan reagieren • …

*Mit **während** kann man einen Gegensatz ausdrücken: Während Männer so sind, sind Frauen anders.*

12 **Eine/r sagt einen Satz, der/die Partner/in sagt es anders: freundlicher oder unfreundlicher.**

Das muss morgen auf meinem Schreibtisch sein.

Es wäre schön, wenn Sie das vielleicht schon heute erledigen könnten.

Ich erwarte, dass das schneller geht. • Könnten sie nicht freundlicher zu den Kunden sein? • Von Ihnen hätte ich mehr erwartet. • Vielleicht sollten wir das anders organisieren? • …

Zusammen streiten

10

13 Worüber streiten Paare?

a) Hören Sie fünf Dialoge und ordnen Sie sie den Gründen zu.

Geld ☐ Eifersucht ☐ Haushalt ☐ Aufmerksamkeit ☐ Urlaub

b) Hören Sie noch einmal Dialog 1. Was ist hier immer *dasselbe*? Antworten Sie im Kurs.

14 Mit Witzen Deutsch lernen.

a) Lesen Sie die Witze. Wofür steht *derselbe*? Erklären Sie im Kurs.

1. Der Lehrer sagt streng zu einem Schüler: „Der Text über den Hund ist ja genau derselbe, den dein Bruder vor zwei Jahren geschrieben hat!" Der Schüler sagt: „Es ist ja auch derselbe Hund."

2. Eine Bank wird zum vierten Mal von demselben Gangster überfallen. Danach fragt der Polizist einen Bankangestellten: „Überlegen Sie mal: Ist Ihnen an dem Mann etwas Besonderes aufgefallen?" „Ja, er war von Überfall zu Überfall eleganter angezogen."

((aus: Mit Witzen Deutsch lernen))

So geht's:
Der-/das-/dieselbe funktioniert vorn wie der bestimmte Artikel und hinten wie ein Adjektiv.

b) Lernen Sie die Witze und erzählen Sie sie einem Freund/einer Freundin.

15 *Dasselbe.* Ergänzen Sie die passende Form.

1. Warum fragst du mich immer ______________?
2. Dieser Typ war schon wieder hier. Es war ______________, der schon gestern nach dir gefragt hat.
3. Wir haben ______________ Lehrerin. Ist sie nicht toll?

16 Worüber streiten Sie/Ihre Freunde oft? Erzählen Sie im Kurs.

33

11

17 *W* oder *B*?

a) Was hören Sie? Kreuzen Sie an.

	1	2	3	4	5	6	7	8	9	10
w	☐	☐	☐	☐	☐	☐	☐	☐	☐	☐
b	☐	☐	☐	☐	☐	☐	☐	☐	☐	☐

b) Hören Sie noch einmal und sprechen Sie nach.

Böse Bauern bauen weder Wege noch Wagen.

c) Wählen Sie Wörter mit *B* und *W* aus der Wörterliste und schreiben Sie einen Zungenbrecher.

Alle zusammen

18 **Wer passt zu wem?**

a) Arbeiten Sie zu zweit. Suchen Sie in *Ja genau!* je ein Foto von einer Frau und einem Mann. Schreiben Sie zu jedem Foto ein Porträt für eine Partnervermittlung. Hängen Sie es im Raum auf.

Alter • Hobbys • Aussehen • besondere Charaktereigenschaft • Lebensmotto • ...

b) Wer passt zusammen? Bilden Sie 4er-Gruppen und wählen Sie ein Paar.

c) Das erste Treffen. Schreiben Sie in Ihrer Gruppe Dialogkarten.

- Mann/Frau? – Name – Alter?
- Wo treffen sie sich?
- Ist es ein Blind Date oder kennen sie sich schon?
- Über welche Themen sprechen sie?

Hallo, du bist ...?
...
Nein, nein. Möchtest du etwas ...

Ja. Schön, dich zu sehen.
...
Wartest du schon lange?

d) Wählen Sie in Ihrer Gruppe zwei Personen, die den Dialog im Kurs spielen.

19 **Verliebt, verlobt, verheiratet ... Was steht in den Sprechblasen?**
Schreiben Sie und hängen Sie Ihre Geschichte im Raum auf.

Streit

Der Streit der Liebenden
ist die Erneuerung
der Liebe.
Terenz, Andria 555

Mit Worten lässt sich
trefflich streiten.
Johann Wolfgang von Goethe,
Faust I, Vers 1997

HARRY STABNO: Der Streit

Jeder Streit ist eine
Gelegenheit, sich besser
kennenzulernen.
Jürgen Vogel,
Schauspieler

Ein Abend, an dem sich
alle einig sind,
ist ein verlorener Abend.
Albert Einstein

Die Wahrheit wird
im Streit geboren.
Aus Georgien

Gründe für Streit in der Beziehung

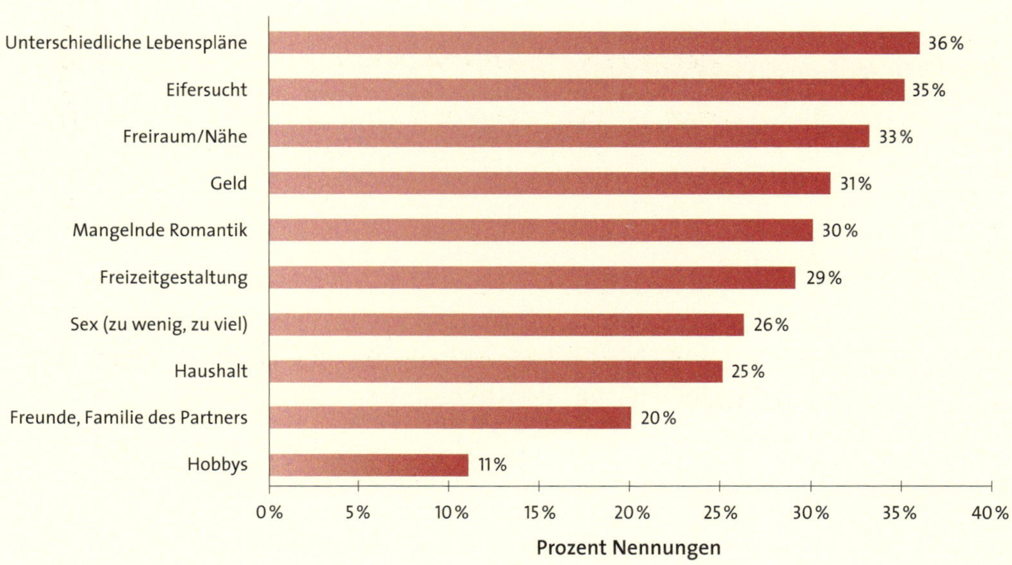

Quelle: ElitePartner, Grafik: SingleboersenVergleich.com

Ich kann ...

über Klischees sprechen

Männer/Frauen reden zu viel / zu wenig / können gut / nicht ... Sind immer/nie ...
Das stimmt (nicht). Das sehe ich genauso/überhaupt nicht so.
Das ist doch Unsinn / nur ein dummes Klischee / ein Vorurteil.
Mein Mann / Meine Frau ist genauso / macht das auch immer.
Ich kenne einen Mann / eine Frau, der/die ... / Ich glaube, die meisten Männer/Frauen ...
Deutsche/Kubanische/Österreichische/Griechische/... Männer/Frauen würden (nie/immer) ...

über die Sprache am Arbeitsplatz sprechen

Reden Männer und Frauen im Beruf unterschiedlich?
Er sagt, dass Männer in Führungspositionen klare Anweisungen geben, konsequent und sachlich sind. / Reden Frauen nicht über ihren Erfolg?
Während ein Mann / eine Frau ... macht/sagt, macht/sagt ein Mann/eine Frau lieber ...
Mein/e Chef/in lobt gerne. / Er/Sie reagiert oft spontan.
Wir diskutieren sachlich und handeln emotional.

über Konflikte und Streit sprechen

Es ist immer dasselbe, er/sie macht ... / will nie ... / denkt immer, dass ...
Viele Paare / Wir streiten oft über Geld / den Urlaub / die Arbeit/...
Eifersucht ist oft ein/kein Thema.
Wir streiten uns oft darüber, wer mehr im Haushalt macht.

Ich kenne ...

die Bedeutung von *sowohl ... als auch, entweder ... oder* und *weder ... noch*

Ich möchte weder an die Nordsee noch an die Ostsee fahren.	= *beides nicht*	– –
Ich möchte sowohl an die Nordsee als auch an die Ostsee fahren.	= *beides gerne*	+ +
Ich möchte entweder an die Nordsee oder an die Ostsee fahren.	= *eins von beiden*	a/b

Gegensätze in Nebensätzen mit *während*

Während Männer oft fordern, machen Frauen lieber Vorschläge.
Ich mache gern Urlaub am Meer, während meine Frau lieber in die Berge fährt.

derselbe, dasselbe, dieselbe

Nominativ:	Das ist derselbe Mann / dasselbe Kind / dieselbe Frau wie gestern.
Akkusativ:	Sie trägt denselben Schal / dasselbe Kleid / dieselbe Hose wie letzte Woche.
Dativ:	Er fährt mit demselben Zug / demselben Auto / derselben Bahn wie ich.

den Unterschied zwischen [b] und [w]

Ich gehe bald in den Wald. Ist das wahr? Du zahlst in bar?

Ein Krimi in 7 Teilen

Die offene Rechnung

Teil 3

27

Teresa sitzt bewegungslos an ihrem Schreibtisch, als ihr plötzlich ein Gedanke kommt. Hatte Michael schon einmal Probleme mit der Polizei? Ihre Finger rasen über die Tastatur und ... Treffer: Michael Seidel war im Mordfall 779 als Zeuge geladen[1]. Frau Gesine Neubert soll den Polizisten Hans Meier mit einem Stein erschlagen haben und Herr Seidel war dabei, konnte aber nichts über die Tat sagen.

Die Buchstaben tanzen vor Teresas Augen. Gesine, ihre beste Freundin – eine Polizistenmörderin? Das kann nicht sein. Wann soll das denn gewesen sein? Wo ist denn diese Akte 779? Teresa zittert[2] am ganzen Körper. Sie ruft im Archiv[3] an: „Guten Tag, ich bin Teresa Fuchs, die neue Kriminalhauptkommissarin ... Ja, danke ... Hören Sie, ich brauche die Akte 779 ... Was heißt, das ist so lange her und das kann dauern? Es ist sehr wichtig, bitte bringen Sie sie mir so schnell wie möglich. Gut, ich warte hier oben auf Sie. Bis gleich."

Teresa läuft im Zimmer auf und ab. Sie bekommt kaum noch Luft. Es ist, als würde ein Zug auf sie zukommen und sie kann sich nicht bewegen. Nervös fasst sie in ihr langes schwarzes Haar, schiebt Papiere hin und her und wartet. Nach fünfundzwanzig langen Minuten hält sie die Akte 779 endlich in den Händen. Tatsächlich, der zweite Oktober 1989 – der Tag, an dem sie einfach weggerannt war und die anderen allein gelassen hatte. Teresa blättert durch den Ordner und liest und liest – so schnell, als würde gleich jemand kommen und ihr die Akte wieder wegnehmen.

Gesine wurde noch am Tatort im Schillerpark verhaftet. Man hatte sie vor dem Toten gefunden – mit einem Stein in der Hand, an dem Blut klebte. Ihr Sohn Tim saß neben ihr, die Hände fest vor dem Gesicht, und als die Polizisten, die ein paar Minuten nach der Katastrophe angekommen waren, ihn wegführen wollten, fing er an zu schreien und sie konnten ihn kaum beruhigen. Sonst war niemand dagewesen. Michael meldete sich erst als Zeuge, als er erfahren hatte, was passiert war. Denn er hatte nicht gesehen, dass jemand am Kopf verletzt wurde. Er sagte aus, dass er aus Angst vor einer Verhaftung[4] so schnell wie möglich weggelaufen war. Gesine hatte vor Gericht immer

wieder gesagt: „Ich habe ihn nicht getötet. Ich wollte ihm nur helfen." Trotzdem musste sie für zehn Jahre ins Gefängnis[5].

Teresa schüttelt den Kopf. Wenn das wirklich stimmte, dass Gesine unschuldig war, musste sie sich furchtbar gefühlt haben. Zehn Jahre ohne Chance, den Sohn groß werden zu sehen, nicht für ihn da sein zu können. Ich wäre verrückt geworden. Gesine ist heute bestimmt nicht mehr dieselbe fröhliche Frau wie früher.

Aber wenn sie ihn nicht getötet hat, dann vielleicht ... Teresa wird schwarz vor Augen. Sie hatte damals auch einen Stein geworfen. Sie alle hatten Steine geworfen, als ihr alter Schulkamerad Hans Meier sie erkannt hatte und plötzlich ihre Namen rief. Sie hatten solche Angst, von ihm verhaftet zu werden und da lagen diese Steine an der Baustelle vor dem Park. Sie mussten ihn aufhalten und verschwinden, so schnell wie möglich.

Aber wenn Gesine es nicht gewesen war, wer war es dann, und warum war Michael jetzt tot? War Gesine etwa in Gefahr? Sie musste unbedingt mit ihr sprechen.

1 als Zeuge geladen sein: vor Gericht sagen, was man gesehen hat
2 zittern: der Körper zittert („bewegt" sich) vor Angst oder Kälte
3 das Archiv: hier werden alte Dokumente gelagert
4 die Verhaftung: wenn die Polizei jemanden mitnimmt
5 das Gefängnis: da lebt man, wenn man eine Strafe bekommen hat

1. Was bisher geschah. (Seite 15; 25)
2. Was ist bis jetzt passiert? (Was? Wer? Wann? Wo?)
3. Die Figuren: Teresa Fuchs. (Alter, Beruf, Aussehen ...)
4. Teresas Gedanken: (Zeile 45–61). Wie fühlt sie sich?
5. Vermutungen: Wie wird Gesine reagieren, wenn Teresa kommt?

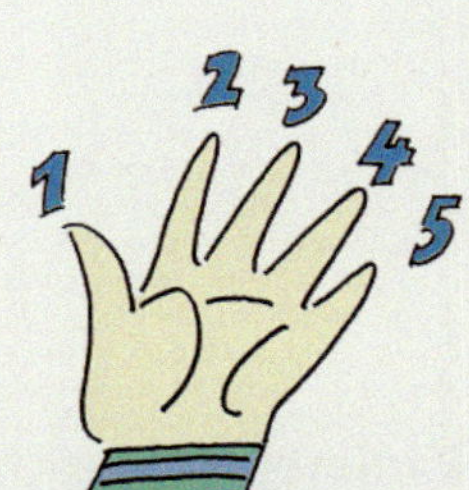

Lebenslinien

Wie das Leben so spielt

1 **Was macht die Frau? Warum tut sie das? Was vermuten Sie?**

Die Frau braucht bestimmt ...

Wahrscheinlich hat sie ...

Vielleicht will/muss sie ...

2 **Schlagzeilen. Lesen Sie die Überschriften und Texte und ordnen Sie zu.**

A **Immer mehr Rentner von Armut betroffen**

B ***Flaschensammeln – meldepflichtiger Nebenjob?***

C **Streit im Görlitzer Park: Das ist mein Revier!**

1. Da es immer mehr Flaschensammler gibt, werden die beliebtesten Orte wie Bahnhöfe, Parks oder auch die Plätze vor Großveranstaltungen untereinander aufgeteilt. Dabei kommt es immer wieder zu Auseinandersetzungen. So auch am Samstag im

2. Hartz-IV-Empfänger müssen Einnahmen durch Flaschensammeln bei der Arbeitsagentur angeben. Aber nicht alle Sachbearbeiter ziehen das Geld von der Unterstützung ab. Das soll in Zukunft

3. Immer mehr Rentner[1] sind auf staatliche Unterstützung angewiesen, weil ihre Rente zu klein ist. Sie hatten in ihrem Arbeitsleben nur schlecht bezahlte Jobs oder waren öfters arbeitslos.

1 die Rentner (D, CH)
die Pensionisten (A)

12 **3** **Eine Radioreportage. Um wen geht es?**
Hören Sie einmal den ganzen Text und beantworten Sie die Frage im Kurs.

4 Hören – Stück für Stück.

13

a) Wer hat was gesagt? Hören Sie Abschnitt 1 und ordnen Sie zu.

a) die ausländische Studentin b) die Reporterin c) Erna Holt

1. [c] „Das Geld liegt ja auf der Straße."
2. [a] „Die Leute, die das machen müssen, tun mir leid."
3. [b] „Aber ihre Kleidung ist sauber. Sie sieht gepflegt aus."

14

b) Was ist richtig? Hören Sie Abschnitt 2 und kreuzen Sie an.

Erna Holt ...

1. a) [ ] weiß nie genau, wo sie suchen soll.
   b) [ ] mag weder Hunde noch Ketchup.
   c) [x] war früher Näherin und Kellnerin.

2. a) [ ] hatte früher viel Geld.
   b) [x] hat ein Lieblingscafé.
   c) [ ] ist früher viel gereist.

15

c) Richtig, falsch oder nicht im Text? Hören Sie Abschnitt 3 und kreuzen Sie an.

	richtig	falsch	nicht im Text
1. Erna Holt bekommt eine kleine Rente.	[x]	[ ]	[ ]
2. Sie schämt sich dafür, dass sie Flaschensammlerin ist.	[ ]	[x]	[ ]
3. Sie ist froh, dass sie eine kleine, aber schöne Wohnung hat.	[ ]	[ ]	[x]
4. Im Winter findet sie weniger Flaschen als im Sommer.	[ ]	[ ]	[x]
5. Heute ist das Wetter sehr gut.	[ ]	[x]	[ ]

16

d) Welche Aussage ist richtig? Hören Sie Abschnitt 4 und kreuzen Sie an.

[ ] A Erna Holt ist wegen ihrer finanziellen Situation sehr unglücklich.
[x] B Erna Holt ist ganz zufrieden, aber sie hätte gern etwas mehr Geld.

12

5 Hören Sie noch einmal die ganze Reportage und notieren Sie Informationen zu Erna Holts Leben.

Alter • Wohnort • Berufe früher • Träume • Höhe der Rente • Pfandeinnahmen • Fazit

Tipp
Laden Sie sich Podcasts aus dem Internet herunter und üben Sie, Stück für Stück zu hören.

6 Was denken Sie über Erna Holt? Sprechen Sie im Kurs.

Ich finde sie sehr mutig.

Ich würde so etwas nicht machen.

7 Wer soll im Alter für mich sorgen? Diskutieren Sie im Kurs. Begründen Sie Ihre Meinung.

Meine Kinder, denn bei uns ist es ganz normal, dass ...
Natürlich der Staat, denn ich habe ... / Ich weiß nicht, ob ...
Ich selbst: Es ist wichtig, dass man schon jetzt für das Alter spart.
Aber das ...

Zwischen gestern und morgen

8 Lebenslinien – zwei Porträts.

a) Was haben diese Menschen erlebt? Lesen Sie nur die Überschriften und sehen Sie sich die Fotos an. Was vermuten Sie?

Ich kann mir (gut) vorstellen, dass ...
Vielleicht/Wahrscheinlich hat er/sie ...

Reden Sie über:

Wo gelebt (früher/heute)? • Was gemacht? • Familie? • Viel gereist? • Berühmt?/ Gesund?/Erfolgreich?

b) Welche Brüche gab es im Leben von Albert und Hoa? Lesen Sie die Texte und markieren Sie. Vergleichen Sie im Kurs.

Zwischen Mut und Niederlage

Albert Dröse war Lehrer. Er hatte ein festes Einkommen und eine sichere Zukunft. Aber er hatte immer von etwas ganz anderem geträumt. Schließlich kündigte er – und wurde Clown. Sechs Jahre war er beim Zirkus Leon angestellt und wurde als Pieto berühmt. Nachdem er Lana, eine russische Tänzerin, geheiratet hatte, machte er sich selbstständig und sie tourten zusammen durch Europa.
Doch dann wurde Albert krank und musste operiert werden. Er kann für lange Zeit nicht mehr als Pieto auftreten und es kommt kein Geld in die Kasse. Jetzt spürt er, was es heißt, krank und selbstständig zu sein. Er hat nie bereut, dass er die sichere Welt als Lehrer verlassen hat – aber er muss jetzt eine Antwort auf die Frage finden, wie es weitergehen soll.

Die zwei Familien von Hoa

Mit acht Jahren wird Hoa von ihren Eltern zusammen mit anderen Flüchtlingen in ein Boot gesetzt, um hoffentlich in einem besseren Leben anzukommen. Sie wird gerettet und kommt in eine österreichische Pflegefamilie. Hoa lernt sehr schnell Deutsch, geht in die Volksschule, später aufs Gymnasium – fühlt sich wohl bei ihrer herzlichen Familie. Doch inzwischen ist ihre vietnamesische Familie nach Hamburg gezogen und sie zieht zu ihnen. Hoa freut sich, wieder bei ihnen zu sein, aber sie vermisst auch ihre Pflegefamilie. Mit 18 geht sie zurück nach Österreich. Doch es ist schwierig für sie, in ihren verschiedenen Welten zu leben. Erst seit sie ein kleines vietnamesisches Restaurant eröffnet und damit ihre vietnamesischen Wurzeln mit ihrer österreichischen Heimat verbunden hat, wird das Leben für sie langsam etwas leichter.

c) Von einem Leben erzählen. Arbeiten Sie zu zweit. Einer ist Albert, eine Hoa. Erzählen Sie in der Ich-Form, was „Sie“ erlebt haben.

Ich war Lehrer, aber ich wollte so gern ...

9 Welche Brüche gab es in Ihrem Leben oder was wollen Sie unbedingt noch erleben? Erzählen Sie.

Ich habe schon viel erlebt. / In meinem Leben gab es ...
Ich hätte/würde gerne ... Nächstes Jahr habe ich vor zu studieren.

Sie wird bestimmt studieren.

10 Wie geht das Leben weiter?
a) Lesen Sie die Beispiele und ergänzen Sie die Regel.

Sie wird bestimmt studieren.

Er wird vielleicht viel Geld verdienen.

Regel: Das Futur I bildet man mit einer Form von ______________

im Präsens und dem ______________ , der am Ende steht.

b) Beantworten Sie die Fragen wie im Beispiel.

Warum ist Maria nicht da?

Sie wird krank sein.

1. Warum hat Pjotr heute Abend keine Zeit?
2. Wo sind denn deine Eltern?
3. Warum ist Frau Albrecht noch nicht da?

im Restaurant arbeiten
schon zu Hause sein
noch auf den Bus warten

*Mit dem **Futur I** kann man eine Vermutung äußern. Sie kann sich auf die Zukunft, aber auch auf die Gegenwart beziehen:*
Sie werden schon da sein.

weitere Möglichkeiten:
Vielleicht sind sie schon da.
Wahrscheinlich sind sie schon da.
Sie sind bestimmt schon da.

17

11 Glauben, aber nicht wissen.
Lesen und hören Sie den Dialog. Schreiben Sie weitere.

- Beeil dich, wir verpassen den Zug!
- Ach, er wird sicher Verspätung haben.
- Bist du sicher?
- Äh, nö ...

nachfragen:
Bis du sicher?
Ist das wahr? / Stimmt das?
Wirklich?

Pedro / Anna Meine Eltern Meine Freunde Du ...	*werden*	sicher bestimmt vielleicht	ein gutes Essen machen bald heiraten ein Kind bekommen ...

12 Zungengymnastik.
a) Machen Sie Gymnastik mit Ihrer Zunge.

18

b) Hören Sie und lesen Sie laut mit.

Neun Nonnen nähen neun Knöpfe an.
Die Jäger jagen im Juni Jaguare.

In der Schule lässt sich schön schlafen.
Zwei Schwalben zwitschern auf einem Zweig.

Wie werden wir leben?

13 Das Jahr 2050.

a) Was fällt Ihnen dazu ein? Machen Sie ein Wörternetz.

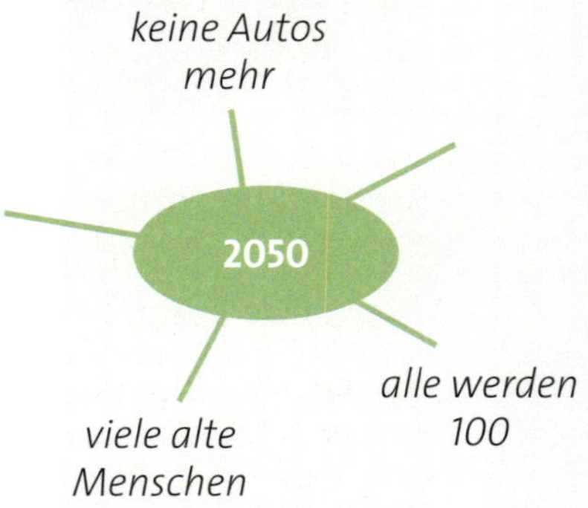

b) Welche Prognosen finden Sie besonders interessant? Lesen Sie und diskutieren Sie im Kurs.

1. Bis zum Jahr 2050 wird Deutschland zwischen acht und zehn Millionen Einwohner weniger haben.

2. Wir werden immer älter, sehen aber nicht unbedingt älter aus. Die 70-Jährigen werden im Jahr 2050 so fit sein wie die 60-Jährigen heute.

3. Es wird nur noch 250 Autos pro 1000 Einwohner geben, also weniger als die Hälfte im Vergleich zu heute.

4. Fast jedes Gebäude wird eine Photovoltaikanlage haben.

5. Ungefähr ab 2030 werden Wintersportorte beginnen, Skipisten aus Kunststoff anzulegen. Damit wird man jederzeit Skifahren können – auch im Sommer.

Wissen Sie es noch?
Über die Zukunft sprechen: Präsens + Zeitangabe
► Ich komme morgen.

c) Markieren Sie in den Texten die Futur-I-Formen. Zu welchen Begriffen passen sie? Ordnen Sie die Sätze zu.

1. Gesundheit: Die ________________
2. Klima: ________________
3. Verkehr: ________________
4. Bevölkerung: ________________
5. Energie: ________________

Futur I:
Mit dem Futur I kann man auch Versprechungen
► Wir werden uns um dich kümmern.

und Vorsätze
► Ich werde mit dem Rauchen aufhören.

ausdrücken.

14 Ein Brief aus der Zukunft.

a) Lesen Sie den Text und ordnen Sie die Zeichnungen zu.

b) Arbeiten Sie in fünf Themengruppen: Gesundheit, Wohnen/Haushalt, Arbeit, Verkehr, Energie. Jede Gruppe macht ein großes Wörternetz und sammelt Informationen zu ihrem Thema aus dem Text.

Liebe Menschen im Jahr 2012, 24. Juli 2050

gerne stelle ich Ihnen meinen Alltag vor, damit Sie schon einmal einen Eindruck bekommen, was Sie im Jahr 2050 erwartet. Wie jeden Tag weckt mich das leichte Rütteln meiner Massagematratze und der Duft des Kaffees. Obwohl ich schon über 70 bin, stehe ich ohne Probleme auf – dank der Servogelenktechnik in meinen Knien. Gesunde Knochen und Gelenke sind nur noch eine Frage des Geldes, die Ärzte können fast alles reparieren. ☐

Zum Frühstück mache ich es mir vor meinem Panoramafenster gemütlich. Ich wohne im 15. Stock eines Hochhauses. Alle Häuser sind wie selbstständige kleine Städte organisiert, die genau das produzieren, was ihre Bewohner brauchen. Im 20. Stock wächst z. B. Mais für die Hühner, die im 35. Stock gezüchtet werden. Im 3. Stock gibt es das Gesundheitszentrum, natürlich mit Fitnessstudio. Der Kindergarten und das Lernzentrum sind im 7. Stock. ☐

Wenn ich in den Himmel schaue, sehe ich über jedem Haus Energiedrachen in der Luft hängen und natürlich gibt es auf jedem Dach Solaranlagen. Das reicht für die 2.000 Kilowatt Energie, die jeder Haushalt pro Stunde verbraucht. Dreimal weniger als noch zu Ihrer Zeit. Obwohl wir heute mehr elektronische Geräte haben, denn alles ist computergesteuert. Oh – das Display am Kühlschrank blinkt: Ich muss Käse nachbestellen. ☐

Zur Arbeit fahre ich mit dem Fahrrad, denn ich lebe in einem der zahlreichen autofreien Stadtteile. Es gibt zwar noch Autos, aber die sind viel langsamer und verbrauchen viel weniger als zu Ihrer Zeit. Ohne Sondererlaubnis darf man sie nicht benutzen. Ich arbeite in der Stadtverwaltung, 30 Stunden die Woche, die ich mir ganz flexibel einteilen kann. Das ist heute ganz normal. Nach der Arbeit treffe ich mich noch mit Freunden auf ein Bier. Bezahlen kann ich bequem mit meinem Implant-Chip im Daumen. ☐

Zu Hause schalte ich den Rechner an und plane den nächsten Urlaub, den ich in „Florida“ verbringe. Das heißt, ich buche eine Woche in einem Holidaycenter in Deutschland, das aussieht wie Florida. Denn das Fliegen ist sehr teuer geworden und echte Fernreisen gibt es fast gar nicht mehr. ☐

Liebe Grüße
Ihr Bewohner der Erde aus dem Jahr 2050

A

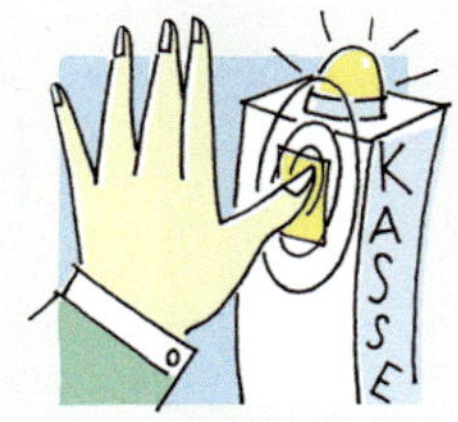

B

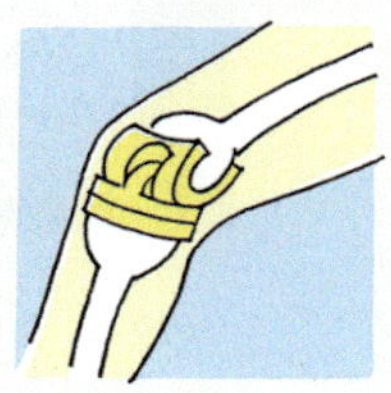
C

D

E

c) Welche eigenen Ideen haben Sie zu Ihrem Thema? Ergänzen Sie das Wörternetz.

d) Hängen Sie Ihre Wörternetze auf und gehen Sie durch die Ausstellung. Diskutieren Sie und machen Sie sich Notizen.

Was finden Sie besonders interessant? Was können Sie sich gar nicht vorstellen? Was würden Sie bei den anderen Themen noch ergänzen?

15 Ein Tag im Jahr 2050. Wie stellen Sie sich Ihr Leben oder das Ihrer Familie vor? Schreiben Sie einen Text (ca. 100 Wörter).

Alle zusammen

16 Kreativwerkstatt *Zukunft*. Wählen Sie eine Aufgabe aus.

- Machen Sie eine Wandzeitung „Unsere Visionen“. Was für Visionen haben Sie für Ihr Leben? Was möchten Sie noch erreichen?

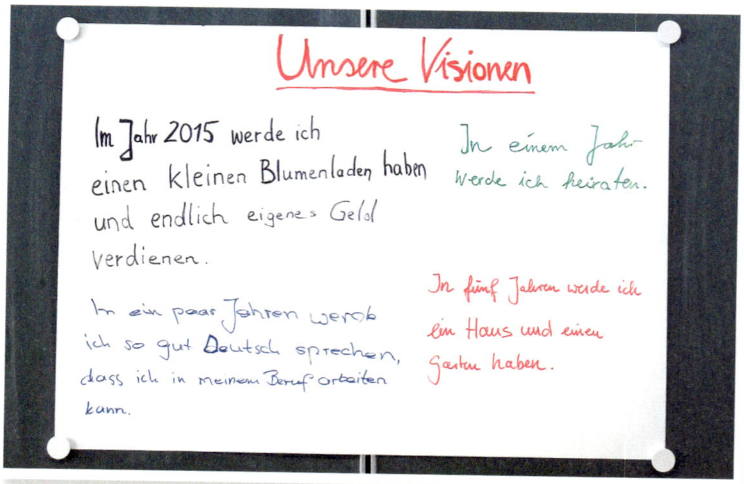

„Das geht nicht.“ gibt es nicht! Alle Ideen sind erlaubt.

- Was glauben Sie, welche Gegenstände wird es im Jahr 2050 nicht mehr geben? Wählen Sie einen aus und schreiben Sie eine Präsentation für einen Menschen im Jahr 2050.

Buch • Handy • Euroschein • Einkaufswagen • CD • Zigarette • ...

Lieber Mensch im Jahr 2050,
das ist der Gegenstand, den ich vorstellen möchte: ein Buch. Man kann es in die Hand nehmen und darin blättern. Man kann es lesen. Es gab ...

- Ihre Enkelin wird 2050 geboren. Wie sieht ihr Leben aus? Schreiben Sie den Text weiter.

Geboren 2050
Sie ist drei: Sie wird in die Schule gehen.
Sie ist zehn: Sie wird ...

- Zeichnen Sie ein Bild zu einem Thema in der Zukunft: z. B. Verkehr, Energie, Gesundheit etc. Zeigen Sie den anderen Ihr Bild und erklären Sie es ihnen.

Raus mit der Sprache.
Jede/r notiert auf einem Zettel einen persönlichen Zukunftstraum, liest ihn vor und steckt ihn in eine Flasche. Wenn alle ihre Träume aufgeschrieben haben, bringen Sie Ihre Flaschen zum Wasser und lassen Sie sie schwimmen.

EXTRA 11

Alter

Wer ist wie alt? Schätzen Sie.

von links nach rechts: 30, 48, 26, 62, 44, 36

Gedicht

Immer gewartet

auf den richtigen Zeitpunkt
auf das nächste Mal
auf den Bus
auf den Urlaub
auf die Zusage
auf das Baby
auf mehr Mut
auf Normalität
auf die Gesundheit

und jetzt?
würde ich gerne noch ein bisschen
warten dürfen.

Sprüche über das Alter

Alter vor Schönheit.
(AUS DEUTSCHLAND)

Wenn du keinen alten Menschen
zu Hause hast, so leih dir einen.
(AUS GRIECHENLAND)

Alter macht weiß, nicht weise.
(AUS DÄNEMARK)

Die Schönheit des Alters

Sie haben fast das ganze 20. Jahrhundert erlebt. Karsten Thormaehlen hat Menschen fotografiert, die 100 Jahre und älter sind. Er zeigt würdevolle alte Männer und Frauen, die früher als Zugbegleiterin, Bauer, Buchhändler oder Kinobesitzerin gearbeitet haben. Doch die 100-Jährigen sind nicht nur Menschen mit Vergangenheit, sie haben auch ganz aktuelle Leidenschaften, zum Beispiel Schachspielen oder Turnen, Bücher, Operetten oder auch das Angeln.

Ich kann ...

über Brüche im Leben sprechen

Er war Lehrer, / Sie war Sportlerin, aber dann wurde er/sie krank.
Ich musste mit vielen anderen Flüchtlingen das Land verlassen.
Sie zog zu ihnen, aber sie vermisste ihr altes Leben.

Vermutungen äußern

Ich glaube, / Ich nehme an, dass die Frau / der Mann eine zu kleine Rente bekommt.
Sein/Ihr Leben war bestimmt nicht einfach. / Vielleicht/Wahrscheinlich hat er/sie sein/ihr Leben lang gearbeitet. Ich kann mir gut vorstellen, dass sein/ihr Leben jetzt schöner/schwieriger/... ist.
Er/Sie wird bestimmt bald kommen. / Er/Sie wird krank sein. /noch auf den Bus warten.

genau nachfragen

Weißt du das mit Sicherheit? / Stimmt das? / Bist du sicher? / Ist das wahr? / Wirklich?
Ich denke schon. / Ganz sicher. / Ich weiß nicht genau, ob das stimmt.

über die Zukunft und über meine Pläne sprechen

Was hast du für Pläne für deine Zukunft? / Was wünschst du dir? / Was hast du im nächsten Sommer vor?
Irgendwann möchte ich eine große Reise machen. Ich habe fest vor zu studieren. /
Ich weiß noch nicht, vielleicht werde ich ...

Prognosen machen

Wir werden immer länger leben. / Im Jahr 2050 wird es weniger Autos geben.

Ich kenne ...

das Futur I

Sie **wird** im nächsten Jahr **studieren.**

wird = werden (Präsens); studieren = Infinitiv

ich	werde
du	wirst
er/sie/es	wird
wir	werden
ihr	werdet
sie/Sie	werden

- *Vermutungen:* Er **wird** bestimmt bald **kommen**.
- *Pläne und Vorsätze:* Ab morgen **werde** ich weniger **fernsehen** und mehr **lernen**.
- *Versprechungen:* Wir **werden** dich nächstes Jahr öfters **besuchen**.
- *Prognosen:* Im Jahr 2050 **wird** es weniger Autos **geben**.

Teil 4

28

Die Fahrt nach Lößnig dauert nur wenige Minuten und doch ist es eine Fahrt in eine andere Welt. Eben ist sie noch an den schönen Altbauhäusern in der Karl-Liebknecht-Straße vorbeigefahren, jetzt sieht sie nur noch graue Plattenbauten aus den 70er-Jahren. Es ist früh am Morgen und sie kommt gut voran, denn der Berufsverkehr fließt in die andere Richtung. Die ganze Nacht hat Teresa nachgedacht. Keine Minute konnte sie schlafen. Jetzt gleich ihre alte Freundin nach so langer Zeit wiederzusehen, macht sie nervös.

Als die Postbotin die Haustür zur Johannes-Becher-Straße 22 öffnet, geht Teresa schnell hinterher, so ist sie wenigstens schon einmal im Haus. Im zweiten Stock klingelt sie. Sie hört, wie der Fernseher leiser gemacht wird und jemand ganz langsam zur Wohnungstür kommt.

„Du?" Gesine schaut Teresa überrascht, aber auch müde und skeptisch an. Wie sie dasteht mit ihrem langen, viel zu großen Pullover, der Jogginghose und den fettigen Haaren, erinnert nichts an die schicke, modebewusste Gesine, die Teresa von früher kennt.

„Darf ich reinkommen?" „Du stehst nach über 20 Jahren vor meiner Tür und fragst einfach so, ob du reinkommen kannst?" „Gesine, ich bin als Hauptkommissarin hier. Ich untersuche einen Mordfall, der mit der Sache von damals zusammenhängt. Lass uns doch bitte drinnen weiterreden." „Was denn für ein Mordfall? Wollt ihr mich etwa schon wieder wegen einer Sache ins Gefängnis bringen, mit der ich gar nichts zu tun habe[1]?" Aber Gesine sagt das so, als wäre es nicht weiter schlimm, wenn genau das passieren würde.

„Micha ist tot. Er wurde im Schillerpark erschlagen." Gesine öffnet ohne ein weiteres Wort die Tür. Teresa erschrickt – in der Wohnung ist nichts mehr zu sehen von Gesines Sinn für Farben, Formen und Details: Im Wohnzimmer steht ein altes Sofa, auf dem Tisch sieht man Zigaretten, leere Bierflaschen, das Essen vom Vortag – es gibt keine Pflanzen, keine Fotos, kein einziges Buch. „Du hast dich doch immer so für die Gründerzeithäuser begeistert und jetzt wohnst du so? Teresa ist so erschrocken, dass sie gar nicht merkt, wie unpassend ihre Frage ist. Aber Gesine reagiert nicht wütend. Müde sagt sie: „Ich hab auch mal von einer tollen Zukunft für meinen Sohn geträumt. Und was hat er bekommen? Eine Mutter im Knast[2], Stress im Heim – und keinen Ausbildungsplatz. Man bekommt im Leben nicht immer das, was man sich wünscht, Teresa."

Teresa versteht, was sie damit sagen will: Was weißt du schon von meinem Leben, dir geht es ja gut. Teresa würde ihr gerne erzählen, dass sie das schlechte Gewissen jede Nacht weckt; wie oft sie versucht hat, sich bei Gesine zu melden, weil sie nicht wusste, dass sie im Gefängnis war. Wie gerne würde sie sie jetzt einfach in den Arm nehmen. Aber sie ist in diesem Fall sowieso viel zu wenig objektiv. Sie muss jetzt cool bleiben.

„Gesine, was war damals los? Was ist passiert?" „Du warst doch dabei. Du weißt doch, was los war. Ich werde sicher nicht noch einmal alles erzählen, vor allem nicht dir." „Wo warst du am Montag zwischen 18 und 20 Uhr?" „War ja klar, dass die Frage jetzt kommen musste. Du tust so, als hätte das alles nichts mit dir zu tun. Darfst du das überhaupt, mich so auszufragen, in deiner Situation? Lass mich einfach in Ruhe und verschwinde. Ich muss dir nicht antworten, dir nicht." Gesine zeigt zur Tür. Teresa zögert, geht dann aber doch. Im Treppenhaus muss sie sich erst einmal setzen. Gesine hat recht. Sie kann den Fall nicht weiter bearbeiten. Aber wem soll sie davon erzählen? Was ist, wenn IHR Stein getroffen hat?

1 mit etwas zu tun haben: dabei sein; beteiligt sein

2 der Knast = das Gefängnis

1. Was bisher geschah. (Seite 15; 25; 35)
2. Was ist bis jetzt passiert? (Was? Wer? Wann? Wo?)
3. Die Figuren: Gesine Neubert. (Alter, Beruf, Aussehen ...)
4. Teresas Gedanken: (Zeile 46–53). Wie fühlt sie sich?
5. Vermutungen: Mit wem wird Teresa über den Tod des Polizisten damals reden?

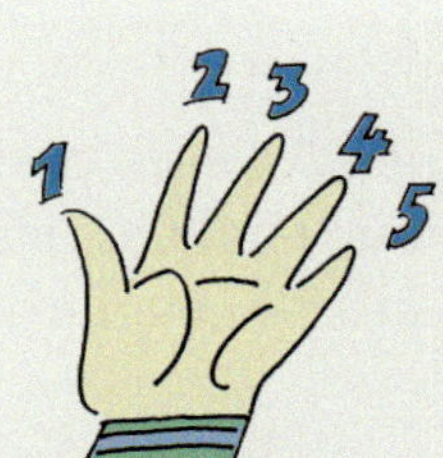

Das Ende der Mauer

1 **Mauern. Woran denken Sie bei diesem Foto? Wofür braucht man Mauern? Wo gibt es Mauern? Welche Mauern kennen Sie? Sammeln Sie im Kurs.**

2 **1989: ein Jahr – viele Erinnerungen. Was war 1989? Woran erinnern Sie sich? Was war für Sie, Ihre Familie oder Ihre Heimat wichtig? Berichten Sie.**

1989 wurde ich geboren.

Ich erinnere mich daran, dass die Grenzen geöffnet wurden.

Bei uns gab es eine Revolution.

1989 bin ich zum ersten Mal ins Ausland gereist.

Bei uns kam ein neuer Präsident an die Macht.

Ach ja, und meine Familie ...

3 **Geschichtspuzzle: Deutschland nach 1945.**
a) Lesen Sie und kreuzen Sie an.

Nach der Kapitulation[1] Deutschlands und dem Ende des Zweiten Weltkriegs wird Deutschland 1945 von den Siegermächten[2] in vier Besatzungszonen[3] aufgeteilt: eine sowjetische, amerikanische, britische und französische Zone. Auch Berlin wird von den Siegermächten in vier Sektoren aufgeteilt. 1949 werden die Bundesrepublik Deutschland (BRD) und die Deutsche Demokratische Republik (DDR) gegründet, weil sich die vier Siegermächte nicht einigen können. Die sowjetische Besatzungszone wird zur DDR und Ostberlin wird die Hauptstadt. Westberlin liegt also in der DDR, gehört aber zu Westdeutschland. Neue Hauptstadt der BRD wird Bonn.

1 die Kapitulation: Erklärung, dass man den Krieg verloren hat 2 die Siegermacht: Staat, der den Krieg gewonnen hat
3 die Besatzungszone: das Gebiet, das von den Siegern regiert wird

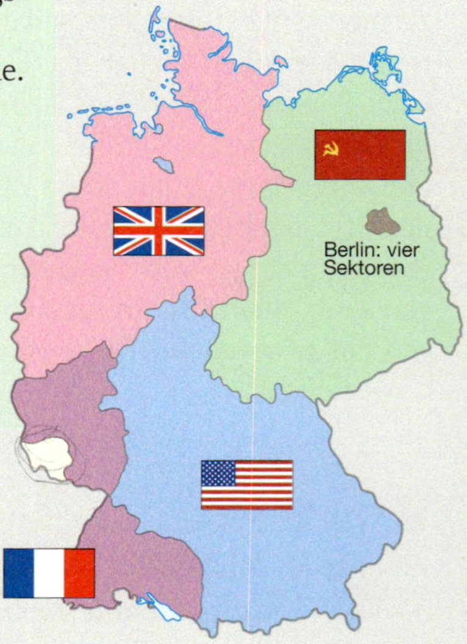

	richtig	falsch
1. Ab 1945 gab es zwei deutsche Staaten.	☐	☒
2. Berlin wurde in vier Sektoren aufgeteilt.	☒	☐
3. Westberlin wurde die Hauptstadt der BRD.	☐	☒

b) Lesen Sie die Texte und ordnen Sie die Fotos zu. Schreiben Sie die Jahreszahl / das Datum unter die Fotos und ordnen Sie die Texte.

1. d
5. November 1989: Die Proteste hören nicht auf. Auf dem Berliner Alexanderplatz demonstrieren 500 000 Menschen friedlich für Freiheit und Demokratie. Die Führung der DDR steht unter Druck. Doch als Regierungsmitglieder zu den Demonstranten sprechen wollen, werden sie nicht gehört. Die Demonstranten sind zu laut.

2. b
Im Sommer 1989 kommt es zu einer Massenflucht von DDR-Bürgern. Sie fliehen über die Botschaften in Prag und Warschau oder über die seit Mai 1989 offene ungarische Grenze nach Österreich. Mehr als 30 000 Ostdeutsche reisen so in diesem Sommer in die Bundesrepublik Deutschland aus.

3. a
Am 13. August 1961 beginnt die DDR mit dem Bau der Berliner Mauer. Die Mauer verläuft entlang der Grenze um die westlichen Sektoren herum. Über Nacht ist die Stadt geteilt. Die Menschen aus Ostberlin können nicht mehr frei nach Westberlin reisen. Familien und Freunde werden getrennt. Immer wieder versuchen Menschen, aus der DDR zu fliehen, doch viele sterben bei den Fluchtversuchen. Allein an der Berliner Mauer kommt es zu 136 Todesfällen.

4. f
Seit dem 5. Mai 1990 beraten die Außenminister der Siegermächte und die beiden deutschen Kollegen über die Wiedervereinigung Deutschlands. Am 23. August beschließt die Volkskammer der DDR den Beitritt zur BRD, auch die BRD stimmt der Wiedervereinigung zu. Am 3. Oktober 1990 wird Deutschland offiziell wiedervereinigt. Seit diesem Tag ist der 3. Oktober Deutschlands Nationalfeiertag.

5. e
9. November 1989: Auf einer Pressekonferenz erklärt Günther Schabowski, ein Mitglied der DDR-Regierung, dass die Bürger nun frei reisen dürfen. In dieser Nacht fällt die Mauer. Die Menschen aus Ostberlin stürmen nach Westberlin. Am nächsten Wochenende kommt es zu 100 Kilometer langen Staus auf dem Weg in den Westen.

6. c
Am 4. September 1989 findet in Leipzig nach Friedensgebeten in der Nikolaikirche die erste Montagsdemonstration statt. Die Demonstranten fordern vor allem Reisefreiheit, Meinungsfreiheit und mehr Demokratie. Seit diesem Montag finden die Demonstrationen regelmäßig in Leipzig, aber auch in anderen Städten der DDR statt. Die Zahl der Demonstranten wächst von 1500 bis auf über 300 000 an.

a) 

b) 

c) 

d) 

e) 

f) 

Schon fertig?
Notieren Sie drei Jahre, die für Sie besonders wichtig waren.

2004: Tsunami – Angst um Familie, 2010: nach Deutschland gekommen

4 **Die Schweiz und Österreich nach 1945. Lesen Sie die Texte im Anhang.** 126 127

5 **Arbeiten Sie zu zweit. Beschreiben Sie abwechselnd die Geschichte Deutschlands nach 1945. Die Fotos helfen.**

Das Ende der Mauer

6 Arbeiten Sie zu zweit und verbinden Sie die Sätze.

1. Nach dem Ende des Zweiten Weltkriegs c
2. Seit der Gründung der BRD und DDR im Jahr 1949 d
3. Nachdem man die Mauer am 13. August 1961 gebaut hatte, a
4. Seit Ungarn seine Grenze zu Österreich geöffnet hatte, b
5. Während 500 000 Menschen auf dem Alexanderplatz protestierten, f
6. Während der Feiern in der Nacht des 9. Novembers e

a) war Berlin eine geteilte Stadt.
b) flohen immer mehr Ostdeutsche über Ungarn in den Westen.
c) wurde Deutschland in vier Besatzungszonen aufgeteilt.
d) gab es zwei deutsche Staaten.
e) kam es zu vielen Begegnungen zwischen Ost und West.
f) wurde der Druck für die DDR-Regierung immer größer.

7 Wann ist was passiert?
a) Schreiben Sie die Tabelle in Ihr Heft und ordnen Sie die Ereignisse aus den Sätzen der Aufgabe 6 ein.

	vorher	nachher	gleichzeitig	ab Zeitpunkt
Satz 1	*Ende d. 2. Weltkriegs*	*4 Besatzungszonen*		
Satz 2				*Gründung ...*
Satz 3				
Satz 4				
Satz 5			*500 000 Menschen demonstrieren + Druck für die DDR-Regierung wird größer*	
Satz 6				

b) Ergänzen Sie die Regel mit den roten Wörtern aus Aufgabe 6.

Regel: Wenn etwas vorher passiert ist, benutzt man ______________

oder ______________.

Wenn etwas gleichzeitig passiert, benutzt man ______________.

Wenn etwas ab einem Zeitpunkt passiert, benutzt man ______________.

c) Nebensatzverbindung oder Hauptsatz mit Präposition? Ordnen Sie die Sätze aus Aufgabe 6 zu.

Nebensatzverbindung	Präposition
	Satz 1

Präpositionen:
nach + Dativ
seit + Dativ
während + Genitiv

8 **Sätze bauen.**
a) Schreiben Sie mindestens fünf Sätze wie im Beispiel.

	die Ferien	ins Fitnessstudio gehen
Nach (+ DAT)	*der* Deutschkurs	vom nächsten Urlaub träumen
(DAT) Während (+ GEN)	*die* Arbeit	ein gutes Glas Wein trinken
Seit (+ DAT)	*das* Essen	sich nicht konzentrieren können
Vor (+DAT)	*der* Kinobesuch	eine Einkaufsliste schreiben
	der Anruf	die Zeitung lesen

Tipp
Denken Sie an das -s beim Genitiv: während des Essens

Nach der Arbeit gehe ich immer ins Fitnessstudio.

b) Arbeiten Sie zu zweit. Eine/r fängt den Satz an, der/die andere beendet ihn.

Während der Autofahrt ... — *... höre ich Radio.*

Seit einem Jahr ... — *... spiele ich Gitarre.*

das Essen • das Lernen • der Film • die Verabredung • der Sport • meine Kindheit • meine Jugend • ...

9 **Ein Blogeintrag mit Fehlern. Schreiben Sie den Text in Ihr Heft und ergänzen Sie *seit*, *als*, *bevor*, *nachdem* und *während*.**

Die Nacht vom 9. November 1989 – Zeitzeugen berichten

Janett: Ich erinnere mich noch ganz genau an diesen Tag. Ich saß auf dem Sofa und **§§V&** = [1] ich im DDR-Fernsehen die Nachrichten sah, konnte ich es kaum glauben: Ab sofort sollte man in den Westen reisen dürfen! **X/%&$§** = [2] ich noch darüber nachdachte, hörte ich, dass viele Nachbarn schon auf die Straße liefen. Da ging ich auch raus. Mit vielen anderen lief ich Richtung Grenzübergang Bornholmer Straße. **X/%§/&$** = [3] wir dort ankamen, hatten wir alle noch Zweifel: Konnte das stimmen? **X/%&$§** = [4] ich denken konnte, durften wir nicht in den Westen reisen. An der Bornholmer Straße war dann alles klar: **Y/%?$§** = [5] wir fast 30 Jahre lang hinter der Mauer gelebt hatten, konnten wir nun einfach nach Westberlin gehen. Wahnsinn! In dieser Nacht haben wir nur unsere Freiheit gefeiert.

10 **Was ist/sind ... für Sie? Bilden Sie 4er-Gruppen. Jede/r würfelt und sagt einen Satz.**

⚀ Freiheit	⚃ Gerechtigkeit	... bedeutet/bedeuten für mich, dass ...
⚁ Mauern	⚄ Grenzen	... ist/sind für mich .../... gibt es ...
⚂ Demokratie	⚅ Frieden	... braucht man, um ... zu ...
		... wünsche ich mir für ...

Raus mit der Sprache. Fragen Sie drei Deutsche, was sie am 9. November 1989 gemacht haben.

Sie können die Frage auch ins Internet stellen.

Hinterm Horizont

19

11 Mädchen aus Ostberlin. Hören Sie das Lied. Welche Zusammenfassung ist richtig? Kreuzen Sie an.

A ☐ Ein junger Mann aus Westdeutschland verliebt sich in ein Mädchen aus Ostberlin. Aber schon um Mitternacht muss er zurück nach Westberlin.

B ☐ Ein Mädchen aus Ostberlin flieht nach Westberlin. Aber sie ist in einen Jungen aus Pankow[1] verliebt. Sie wollen sich auf einem Rockfestival am Alexanderplatz wiedersehen.

1 Pankow = Stadtteil in Ostberlin

12 Das Musical. Lesen Sie den Text und markieren Sie die Zeilen zu den Schlüsselwörtern.

ein Riesenerfolg ► Was?
sich verlieben ► Wer?
Udo Lindenbergs Ziel ► Was?
seine Arbeit ► Welche?

Die Mauer in den Köpfen muss weg

Der Rockpoet Udo Lindenberg wird zur Musical-Figur. »Hinterm Horizont« erzählt die Geschichte von dem Musiker und dem »Mädchen aus Ostberlin«, eine deutsch-deutsche Liebesgeschichte.

Udo Lindenberg bringt rund 20 Jahre nach der Deutschen Einheit zusammen mit der Stage Entertainment, mit Ulrich Waller (Regisseur) und Thomas Brussig (Autor) sein erstes Musical auf die Bühne. Erzählt wird die Geschichte einer deutsch-deutschen Liebe in den 80er-Jahren, die aber wegen der Teilung des Landes keine Chance hat. Das Musical kann man seit dem 13. Januar 2011 im Stage-Theater am Potsdamer Platz in Berlin sehen. Lindenbergs Ziel ist klar: „Es ist ja immer auch noch ein bisschen Mauer da. In den Köpfen. Die muss weg!“ Das Musical ist ein Riesenerfolg. Schon nach einem Jahr haben mehr als 500 000 Zuschauer die Show gesehen.

Die Story 1983: Als einer der ersten westdeutschen Rockmusiker erhält Udo Lindenberg die Erlaubnis, ein Konzert in der DDR zu geben. Das ostdeutsche Publikum ist begeistert. Udo lernt das Mädchen Jessy kennen. Die beiden verlieben sich, aber in einem Land mit Mauer und Todesstreifen ist das utopisch. Der Star und das Mädchen stehen allein gegen eine Welt der „Bürokraten, Kalten Krieger und Steiftiere“ (Lindenberg). Wird ihre Liebe scheitern?

Der Künstler Wie kein anderer glaubte der Rebell und Rockpoet Udo Lindenberg an ein wiedervereinigtes Deutschland ohne Grenzen. Mit seiner

Musik, seinen Texten und seiner Offenheit riss er immer wieder die Mauer in den Köpfen der Deutschen ein und vereinte die Herzen in Ost und West – lange bevor die DDR Vergangenheit wurde.

Der Musiker wird 1946 in Gronau (Westfalen) geboren. Seinen ersten großen Erfolg hatte er 1973 mit dem Lied „Andrea Doria“, danach folgen zahlreiche weitere Hits und Tourneen mit seinem Panikorchester. 1983 gibt er endlich im Palast der Republik sein einziges Konzert in Ostberlin vor dem Mauerfall. Darum hatte er jahrelang gekämpft.

Lindenberg arbeitet auch als Schriftsteller und Maler. Bekannt sind vor allem seine Likörelle, das sind mit Eierlikör gemalte Bilder. Außerdem engagiert sich Lindenberg für Dritte-Welt-Projekte und gegen Rechtsradikalismus und Ausländerfeindlichkeit. Udo Lindenberg lebt seit über 15 Jahren in einer Suite im Hotel Atlantik in Hamburg.

13 Einen Kurzvortrag halten. Arbeiten Sie zu dritt.

a) Machen Sie eine Tabelle. Jede/r liest den Text noch einmal und sammelt Informationen zu einem Thema. 50

das Musical	*die Story*	*Udo Lindenberg*

b) Bereiten Sie gemeinsam einen Vortrag vor. Die Redemittel helfen.

Einleitung:	Ich möchte über (Thema nennen) sprechen. Ich stelle euch ... vor.
Inhalt/Gliederung:	Zuerst möchte ich über ... sprechen. Als nächstes ... / Zu ... kann ich sagen, dass ... Als letztes noch einige Informationen zu ...
Schluss/Fazit:	Besonders interessant fand ich, dass ... / Vielen Dank für Ihre/eure Aufmerksamkeit.

Tipps

- *Überlegen Sie, welche Informationen wichtig und interessant sind.*
- *Sammeln Sie Redemittel und Satzanfänge.*
- *Legen Sie die Reihenfolge fest.*
- *Machen Sie sich einen „Spickzettel" mit Stichwörtern, aber halten Sie den Vortrag frei.*

c) Wählen Sie einen Sprecher/eine Sprecherin und üben Sie mit ihm/ihr das freie Sprechen. Er/Sie hat drei Minuten Zeit für den Vortrag.

14 Und was sagt das Publikum? Hören Sie und kreuzen Sie an.

20

	richtig	falsch
Person 1 versteht nicht, dass so viele Leute das Musical gesehen haben.	☐	☐
Person 2 geht lieber ins Museum, weil sie nicht viel über die Zeit weiß.	☐	☐
Person 3 war enttäuscht und findet den Eintritt zu teuer.	☐	☐
Person 4 hat sich während des Musicals an die Zeit von 1989 erinnert.	☐	☐

15 Lange Sätze sprechen.

21

a) Hören Sie und sprechen Sie gemeinsam nach.

Das Musical begeisterte die Zuschauer.
Das Musical von Udo Lindenberg begeisterte die Zuschauer.
Das Musical von Udo Lindenberg begeisterte gestern Abend die Zuschauer.
Das Musical von Udo Lindenberg begeisterte gestern Abend mit seinen tollen Songs die Zuschauer.
Das Musical von Udo Lindenberg begeisterte gestern Abend mit seinen tollen Songs die Zuschauer in Berlin.
Das Musical von Udo Lindenberg begeisterte gestern Abend mit seinen tollen Songs die Zuschauer im Stage-Theater am Potsdamer Platz in Berlin.

b) Arbeiten Sie zu viert und verlängern Sie den Satz wie in a). Ergänzen Sie die Zeit, den Ort, einen Grund und noch einen Aspekt. Schreiben Sie jeden Satz. Sprechen Sie dann Ihre Sätze abwechselnd.

Das Fußballspiel enttäuschte die Fans.

c) Tauschen Sie Ihre Sätze im Kurs und lesen Sie sie laut.

Alle zusammen

16 Quiz: Wer wird Punktechampion?
a) Quizkarten machen.

So geht's: Bilden Sie zwei Gruppen und verteilen Sie in jeder Gruppe die Seiten der Einheit an die Mitglieder. Dann schreibt jede/r zwei Karten zu dem Thema seiner/ihrer Seite wie im Beispiel. Geben Sie immer drei Lösungen zur Wahl an. Nur eine Lösung ist richtig. Notieren Sie unten auch die Lösung.

b) Die Bewertung. Lesen Sie Ihre Karten in der Gruppe vor. Wie viele Punkte ist die Frage wert? 100 Punkte (leicht) oder 200 Punkte (schwer)? Notieren Sie die Punktzahl auf der Rückseite.

Was passierte mit Deutschland 1945?

A Deutschland wurde in 4 Zonen aufgeteilt: eine britische, französische, spanische und eine sowjetische Zone.

B Deutschland wurde in 4 Zonen aufgeteilt: eine britische, französische, amerikanische und eine sowjetische Zone.

C Deutschland wurde in 2 Staaten aufgeteilt: DDR und BRD.

Lösung: **B**

c) Welches Team gewinnt?

So geht's: Jede Gruppe sortiert ihre Karten nach Punkten. Jedes Team hat eine/n Moderator/in. Aus den Teams wählt abwechselnd ein/e Kandidat/in eine Frage (leicht oder schwer). Der/Die Moderator/in liest die Frage vor. Wird die Frage richtig beantwortet, bekommt das Team des Kandidaten / der Kandidatin die Punkte. Wenn nicht, kommt sie zurück auf den Stapel. Gewonnen hat das Team mit den meisten Punkten.

17 Thema: Ein ganz besonderes Jahr.
Gemeinsam eine Geschichte schreiben. Arbeiten Sie in 5er-Gruppen.

So geht's: Person 1 beendet Satz 1, faltet den Zettel und gibt ihn Person 2. Diese beendet Satz 2, faltet wieder und gibt den Zettel an Person 3 weiter, usw. Erst wenn alle Sätze fertig sind, darf Person 5 den ganzen Text vorlesen.

1. Als ich (Jahreszahl) ..., ...
2. Nachdem ich x Jahre lang ..., ...
3. Während ich ..., ...
4. Bevor ich ..., ...
5. Seit ich in ..., ...

Als ich 2009 nach Deutschland kam, habe ich zuerst...

Bau lieber Brücken statt Mauern!

afrikanisches Sprichwort

Glienicker Brücke
Die Glienicker Brücke verbindet die Städte Berlin und Potsdam. Sie ist weltweit bekannt, weil es auf dieser Brücke während des Kalten Kriegs dreimal zum Austausch von Spionen aus Ost und West kam. Die Brücke bekam deshalb auch den englischen Spitznamen „Bridge of Spies".

Welche Stadt in Europa hat die meisten Brücken?
Hamburg! Insgesamt hat Hamburg mehr Brücken als Amsterdam und Venedig zusammen, mehr als 2300. Hier findet man auch die beiden längsten Brücken Deutschlands, die Hochstraße Elbmarsch mit 4258 m und die Köhlbrandbrücke. Sie ist 3618 m lang.

Was heißt das?

alle Brücken hinter sich abbrechen

jemandem eine Brücke bauen

sich eine Eselsbrücke bauen

Die Berliner Luftbrücke
Die Einführung der D-Mark in den westlichen Besatzungszonen Berlins führte dazu, dass die Sowjetunion am 24. Juni 1948 die Straßen nach Westberlin sperrte. Die West-Alliierten antworteten mit einer „Luftbrücke", über die bis September 1949 die Bevölkerung in Westberlin mit Lebensmitteln versorgt wurde. Von Frankfurt am Main flogen die sogenannten „Rosinenbomber" nach Berlin Tempelhof. Die Flugzeuge wurden so genannt, weil der amerikanische Pilot Gail Halvorsen Süßigkeiten an Taschentuch-Fallschirme band und diese noch vor der Landung in Tempelhof für die Kinder abwarf.

Ich kann ...

über historische Ereignisse sprechen

Nach dem Ende des Zweiten Weltkriegs wurde ... / Die Grenzen wurden am ... geöffnet.
Im Jahr ... gab es bei uns eine Revolution. / ... kam ... an die Macht.
Als die Mauer gebaut wurde / ein neuer Präsident gewählt wurde, ...
Ich erinnere mich daran, dass ...

zeitliche Verhältnisse ausdrücken

Nachdem man die Mauer gebaut hatte, war die Stadt geteilt. Nach dem Fall der Mauer war alles anders. / Während der Arbeit träume ich schon vom nächsten Urlaub. / Seit deinem Anruf kann ich nicht mehr schlafen. / Vor dem Essen gehe ich nochmal raus.

einen Kurzvortrag halten

Ich möchte heute das Musical / die Autorin / den Künstler ... vorstellen. Ich spreche über ...
Zuerst einige Informationen zu ... / Als nächstes ... / Zu ... kann ich sagen, dass ...
Als letztes noch einige Informationen zu ...
Besonders interessant fand ich, dass ... / Ich glaube, ...
Vielen Dank für Ihre/eure Aufmerksamkeit.

Ich kenne ...

temporale Präpositionen

Nach/Vor dem Kurs / der Arbeit / ... gehe ich ins Fitnessstudio.	➨ + Dativ	*vorher/nachher*
Während des Kurses / der Arbeit / ... muss ich mich konzentrieren.	➨ + Genitiv	*gleichzeitig*
Seit deinem Anruf / dem Essen / ... bin ich sehr nervös.	➨ + Dativ	*ab (Zeitpunkt)*

temporale Nebensätze

Nebensatz	*Hauptsatz*
Bevor die Mauer fiel,	war Berlin eine geteilte Stadt.
Seit ich denken konnte,	durften wir nicht in den Westen reisen.
Nachdem wir so lange mit der Mauer gelebt hatten,	gingen wir jetzt einfach nach Westberlin.
Während meine Nachbarn feierten,	lag ich im Bett und schlief.

die Betonung von langen Sätzen

Das Musical | von Udo Lindenberg | begeisterte | gestern Abend | mit seinen tollen Songs | die Zuschauer | im Stage-Theater am Potsdamer Platz | in Berlin.

Teil 5

29

Gegen elf Uhr kommt Teresa im Büro an. Sie musste erst einmal runter zum Silbersee gehen und tief durchatmen. Auf dem Flur trifft sie Ulli Hartmann. „Bei uns im Osten beginnt der Arbeitstag um acht Uhr." Das ist genau das, was Teresa jetzt hören will. Zu ihrem eigenen Entsetzen[1] fängt sie an zu weinen. Ulli Hartmann ist erschrocken: „Entschuldigung, ich wollte Sie nicht verletzen, es war nur ein dummer Spruch." „Es hat nichts mit Ihnen zu tun. Ich ..." Teresa hält die Hände vor ihr Gesicht. Gerade vor ihrem jungen neuen Kollegen zu weinen, ist ihr superpeinlich. „Es hat mit dem Fall zu tun, nicht wahr? Sie kennen den Toten? Waren Sie mit ihm befreundet?" Seine Stimme ist auf einmal gar nicht mehr so cool. Teresa schaut ihn lange an. „Ich denke, ich muss Ihnen da was erzählen. Aber nicht hier. Gehen wir ein paar Schritte?" „Gern."

„Er war meine große Liebe", sagt Teresa ohne große Einleitung, als sie auf dem Weg in die Innenstadt sind. „Sie haben also schon einmal in Leipzig gelebt?" „Ja, ich bin hier groß geworden, habe zunächst Musik studiert und im Studentenwohnheim gewohnt. Wir waren eine feste Clique[2], wollten für eine bessere DDR kämpfen, frei sein, reisen können. Schon früh sind wir zu den Montagsdemonstrationen gegangen, obwohl wir Angst hatten, dafür ins Gefängnis zu kommen. Deshalb haben wir immer Tim, das Kind meiner Freundin Gesine, zu den Demos mitgenommen. Er war damals fünf und wir wussten, dass man mit einem Kind eher in Ruhe gelassen wurde. Aber als wir am zweiten Oktober 1989 wieder bei einer Demo waren, hat uns ein alter Schulfreund erkannt, der Polizist war. Er ist uns bis zum Schillerpark nachgegangen und da lagen diese blöden Steine. Wir haben jeder einen genommen und sind weitergerannt. Ich habe keine Ahnung, was dann genau passiert ist. Ich habe meinen Stein in seine Richtung geworfen wie alle anderen auch und bin so schnell wie möglich weggerannt. Ich hatte schreckliche Angst, dass die Polizei mich abholt. Deshalb habe ich zu Hause sofort meine Sachen gepackt und bin nach Ungarn gefahren. Das hatte ich schon die ganze Zeit vor, nachdem ich im Fernsehen gesehen hatte, dass viele so die Flucht in die BRD geschafft hatten. Ich weiß nicht, warum ich nicht auf die anderen gewartet habe, ich war total in Panik[3]. Als ich dann im Westen war, habe ich ein paar Mal versucht, meine Freunde zu erreichen, aber damals gab es

im Wohnheim kein Telefon und alle Briefe kamen zurück. Danach hatte ich immer wieder diese Szene vor Augen, wie wir im Schillerpark versucht hatten, den Polizisten zu stoppen und wie ich einfach abgehauen bin. Das war schrecklich. Tja, und als es dann diese Stelle bei der Leipziger Polizei gab, habe ich gedacht, das wäre eine gute Chance für einen Neuanfang. Aber dann kam der Mord."

„Und was hat das alles mit unserem Fall zu tun?" Teresa berichtet Ulli Hartmann von dem Tod des Polizisten, von Gesine und auch von ihrer Angst, dass vielleicht gerade ihr Stein tödlich war. Danach schaut sie ihren nur 30-jährigen Kollegen gespannt an. Er ist eigentlich zu jung, um mich verstehen zu können, denkt sie. Wie er da sitzt mit seinem Markenpoloshirt und den gestylten Haaren. „Teresa, das ist eine schlimme Geschichte, die Sie schon zu lange beschäftigt. Ich werde Ihnen helfen. Lassen Sie uns zurückgehen und noch einmal alles untersuchen."

Teresa ist erleichtert. Das hatte sie nicht erwartet. Gemeinsam lesen sie alle Aussagen und rekonstruieren die letzten Stunden vor dem Mord. Auf der Liste seiner Mitarbeiter, die Michael beim Konzertaufbau in der Moritzbastei geholfen haben, entdeckt Teresa einen bekannten Namen und ist geschockt. Das darf doch nicht wahr sein!

1 das Entsetzen: wenn man erschrickt
2 die Clique = Gruppe von Freunden
3 die Panik = große Angst

1. Was bisher geschah. (Seite 15; 25; 35; 45)
2. Was ist bis jetzt passiert? (Was? Wer? Wann? Wo?)
3. Die Figuren: Ulli Hartmann. (Alter, Beruf, Aussehen ...)
4. Teresas Gedanken: (Zeile 53–56). Wie fühlt sie sich?
5. Vermutungen: Welchen Namen hat Teresa in den Akten entdeckt?

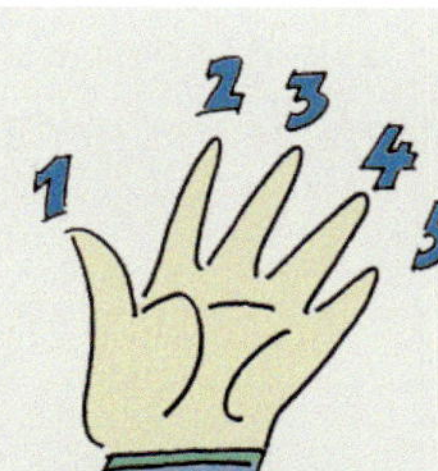

Produktwege

Made in ...

1 Woher kommen meine Schuhe?
a) Untersuchen Sie Ihre Schuhe und beantworten Sie die Fragen.

1. Wo wurden die Schuhe hergestellt?
2. Welche Informationen gibt es noch?

Meine Schuhe sind aus Italien.

Bei mir steht nichts.

Meine Schuhe sind aus Kunstleder.

b) Machen Sie an der Tafel eine Statistik zu den Ländern, aus denen Ihre Schuhe kommen.

Drei Viertel / 12 Paar / ... Schuhe kommen aus ... Das sind ... Prozent.
Die meisten / Manche sind aus ... / Ungefähr die Hälfte wurde in ... hergestellt / für ...
Insgesamt gibt es ... Paar Schuhe aus ... Ländern.

2 Schuhfakten.
a) Woher kommen die meisten Schuhe? Lesen Sie den Artikel und markieren Sie die Zahlen. Was bedeuten sie?

Zahlen zum Schuhverkauf

98 Prozent der Schuhe, die man in Europa verkauft, werden importiert. Man schätzt, dass ungefähr die Hälfte der Schuhe weltweit aus China kommt. Aber niemand weiß genau, wie viele Schuhe es insgesamt gibt. Allein in Deutschland werden jedes Jahr über 200 Millionen Paar Schuhe verkauft. Einige größere deutsche Schuhfirmen produzieren in Deutschland, haben aber Tochterfirmen im Ausland. Wie hoch der ausländische Anteil ihrer Produkte ist, ist meistens unbekannt. Viele der importierten Artikel sind deutlich preiswerter als vergleichbare Produkte aus der EU.

b) Hätten Sie das gedacht? Kommentieren Sie den Artikel.

Ich hätte nicht gedacht, dass ...

Das war doch klar, dass ...

▸ über Produkte und ihre Produktion sprechen ▸ Forderungen formulieren ▸ Einkaufen im Internet ▸ Passiv mit Modalverben ▸ Doppelkonjunktion *nicht …, sondern …* ▸ Minimalpaare

13

3 Einmal um die halbe Welt.

a) Wer spricht hier? Lesen Sie den Text und kreuzen Sie an.

A ☐ 

B ☐ 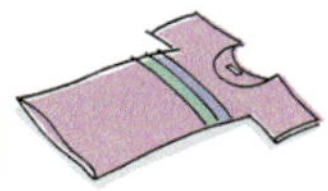

C ☐ 

Meine Eltern in Deutschland haben sich schon vor meiner Geburt ein schönes Design für mein Aussehen ausgedacht. Sie haben viele Skizzen gezeichnet und sich dann mit anderen Designern in Europa geeinigt. Damit ich überhaupt hergestellt werden konnte, musste Baumwolle in Kenia bestellt werden. Da habe ich also meine Wurzeln – an einem Baumwollstrauch unter der Sonne von Afrika. Die Baumwolle wurde dann nach China geliefert und zu einem Faden gemacht. Ein paar hundert Kilometer weiter wurde ich dann endlich „richtig" geboren – in einer Textilfabrik in Bangladesch.
In diesem Land habe ich sehr viele Geschwister – fast eine Milliarde kommen jedes Jahr dazu. Denn der Staat fördert die Textilbranche. Sie macht einen Großteil des Exports von Bangladesch aus und ist für die Wirtschaft sehr wichtig. Deshalb schaut niemand genau hin, wie es den Menschen in den Fabriken geht. Die Arbeiterinnen, die mich genäht haben, müssen immer wieder um einen gerechten Lohn und bessere Arbeitsbedingungen kämpfen, obwohl sie nur zehn Minuten brauchen, bis ich fertig bin. Trotzdem bekommen sie dafür weniger als zehn Cent. Insgesamt 20–60 Menschen sind an meiner Produktion beteiligt und natürlich wollen alle bezahlt werden.
Fast 20 000 Kilometer lege ich zurück, bis ich endlich in den Armen meiner Eltern liege, und die verkaufen mich dann gleich wieder – für nur 4,95 Euro. Wenn ich Glück habe, bekomme ich einen guten Menschen, der mich gern lange trägt. Oder aber ich gehe bald wieder auf Reisen, weil man mich in einen Altkleidercontainer wirft und ich danach auf irgendeinem Markt in Afrika lande. Im Moment bin ich aber noch unterwegs und gespannt auf mein neues Leben.

die Baumwolle

die Wurzel

der Faden

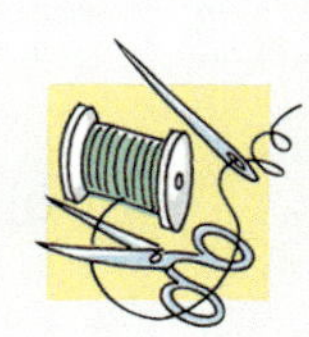

nähen

b) Lesen Sie die Fragen und notieren Sie die Antworten.

1. Wo wird das Produkt entworfen?
2. Woher kommt der Rohstoff für das Produkt?
3. Wie viele Menschen verdienen Geld an diesem Produkt?
4. In wie vielen Minuten ist das Produkt fertig?
5. Was verdient die Näherin an dem Produkt?

c) Sammeln Sie die Fakten und schreiben Sie einen „Lebenslauf" des Produkts.

Erfunden in …,

Schon fertig?
Schreiben Sie den Text in der 3. Person.
Aus *ich* wird *es*.

Seine Eltern in Deutschland haben sich …

4 Was ist Ihnen beim Einkaufen wichtig? Worauf achten Sie?

Preis • Qualität • Material • Aussehen • …

Mir ist (nicht so) wichtig, dass … / Es ist doch egal, ob … / Ich achte immer auf …

Was heißt hier sauber?

5 **Kampagne für „saubere" Kleidung.**
a) Was ist das Ziel der CCC? Lesen Sie den Text und antworten Sie.

www.sauberekleidung.de

Die Kampagne für saubere Kleidung (Clean Clothes Campaign = CCC), die 1990 in den Niederlanden gegründet wurde, gibt es heute in zwölf europäischen Ländern. Sie möchte die Arbeitsbedingungen in der Bekleidungs- und Sportartikelindustrie verbessern. Wichtigste Punkte sind: Die Kunden über die Produktionsbedingungen zu informieren und die Firmen zu überzeugen, dass sie einen Kodex[1] unterschreiben, in dem bestimmte Arbeitsbedingungen genau beschrieben werden.
Dafür wird viel getan: Verbraucher[2] werden informiert, mit Unternehmen wird verhandelt, die Organisationen zum Schutz der Arbeitnehmer/innen im Land werden unterstützt[3] und regelmäßig werden öffentliche Kampagnen durchgeführt.

1 der Kodex = Katalog von Verhaltensregeln 2 der Verbraucher = der Kunde 3 unterstützen = helfen

b) Was wird dafür getan? Unterstreichen Sie alle Passivformen.

Wissen Sie es noch?
Passiv benutzt man, wenn die Person, die etwas tut, unbekannt oder nicht so wichtig ist.
Aktiv: *Die Organisation informiert die Verbraucher.*
Passiv: *Die Verbraucher werden informiert.*

6 **Die Forderungen der CCC.**
22
a) Hören Sie das Interview und bringen Sie die Begriffe in die richtige Reihenfolge.

- ☐ bezahlte Mehrarbeit
- ☐ Einhaltung des Gesundheitsschutzes
- ☐ Verbot von Kinderarbeit
- ☐ Lohnerhöhung
- ☐ Reduzierung der Arbeitszeit

b) Lesen Sie die Sätze. Markieren Sie den Unterschied.

Kinder unter 15 Jahren werden nicht beschäftigt.

Kinder unter 15 Jahren dürfen nicht beschäftigt werden.

So geht's:
Bei Passivsätzen mit Modalverben steht **werden** *im Infinitiv am Ende.*

c) Schreiben Sie Forderungen wie in b).

1. die Löhne • müssen • erhöhen
2. Mehrarbeit • müssen • bezahlen
3. pro Woche • dürfen • nicht mehr als 48 Stunden • arbeiten
4. die Sicherheits- und Hygienevorschriften • müssen • beachten

7 **Aktuelle Fälle: Killer-Jeans.**
a) Ein Aufruf der CCC. Worum geht es? Beantworten Sie die Fragen im Kurs.

Was ist das Problem? Was ist das Ziel der Kampagne?
Welche Ergebnisse gibt es?

Eilaktion: Killer Jeans

Bei Jeans gilt es als schick, wenn sie alt und gebraucht aussehen. Für diesen Effekt lassen die Firmen die Jeans mit Sand bearbeiten. Dafür wird eine Sandstrahltechnik benutzt, die für die Arbeiterinnen und Arbeiter gefährliche Nebenwirkungen hat. Von dem Sandstaub kann man die Lungenkrankheit Silikose bekommen, die sogar zum Tod führen kann. Das kann nicht akzeptiert werden!

Globaler Protest wirkt

[05.10.2011 | Eilaktion und Informationen]

Der größte australische Bekleidungshändler *The Just Group*, die dänischen Modefirmen *G.S & Co. A/S – ICEMAN* und *Minimum* sagen Nein zum Sandstrahlen. Weitere Modefirmen erklären, diese Jeans nicht mehr kaufen zu wollen.

Mehr als 35.000 Unterschriften gegen *D & G* – Noch immer keine Reaktion!

[08.09.2011 | Eilaktion und Informationen |

Mehr als 35.000 Menschen haben sich an der Unterschriftenaktion beteiligt und die italienische Luxusmarke *Dolce & Gabbana* aufgefordert, die Sandstrahltechnik zu verbieten. *Dolce & Gabbana* hat auf die große Protestwelle bisher nicht reagiert.

Erfolg: *New Yorker* und *Orsay* verzichten auf Sandstrahltechnik

☺ [08.06.2011 |

Die Protestaktion gegen sandgestrahlte Jeans zeigt Wirkung, deutsche Hersteller reagieren auf die CCC-Kritik. Vielen Dank an alle Unterstützerinnen und Unterstützer!

b) Wie finden Sie die Kampagne für saubere Kleidung? Kennen Sie ähnliche Aktionen? Diskutieren Sie im Kurs.

8 **So sage ich es unpersönlich. Lesen Sie noch einmal den ersten Text in Aufgabe 7 und finden Sie je ein Beispiel.**

1. Passiv mit *werden* oder *sein*
2. Passiv mit Modalverb
3. das Verb *lassen*
4. Sätze mit *man*

Wissen Sie es noch?
Das Verb **lassen**: *Ich lasse meine Haare schneiden.*

9 **Im Modegeschäft. Beschreiben Sie das Bild. Benutzen Sie so viele unpersönliche Formen wie möglich.**

Einkaufen im Internet

10 **Was kaufen Sie am liebsten wo ein? Sprechen Sie im Kurs.**

Kaufhaus • Supermarkt • Discounter • Fachgeschäft • Internet • Flohmarkt • ...

11 **Kaufhaus oder Internet? Lesen Sie die Beiträge des Forums und sammeln Sie Argumente dafür und dagegen.**

Kaufhaus	*Internet*
+ *anprobieren*	+
–	–

Wozu brauchen wir noch Kaufhäuser? – Wir haben doch das Internet!

22 Milliarden Euro werden die Deutschen in diesem Jahr im Internet ausgeben. Sie kaufen Bekleidung, Bücher und CDs, Haushaltsgeräte, ja sogar Medikamente, und sie buchen Reisen online. Online-Shops sind zurzeit mit 7,4 Prozent am Einzelhandelsumsatz beteiligt. Die normalen Kaufhäuser aber sind in der Krise. Nur Discounter scheinen noch zu profitieren. Nicht mehr lange, meint Wirtschaftsprofessor Günter Faltin, denn er glaubt, dass das Online-Einkaufen viel praktischer und billiger ist. Was meinen Sie?

BEITRAG VON Horst
Hmm ... wie soll ich meiner 80-jährigen Großmutter erklären, dass sie ihre Strumpfhosen ab sofort im Internet kaufen soll? Es wird immer Artikel geben, bei denen es sich nicht lohnt, diese im Internet zu kaufen. Schuhe sind da ein gutes Beispiel. Die würde ich niemals im Internet kaufen. Ich habe Plattfüße wie eine Ente. Das heißt für mich: zehn Paar anprobieren, vielleicht passt das elfte Paar.

BEITRAG VON Uschi
„Shoppen gehen" gehört irgendwie zum Zeitgeist. Das heißt aber nicht, dass sich drei Freundinnen vor den Computer setzen. Sie wollen shoppen GEHEN, nicht shoppen sitzen. Für Kaufhäuser sprechen auch die Frauen, die fünf Stunden nach dem passenden T-Shirt suchen und mit einem Bikini den Laden verlassen. Das macht einfach Spaß! ☺

BEITRAG VON Preisfuchs
Im Internet kann ich in Ruhe die Preise vergleichen. Ich sehe mir auch immer die Bewertungen zu einem Produkt an. Besonders bei elektrischen Geräten würde ich nie etwas ohne die positive Meinung der anderen kaufen. Meistens kaufe ich aber danach das Produkt doch im Geschäft, weil ich sonst immer wochenlang Werbung zu dem Thema bekomme, was mich total nervt.

BEITRAG VON Feline
Ich kaufe schon fast alles im Internet. Da ich nie vor 19 Uhr zu Hause bin, ist das für mich einfach praktischer. Wenn ich möchte, kann ich auch nachts noch etwas bestellen. Allerdings würde ich nie Medikamente im Internet kaufen. Da bin ich mir nicht sicher, ob die Qualität stimmt.

BEITRAG VON Mausi
Kleidung im Internet kaufen geht gar nicht. Was es so kompliziert macht, ist nicht das Einkaufen, sondern das Zurückschicken, wenn etwas nicht passt. Manchmal muss man dabei die Versandkosten erst einmal selbst bezahlen und dann dauert es wieder, bis man das Geld zurückbekommt und und und. Das ist mir viel zu stressig. In einem Laden probiere ich die Sachen an, bezahle und geh wieder raus. Fertig!

BEITRAG VON Klausi
Ich finde es toll, dass ich beim Online-Shopping auch Artikel aus dem Ausland finden kann, die ich hier gar nicht bekommen würde. Das heißt noch mehr Auswahl und oft ein noch besserer Preis.

nach: www.sellerforum.de/.../deutschlandradiokultur/smalltalk

12 **Warum nutzen Sie persönlich das Internet (nicht) zum Einkaufen?**
a) Ergänzen Sie die Liste aus Aufgabe 11.

60

b) Blitzlicht: Jede/r gibt einen Kommentar wie im Beispiel. Benutzen Sie Ihre Listen.

Ich nutze das Internet, um zu wissen, wo etwas besonders billig ist.

Ich gehe ins Kaufhaus, um in Ruhe ...

Wissen Sie es noch?
Wozu? – um zu
= einen Zweck ausdrücken

13 ***Nicht ..., sondern ...*** **Verbinden Sie die Sätze wie im Beispiel.**

Ich kaufe Medikamente nicht im Internet. Ich kaufe sie in der Apotheke.
Ich kaufe Medikamente nicht im Internet, sondern in der Apotheke.

1. Er geht nicht ins Kino. Er sieht sich Filme im Internet an.
2. Sie geht nicht ins Reisebüro. Sie bucht ihren Urlaub im Netz.
3. Wir gehen nicht in die Bibliothek. Wir googeln.
4. Meine Mutter speichert ihre Fotos nicht. Sie druckt sie sofort aus.

Nicht ..., sondern ...:
Was gleich ist, wird gestrichen:
~~Ich kaufe sie~~ in der Apotheke.
► ... sondern in der Apotheke.

14 **Augen auf beim Online-Kauf. Lesen Sie die Liste und formulieren Sie Tipps wie im Beispiel.**

Fünf Tipps zum sicheren Einkauf im Internet

1. **Seriöse Webseiten erkennen.** Gibt es eine Kontaktadresse, ein Impressum und einen Kundenservice?
2. **Meinungen checken.** Nutzerkommentare lesen und Preise vergleichen.
3. **Produktinformationen vollständig?** Gibt es ein Foto zum Produkt? Sind Preis, Versandkosten, Zahlungs- und Lieferbedingungen angegeben?
4. **Sichere Daten?** Achten Sie auf dieses Symbol 🔒!
5. **Rückgaberecht beachten.** Ungeöffnete Ware darf man 14 Tage lang zurückschicken. Aber manchmal gibt es Ausnahmen.

Man sollte darauf achten, ob es eine Kontaktadresse, ...

Raus mit der Sprache.
Recherche: Finden Sie eine deutschsprachige Webseite, die Ihnen zeigt, wo man etwas am billigsten bekommt.

15 **Minimalpaare.**
a) Welches Wort hören Sie? Unterstreichen Sie. Sprechen Sie es nach.

23

im Anlaut	*im Inlaut*	*im Auslaut*
Wand – Hand	Hose – Hase	Lauf – Laus
Mut – Wut	Tür – Tour	Los – Lob
Topf – Kopf	Pilz – Puls	Haus – Haut
Hasen – Vasen	Tasse – Tasche	Tal – Tat

b) Wo haben Sie sich geirrt? Markieren Sie Ihre Fehler.

c) Spielen Sie mit den Wörtern aus a) „Stille Post".

Alle zusammen

16 **Ein schwieriger Kunde im Kaufhaus.**
a) Ergänzen Sie die Wortfelder. Arbeiten Sie in Gruppen.

Orte:	**Kleidung:**	**Verben:**	**Adjektive:**
in der Herrenabteilung	*die Hose*	*anprobieren*	*schick*
vor der Umkleidekabine	*das Hemd*	*umziehen*	*(zu) eng/groß*
an der ...	*der Bikini*	*reklamieren*	*bunt*

b) Arbeiten Sie zu zweit. Wählen Sie eine Situation aus und schreiben Sie einen Dialog.

Ein Kunde / Eine Kundin ...
- möchte weniger zahlen, weil der Artikel einen kleinen Fleck hat.
- möchte etwas umtauschen, obwohl es ein Sonderangebot war.
- kann sich nicht entscheiden, ob er/sie den Artikel nehmen soll.
- möchte ein Kleidungsstück zurückgeben, weil es ein kleines Loch hat, und will unbedingt das Geld zurück, anstatt ein neues zu akzeptieren.

Kunde: Ich würde das gerne umtauschen. / Haben Sie nicht ...? / Das gefällt mir gar nicht. / Gibt es das nicht ... / Ist es nicht möglich, dass ... / Bitte seien Sie doch nicht so. / ...
Verkäufer: Das ist ein/überhaupt kein Problem. / Haben Sie Ihren Kassenbon dabei? / ... ist vom Umtausch ausgeschlossen / Wir haben das auch eine Nummer größer/kleiner. / Möchten Sie einen Gutschein? / ...

c) Präsentieren Sie Ihr Rollenspiel in Ihrer Gruppe.

17 **Eine Reklamation schreiben.**
a) Überlegen Sie zu zweit, was Sie schriftlich reklamieren würden, und was eher mündlich. Machen Sie eine Liste.

b) Wählen Sie einen Grund für eine schriftliche Reklamation aus und ergänzen Sie die Punkte.

– Wann und wo gekauft? – Was ist das Problem? – Zurückschicken, aber wer zahlt die Versandkosten? – Ihr Wunsch: Umtausch, Gutschein oder Geldüberweisung?

c) Schreiben Sie den Brief. Denken Sie dabei auch an Anrede, Einleitung und Gruß.

d) Tauschen Sie Ihre Briefe aus und korrigieren Sie gemeinsam. Am Ende wird ein Brief als Muster an alle verteilt.

18 ***Made in*** **... Wo kommen unsere Sachen her?**

So geht's: Untersuchen Sie zu Hause verschiedene Produkte und notieren Sie den Produktionsort. Markieren Sie im Kurs den Ort auf einer Weltkarte mit einer bunten Nadel. Jede Produktkategorie (Kleidung, elektronische Geräte, Spielzeug, Geschirr ...) bekommt eine eigene Farbe.

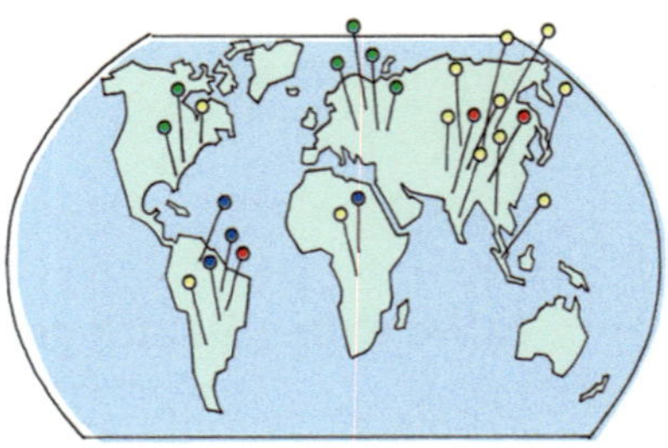

EXTRA 13

Schuhe

Tanz Sport Straßen
Freizeit Haus
Halb Wander
Roll Damen Lauf
Turn Kinder Herren Hand
Schlitt

-schuhe

Wussten Sie schon, dass ...

... ein Mensch am Tag rund 10 000 Schritte macht, in einem Jahr ca. 3200 km geht und während seiner gesamten Lebenszeit eine Strecke zurücklegt, die viereinhalb Mal um die Erde reicht?
... jede Fußsohle täglich einen Druck von rund 500 Tonnen aushalten muss?
... 49 Prozent der österreichischen Frauen Schuhe besitzen, die sie noch nie oder nur einmal getragen haben?
... die beste Zeit Schuhe zu kaufen am Nachmittag ist, weil da der Fuß am dicksten ist?
... es vor 1800 keinen Unterschied zwischen dem linken und dem rechten Schuh gab?
... kein Fuß wie der andere ist, auch die Füße von einem Menschen sind nicht gleich.

Was heißt das?

Umgekehrt wird ein Schuh daraus.

Jemandem die Schuld in die Schuhe schieben

Das zieht einem doch die Schuhe aus!

Schuhtick

Tanzschuhe – Traumschuhe

Ein Schaufenster voller Schuhe, ein Paar schöner als das andere. Ich werde langsamer, bleibe stehen, ich schaue, wandere mit den Augen über all diese Herrlichkeiten. Mein Blick bleibt hängen, Liebe auf den ersten Blick: rote Schuhe aus weichem Leder, ein wenig gelackt, ein dünner, aber fester Absatz, zum Tanzen wie geschaffen. Traumschuhe!
Ich gehe ins Geschäft, lasse mir die Schuhe bringen, probiere, mache ein paar Tanzschritte ... Ein wahnsinnig gutes Gefühl! Ich nehme die Schuhe in die Hand, der intensive Duft von Leder steigt mir in die Nase. Ich will diese Schuhe besitzen!
Der Preis, schwindelerregend. Halt!
Nur Schuhe zum Träumen.

Mehr Schuhgeschichten finden Sie unter http://www.schuhtick-ausstellung.de

Ich kann ...

über Produkte und Produktion sprechen

Diese Schuhe wurden in China hergestellt. Das T-Shirt kommt aus Deutschland/Bangladesch/...
Es ist aus Baumwolle. Die Schuhe sind aus Leder/Kunststoff.
98 Prozent der Schuhe, die man in Europa verkauft, werden importiert.
Einige größere Firmen produzieren in Deutschland, andere in Asien.
Die Baumwolle wird nach ... geliefert, dann werden die Hemden in ... genäht und am Ende ...

Forderungen formulieren

Die Löhne müssen erhöht und Mehrarbeit muss bezahlt werden.
Das Verbot der Kinderarbeit muss kontrolliert werden.
Pro Woche darf nicht mehr als 48 Stunden lang gearbeitet werden.

über das Einkaufen im Internet sprechen

Ich kaufe gern im Internet ein, weil ich keine Kaufhäuser mag. / Man kann dort in Ruhe die Preise vergleichen. / Mir ist die Bewertung eines Produkts wichtig.

Tipps zum Online-Kaufen geben

Man sollte darauf achten, ob es eine Kontaktadresse gibt. / Man sollte die Preise vergleichen.
Man sollte die Angaben zu den Lieferbedingungen und zum Rückgaberecht lesen.
Man muss darauf achten, dass die Seite sicher ist.

Ich kenne ...

alle unpersönlichen Formen

Passiv mit *werden*:	Die Kleider werden in Bangladesch produziert.
Sätze mit *man*:	Man kann von dieser Technik eine Lungenkrankheit bekommen.
Sätze mit *lassen*:	Die Firmen lassen ihre Produkte in Bangladesch produzieren.

Passiv mit Modalverben

Die Arbeitsbedingungen müssen verbessert werden.
Modalverb + Partizip + werden

die Doppelkonjunktion *nicht ..., sondern ...*

Ich kaufe meine Medikamente nicht im Netz, sondern in der Apotheke.

Minimalpaare

im Anlaut	*im Inlaut*	*im Auslaut*
Hand – Wand	Hose – Hase	Lauf – Laus
Mut – Wut	Tür – Tour	Los – Lob
Topf – Kopf	Puls – Pilz	Haus – Haut

Teil 6

30

„Was ist los? Haben Sie etwas gefunden?" Ulli Hartmann geht zu Teresas Schreibtisch." „Tim Neubert, Sie wissen schon, Gesines Sohn, hat für Michael gearbeitet. Genau in der Zeit des Mordes. Das kann doch kein Zufall sein." „Was wissen wir von diesem Tim? Wo hat er gelebt, als seine Mutter im Gefängnis war, was macht er jetzt?" Ulli Hartmann spricht ganz kühl, professionell, er kennt Tim ja nicht. Tim, der kleine fröhliche Junge, der immer alle zum Lachen gebracht hat. Bitte, lass ihn nichts mit dem Mord zu tun haben. Einmal mehr ist Teresa nicht in der Lage, neutral zu bleiben. Sie sucht die Unterlagen zu Tim Neubert heraus. „Hier steht, er ist damals in ein Kinderheim gekommen. Schon früh hat er Drogen genommen und immer wieder Ärger mit der Polizei gehabt. Als seine Mutter entlassen wurde, war er 16. Sie haben zuerst zusammengelebt, aber dann ist er wieder weggelaufen." „Hat er zurzeit eine feste Adresse?" Ulli Hartmann sieht so aus, als würde er am liebsten sofort losfahren. „Ja, Eisenbahnstraße 176. Wollen Sie jetzt zu ihm?" „Ja klar, es ist doch eine wichtige Spur, oder nicht?" Teresa will auf keinen Fall mitkommen und sucht nach einer Ausrede. „Sicher. Bringen Sie Herrn Neubert am besten hierher. Ich bereite alles für die Vernehmung[1] vor."

Als Herr Hartmann später mit einem etwas dicken jungen Mann in der Tür steht, weiß Teresa nicht gleich, wen sie da vor sich hat. Aber klar, das muss Tim sein. Sie bittet ihn, Platz zu nehmen. Er setzt sich, lehnt sich zurück und schaut sie trotzig an. Teresa legt ein paar Zigaretten auf den Tisch und gibt Ulli Hartmann ein Zeichen, sie allein zu lassen.

Dann fängt sie an, *Alt wie ein Baum* zu singen, das Lied, das sie früher immer stundenlang zusammen gehört haben und das Tim so liebte. Der junge Mann bekommt große Augen. Er wirkt auf einmal ganz weich. „Das hast du mir oft auf dem Klavier vorgespielt und am Ende habe ich immer gerufen: Nicht aufhören, nicht aufhören!" Tim ist wieder der neugierige Fünfjährige. „Daran erinnerst du dich noch?" „Ja klar, ich hab dich immer Tante Tera genannt. Es war schön, mit dir auf dem Fahrrad die *Karli* entlang zu fahren, Softeis zu essen und das Lied zu singen. Sehr schön." Tim sagt es so, als wäre es gestern gewesen. „Warst du es?" Teresa kommt gleich zur Sache, diese ganze Situation ist schon schwer genug. Tim reagiert sofort.

„Ich habe Mama gesehen, wie sie im Gericht geweint hat und immer wieder sagte: „Ich war es nicht." Ich konnte nicht bei ihr bleiben und sie schützen. Stattdessen musste ich in dieses Heim, wie ein Tier habe ich mich gefühlt. Als ich meine Mutter dann endlich wiederhatte, war sie nicht mehr dieselbe. Ich konnte es nicht ertragen, sie so zu sehen. Und alles nur, weil dieser Mistkerl nicht den Mut hatte zu sagen, dass er es war. Dann ging es Mama immer schlechter und schließlich habe ich mir gesagt: Jetzt ist Schluss. Das muss endlich aufhören."

„Und dann hast du Micha im Park getroffen und ihn erschlagen?" „Es war ganz einfach, er hatte ein Konzert in der Moritzbastei und ich sollte beim Aufbauen helfen. Wir mussten immer wieder durch den Park gehen und schließlich habe ich ihn auf damals angesprochen. Ich wollte wissen, wie er sich fühlt, aber er hatte überhaupt kein schlechtes Gewissen. Er war sich sicher, dass er Hans Meier nicht getötet hat. Er war ganz kalt, so arrogant ... Da habe ich den nächsten Stein genommen und dann ... dann habe ich zugeschlagen. Es ging ganz schnell."

Damit ist dieser Fall also gelöst, denkt Teresa traurig. Tim hat es wirklich getan. Und trotzdem – ihr Gefühl sagt ihr, dass noch nicht alle Fragen beantwortet sind. War es wirklich Michael, der damals den Polizisten getötet hat?

1 die Vernehmung = die Befragung

1. Was bisher geschah. (Seite 15, 25, 35, 45, 55)
2. Was ist bis jetzt passiert? (Was? Wer? Wann? Wo?)
3. Die Figuren: Tim Neubert. (Alter, Beruf, Aussehen ...)
4. Teresas Gedanken: (Zeile 7–11). Wie fühlt sie sich?
5. Vermutungen: Wer könnte damals den Polizisten getötet haben?

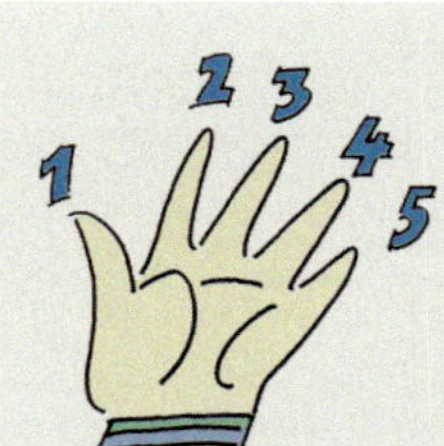

Unter einem D A CH

1 D-A-CH.

a) Drei Gruppen: Jede Gruppe wählt ein Land.
Was wissen Sie darüber? Machen Sie ein Wörternetz.

b) Geben Sie Ihr Wörternetz weiter an die Nachbargruppe.
Alle ergänzen das neue Wörternetz, dann wird es noch einmal weitergegeben.

2 Informationen ordnen. Bleiben Sie in Ihrer Gruppe.
Ordnen Sie die Begriffe unten und die aus Ihrem Wörternetz dem Steckbrief zu.
Manchmal gibt es mehrere Möglichkeiten.

Name des Landes
Hauptstadt:
Landessprache(n):
Einwohnerzahl:
Geografisches:
Nachbarländer:
Geld:
Politisches:
bekannte Namen:
Produkte:
Sonstiges:

Bern • Italien • Sebastian Vettel • Mozartkugeln • Ricola • Berlin • Franken • Siemens • Zugspitze • EU-Mitglied • Belgien • Deutsch • Adidas • Französisch • Red Bull • Rätoromanisch • Arnold Schwarzenegger • Swarovski • republikanischer Bundesstaat • Euro • Goethe • 26 Kantone • Tschechische Republik • Italienisch • 16 Bundesländer • Ungarn • Wilhelm Tell • Dänemark • BMW • Luxemburg • Albert Einstein • Polen • 81,77 Mio • 9 Bundesländer • Neutralität • DJ Bobo • parlamentarische Bundesrepublik • Frankreich • Donau • Bionade • Swatch • 7,87 Mio • Mozart • Wien • 8,43 Mio • Matterhorn

3 Kurzpräsentation: ein Land vorstellen.

a) Wählen Sie in Ihrer Gruppe zwei Sprecher/innen aus. Bereiten Sie gemeinsam die Gliederung und die „Spickzettel" vor. Arbeiten Sie mit den Listen aus Aufgabe 2.

51

Sprecher/in A
- *Fakten (Lage, Hauptstadt, Einwohner)*
- *Sprachen und Politik*

Sprecher/in B
- *interessante Orte*
- *interessante Personen*

Sprecher/innen A + B
was wir noch kennen/wissen

b) Jede Gruppe stellt ihr Land vor. Dabei hat jeder/jede Sprecher/in zwei Minuten Zeit.

Raus mit der Sprache. Fragen Sie die Lehrer/innen in Ihrer Sprachschule, wer schon einmal Urlaub in D A CH gemacht hat und wie es war. Berichten Sie kurz im Kurs.

Wo? Wie? Wie lange? Welche Sehenswürdigkeiten? ...?

4 Länder raten. Welche Länder sind das? Die Karte im Anhang hilft.

190

1. Hier gibt es sowohl eine Grenze zu Italien als auch zu Ungarn. ____________
2. Hier sieht man nicht nur die Alpen, sondern auch den Rhein. ____________
3. Die Landessprache ist weder Italienisch noch Französisch. ____________
4. Sie haben weder eine Grenze zu Dänemark noch zu Polen. ____________
5. Hier spricht man sowohl Deutsch als auch Französisch. ____________

5 Rätsel selber machen.

a) Arbeiten Sie zu zweit. Wählen Sie einen Begriff aus Aufgabe 2 und schreiben Sie einen Rätselsatz wie in Aufgabe 4.

b) Wimmeln Sie im Kurs und raten Sie.

Benutzen Sie auch ***weder ... noch!***

Chrüsimüsi*

*Schweizer Mundart für „Chaos / Durcheinander"

6 Eine Sprache?

24

Was glauben Sie? Hören Sie und ordnen Sie die Sätze der passenden Region zu.

a) ☐ Bern b) ☐ Köln c) ☐ Hamburg

d) ☐ Baden-Württemberg e) ☐ Wien

7 Dialekte. Lesen Sie zuerst die Aussagen. Sie hören dann fünf kurze Texte. Sie hören die Texte nur einmal. Entscheiden Sie, ob die Aussage richtig oder falsch ist.

25

	richtig	falsch
Nr. 1: Der Sprecher spricht Schwäbisch und seine Freundin spricht Plattdeutsch.	☐	☐
Nr. 2: Der Sprecher mag es, dass man an der Sprache erkennt, woher jemand kommt.	☐	☐
Nr. 3: Die Sprecherin träumt auf Hochdeutsch.	☐	☐
Nr. 4: Die Sprecherin mag Dialekte, weil es so viele verschiedene Wörter gibt.	☐	☐
Nr. 5: Die Sprecherin findet, dass Karneval und Kölner Dialekt zusammengehören.	☐	☐

8 Schwiizertüütsch.

a) Lesen Sie den Text. Finden Sie die Wörter zu den Zeichnungen.

Chrüsimüsi mit Schwiizertüütsch

ZÜRICH – Alle wollen Schwiizertüütsch lernen. Mundart-Kurse für Ausländer boomen. Die deutsche BLICK-Reporterin Katja Beimann* probiert es.

Ein Hochhaus in Zürich-Oerlikon, 10. Stock, Zimmer 1001. Ich murmle[1]: «d Blueme, d Blueme, d Blueme». Und dann: «s Fänschter, s Fänschter, s Fänschter.» So richtig locker kommen mir die Worte nicht von den Lippen. Mit mir murmeln neun andere Ausländer. Alle mit dem gleichen Ziel: Schwiizertüütsch lernen. Neben mir sitzt Lak (33) aus Thailand. Sie ist schwanger – und lernt Mundart, um sich später mit ihrem Kind in Schwiizertüütsch unterhalten zu können. Auf der anderen Seite: Nadja (25) aus Polen. Sie ist mit einem Schweizer verlobt. «Für meine Zukunft und meine Arbeit ist es wichtig, Mundart zu sprechen», sagt Nadja. Und gibt zu: «Aber es ist schon sehr schwierig.» Zwischen den beiden sitze ich. Eine Deutsche, seit neun Monaten in der Schweiz.

Lehrerin Ann Weilstein beginnt mit einem Quiz. Schreibt Mundart-Wörter an die Tafel, wir sollen sie erraten. Erstes Wort: en Strèèl. Lak blättert in ihrem Wörterbuch, Nadja und ich schauen uns ratlos an. «Strahl vielleicht?», sage ich leise. «Jaja», sagt Nadja. Es ist falsch. Genauso wie die nächsten Wörter. Es Zältli und es Chrüsimüsi. Das Zältli halten wir für ein kleines Zelt. Beim Chrüsimüsi geben wir auf. Wir merken, dass wir noch weit davon entfernt sind, die Schweizer zu verstehen. Und noch weiter davon, mit ihnen in Mundart zu sprechen. Mir wird klar: Ich lerne keinen Dialekt, sondern eine Fremdsprache. Kann ich das schaffen?

Auf Schwiizertüütsch

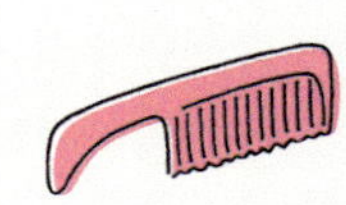

1. en Strèèl

2. ______

3. ______

4. ______

*Namen von der Redaktion geändert
1 murmeln = leise sprechen

b) Lesen Sie die Aussagen. Welche ist richtig?

1. Mundart-Kurse	a) ☐	gibt es in der Schweiz überhaupt nicht.
	b) ☐	werden jetzt manchmal angeboten.
	c) ☐	sind sehr beliebt. Es gibt eine große Nachfrage.
2. Lak aus Thailand	a) ☐	braucht Schwiizertüütsch für ihre Arbeit.
	b) ☐	ist mit einem Schweizer verlobt.
	c) ☐	möchte später mit ihrem Kind Schwiizertüütsch sprechen.
3. Die Lehrerin	a) ☐	diktiert viele neue Wörter.
	b) ☐	lässt die Lerner/innen Wörter raten.
	c) ☐	beginnt mit einem Dialog auf Schwiizertüütsch.
4. Die deutsche Journalistin	a) ☐	findet das Quiz nicht schwer.
	b) ☐	versteht die Schweizer schon sehr gut.
	c) ☐	findet, dass Schwiizertüütsch eine Fremdsprache ist.

Schon fertig?
Warum lernen Sie Deutsch? Machen Sie eine Liste mit Gründen.

9 Grüße aus der Schweiz. Schreiben Sie die E-Mail in Ihr Heft und ergänzen Sie die passenden Konjunktionen.

Neu: Ich spreche nicht nur Englisch (+), sondern auch (+, *betont*) Französisch.

Wissen Sie es noch?
weder ... noch – –
sowohl ... als auch + +
nicht ..., sondern – +

Liebe Yukiko,

nun bin ich schon seit über zwei Monaten in Zürich. Sprachlich ist die Schweiz wirklich interessant. Hier spricht man ___ 1 Deutsch, ___ 2 Französisch, Italienisch und Rätoromanisch. Am Anfang habe ich die Leute auf der Straße nicht verstanden. Sie sprachen ___ 3 Deutsch ___ 4 Französisch. Jetzt weiß ich, es war eine Mundart. Die Deutschschweizer sprechen nämlich ___ 5 Deutsch, ___ 6 Schweizerdeutsch. Das Leben hier gefällt mir. Vor allem im Winter. Wir fahren oft in die Berge, dort kann man ___ 7 wandern ___ 8 Skifahren. Du musst mich bald besuchen kommen.

Liebe Grüße, Kimiko

10 Dialekte und Sprachen in Ihrer Heimat. Berichten Sie.

Wir in Peking verstehen die Leute aus Schanghai nur schlecht.
Bei uns gibt es fünf Sprachen und viele Dialekte. Aber alle sprechen ...
Wir sprechen viele Sprachen: Fast jeder kann ... / spricht mindestens ...
Bei uns wird im Norden ganz anders als im Süden gesprochen.

Der Opernball in Wien

D

11 **Zwei Texte zum Opernball. Lesen Sie schnell und ordnen Sie sie den Fotos zu.**

A

B

C

E

Text A

Alle Jahre wieder – eine lange Tradition

Der Wiener Opernball ist der gesellschaftliche Höhepunkt der Ballsaison im Wiener Fasching. Die Tradition des Balls kommt aus dem Jahr 1814, der erste Ball unter diesem Namen fand 1935 statt. Für den großen Abend werden alle Räume der Staatsoper geöffnet, denn es kommen bis zu 6000 Besucher, unter ihnen auch viele Prominente. Die Eintrittskarten kosten mindestens 250 Euro, aber für eine Loge werden auch mehrere Tausend Euro bezahlt. Trotz der hohen Eintrittspreise ist es nicht einfach, Karten zu bekommen. Auf den Eintrittskarten kann man auch lesen, was man anziehen muss: Ohne langes Ballkleid kommt keine Frau und ohne Frack kein Mann hinein. Der Ball wird um Punkt 22 Uhr mit dem Einzug der Debütanten offiziell eröffnet. Damit werden die jungen Leute (sie müssen mindestens 17 und dürfen nicht älter als 24 Jahre alt sein) seit Generationen in die Gesellschaft eingeführt. Natürlich müssen die Debütanten, die nicht nur aus Österreich, sondern auch aus dem Ausland kommen, Walzer tanzen können und deshalb üben die Paare oft schon Monate vorher. Ein weiterer Höhepunkt des Balls ist die Damenspende, ein kleines Geschenk (im letzten Jahr ein „Sissilöffel") oder eine Süßigkeit, die an alle Frauen verteilt wird. Getrunken werden ungefähr 3000 Flaschen Wasser, aber auch 800 Flaschen Sekt oder Champagner und es werden jedes Jahr über 1500 Paar Würstel gegessen, obwohl sie fast zehn Euro kosten.

Text B

Karriere im Dreiviertel-Takt

OPERNBALL 2012 – Ismet Özdek aus Bruck ist heuer für die Eröffnung des Balls verantwortlich. Der gebürtige Türke ist Tanzschullehrer.

Ismet Özdek wurde in der Türkei geboren. Er war schon immer eher schüchtern, aber heute, 32 Jahre später, organisiert er die Eröffnung des Wiener Opernballs. Als jüngster Tanzmeister in der Geschichte des Balls. „Als ich nach Österreich kam, war ich hässlich, verstand kein Wort Deutsch und ich hatte zwei linke Beine", erzählt der charmante Türke und lächelt.

16 Jahre war Ismet Özdek alt, als er von seinem Nachbarn zum Tanzunterricht gedrängt wurde. Heute leitet der 32-Jährige den Einzug von 144 Paaren bei der Eröffnung des größten Ballereignisses des Jahres.

Schon ein Jahr nach dem ersten Tanzkurs erwachte der Ehrgeiz, ein guter Tänzer zu werden. Özdek wurde Assistent seines Tanzlehrers und zum gefragten Tanzpartner. Nach und nach wurden Walzer & Co. für Özdek zum Lebensinhalt. 2002 ging der gebürtige Türke von Wien nach Bruck an der Leitha und eröffnete dort seine Tanzschule Isi Dance. „Ich bin in Ostanatolien aufgewachsen. Mitten in der Natur. Meine ersten sieben Lebensjahre habe ich als Ziegenhirte gelebt. Wir hatten keinen Strom und kein fließendes Wasser", erzählt Özdek, während er in Anzug und Krawatte im Wiener Café Sacher sitzt und Cappuccino trinkt. „Nun, nach meiner Tanzlehrerausbildung wollte ich zuerst in Wien eine Tanzschule eröffnen. Dann habe ich aber die Schule im kleineren Bruck gefunden, und da hat es mir sofort gefallen." Ismet ist glücklich: „Das Tanzen hat mir alles ermöglicht. Ein ganz neues, schönes Leben. Die Chance, mein Können jetzt auf dem Opernball zu zeigen, ist für mich etwas ganz Besonderes."

12 „Was hast du gelesen?" Tauschen Sie Ihre Informationen aus.

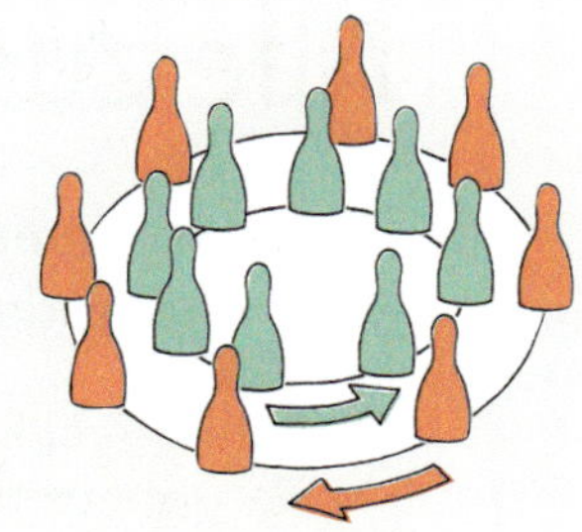

Kugellager – So geht's: Bilden Sie zwei Gruppen. Gruppe 1 liest Text A, Gruppe 2 Text B. Jede/r notiert und merkt sich drei Informationen aus dem Text, die er/sie besonders interessant findet.
Dann bilden die Gruppen zwei Kreise (A innen, B außen). Jede/r erzählt seinem Gegenüber eine Information. Dann geht jede/r einen Schritt nach links bzw. rechts und erzählt die zweite Information. Am Ende gehen alle in ihre Gruppen zurück und sammeln die Informationen.

13 Ein Grund ohne Wirkung: *trotz*.

a) Was ist was? Ordnen Sie zu.

a) ☐ Nebensatz mit Konjunktion b) ☐ Präposition + Genitiv

1. Trotz der hohen Preise gehen so viele Leute auf den Opernball.
2. Obwohl die Preise hoch sind, gehen so viele Leute auf den Opernball.

Einen Grund nennen, der keine Wirkung hat:
Nebensatz mit **obwohl**
oder:
Präposition **trotz** *+ Genitiv*

b) Schreiben Sie Sätze.

Trotz Wegen	der hohen Preise	wir / die ganze Nacht tanzen
	der tollen Ballkleider	die Frauen / sehr gut aussehen
	der vielen Prominenten	wir / einen Tanzkurs machen
	der vielen Leute	die Karten / schnell weg sein
	des schwierigen Walzers	man / vom Opernball berichten

Trotz der hohen Preise sind die Karten ...

Immer häufiger wird vor allem in der Umgangssprache und in A, CH, D-süd **wegen** *und* **trotz** *+ Dativ benutzt:*
Wegen **dem** *schlechten* **Wetter** *blieb ich zu Hause. Trotz* **dem schönen Wetter** *blieb ich im Haus.*

c) Sprechen Sie im Wechsel. Eine/r fängt einen Satz mit *trotz* an, der/die andere beendet ihn.

Trotz meiner Müdigkeit ...
Trotz des guten Essens ...
Trotz der späten Stunde ...
...

14 Phonetikkarussell.

26

a) *L* oder *r*? Hören und ergänzen Sie. Hören Sie dann noch einmal und sprechen Sie nach.

__egen __egen __eise __eise füh__en füh__en

b) *Ü* oder *ie*? Hören und ergänzen Sie. Hören Sie dann noch einmal und sprechen Sie nach.

l__gen l__gen B__ne B__hne T__r T__r

c) *S* oder *z*? Hören und ergänzen Sie. Hören Sie dann noch einmal und sprechen Sie nach.

__o __oo __ehen __ehen __auber __auber

d) Arbeiten Sie zu zweit. Mischen Sie alle Wörter. Eine/r diktiert, eine/r schreibt.

Alle zusammen

15 **Wir organisieren eine Abschlussparty! Motto: D A CH**
Bilden Sie Festkomitees zu den verschiedenen Themen:

- **Typische Speisen und Getränke in D A CH**
  Was gibt es für Spezialitäten? Wer kann was mitbringen? Machen Sie eine Einkaufsliste.

- **Bereiten Sie eine Lesung vor – Gedichte finden Sie auf den Extra-Seiten.**
  Tragen Sie die Gedichte im Kurs vor. Üben Sie die Intonation und das Vorlesen.

- **Tanzstunde – Wer kann's?**
  Bringen Sie den anderen Kursteilnehmern einen Walzer bei.

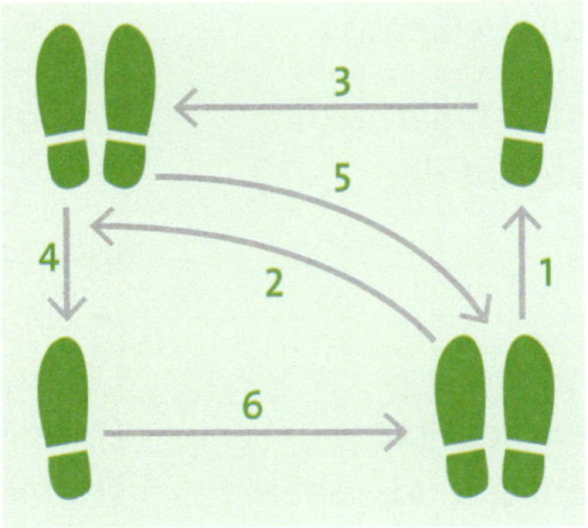

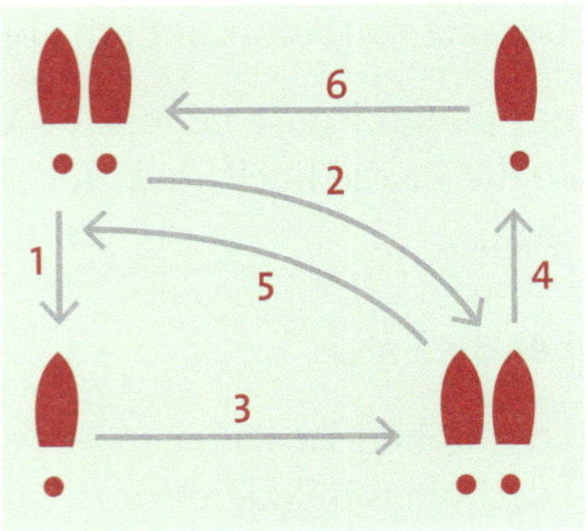

- **Hitparade**
  Recherchieren Sie pro Land ein oder zwei Musiktitel.

- **Small-Talk.** Sie sind eine bekannte Person aus D A CH und Gast auf einer Promiparty.
  Suchen Sie sich eine/n Gesprächspartner/in und üben Sie einen Small-Talk.

Essen • Filme • Musik • eigene Projekte • Fans • Reiseziele • ...

- **Einladungen**
  Schreiben Sie Einladungen zu Ihrer Abschlussparty.
  Schreiben Sie auch eine kurze Notiz für die anderen Kurse, dass es vielleicht laut wird.

- **Dekoration**
  Planen Sie die Dekoration für Ihre Party. Sie können zum Beispiel eine Bildergalerie mit Sehenswürdigkeiten aus D A CH erstellen.

Torten

Aargauer Rüeblitorte

Für den Teig
300 Gramm Rüebli; geraffelt*
300 Gramm Zucker
300 Gramm gemahlene Mandeln
1 Schale von einer Bio-Zitrone
5 Eier
4 El. Mehl
1/2 Tl. Zimt, 1 Prise Nelken (gemahlen),
1 Tl. Backpulver, 1 Prise Salz

Für die Glasur
3 El. Aprikosenkonfitüre,
150 g Puderzucker, 1 Eiweiß,
2 El. Zitronensaft,
evtl. 12 Marzipanruebli

Zubereitung
Eidotter mit Zitronenschale und Zucker zu einer dicken Creme schlagen. Rüebli mit Mandeln unter die Eiercreme rühren. Mehl mit Zimt und Nelken, Backpulver und 1 Prise Salz unter den Teig mischen. Eiweiße sehr steif schlagen und unter den Teig heben. Teig in eine Springform füllen und 1 Stunde bei ca. 160° C backen.
Die warme Torte mit Aprikosenkonfitüre bestreichen. Für die Glasur Puderzucker mit Eiweiß und Zitronensaft verrühren. Den Guss auf der Torte verteilen. Zum Schluss die Marzipanrüebli auf den Guss legen. En guete, mitenand!

* geraffelt (CH) = gerieben (D)

27

Gedicht

Eugen Roth
Die Torte

Ein Mensch kriegt eine schöne Torte.
Drauf stehen in Zuckerguss die Worte:
„Zum heutigen Geburtstag Glück!"
Der Mensch isst selber nicht ein Stück,
doch muss er in gewaltigen Keilen[1]
das Wunderwerk ringsum[2] verteilen.
Das „Glück", das „heu", der „Tag" verschwindet,
Und als er nachts die Torte findet,
Da ist der Text nur mehr ganz kurz.
Er lautet nämlich nur noch: „burts".
Der Mensch zur Freude jäh entschlossen[3],
hat diesen Rest vergnügt[4] genossen.

1 dreieckige Stücke 2 an alle 3 will sich freuen 4 fröhlich

Ich kann ...

ein Land präsentieren

Die Schweiz/Österreich/... hat ... Millionen Einwohner und liegt zwischen ... / neben ...
Es gibt X Bundesländer/Kantone.
Das Land ist eine parlamentarische Bundesrepublik / ein republikanischer Bundesstaat.
Die Landessprache(n) ist/sind Deutsch, Französisch/...
Große Firmen sind zum Beispiel BMW/... / Die berühmten Swatch-Uhren kommen aus ...
Das Land ist die Heimat des berühmten Autors / der bekannten Schauspielerin / des Sportlers / der Sportlerin ...
Hier werden nicht nur Uhren, sondern auch ... produziert.

über Dialekte sprechen

Ich kann schon gut Deutsch, aber ich verstehe die Menschen in ... nicht.
Wir in Peking verstehen die Leute aus Schanghai nur schlecht.
In ... sprechen wir viele Sprachen: Fast jeder kann ... / spricht mindestens ...
Bei uns ist das nicht so einfach, denn ...
Bei uns wird im Norden ganz anders als im Süden gesprochen.
Bei uns gibt es fünf Sprachen und viele Dialekte. Aber alle sprechen auch ...

Ich kenne ...

doppelte Konjunktionen

Dieses Land hat sowohl viele Flüsse als auch viele Berge.	*beides*	+ +
Dieses Land hat weder Berge noch Flüsse.	*beides nicht*	– –
Hier wird nicht Deutsch, sondern Italienisch gesprochen.	*das andere*	– +
Hier spricht man nicht nur Deutsch, sondern auch Schwiizertüütsch.	*beides (betont)*	+ +

Gründe ohne Wirkung mit *trotz* + Genitiv

Trotz meines schlechten Tanzpartners hatte ich viel Spaß.
Trotz des schlechten Wetters blieb mein Kleid trocken.
Trotz der späten Stunde waren alle noch fröhlich.
Trotz der vielen Leute haben wir die ganze Nacht getanzt.

den Unterschied zwischen *l* und *r*; *ü* und *ie*; *s* und *z*

Reise leise	Biene Bühne	so Zoo
führen fühlen	Tier Tür	sehen Zehen
Regen legen	liegen lügen	sauber Zauber

Ein Krimi in 7 Teilen ►

Die offene Rechnung

Teil 7

31

Teresa kann jetzt nicht aufhören mit der Vernehmung. Sie muss wissen, was genau damals passiert ist. „Tim, hast du damals eigentlich alles beobachten können?“ „Ja klar. Mama und ich sind ja nicht so schnell gewesen und der Vopo[1] hat uns gar nicht gesehen wegen der Bäume. Er ist direkt hinter euch hergerannt. Er hat gerufen: „Bleibt stehen! Ihr seid verhaftet.“ Und dann flogen plötzlich Steine und der Mann ist wie ein Baum nach vorne gefallen.“ Micha kann es nicht gewesen sein, denkt Teresa, er war viel zu weit weg. Und wenn es Gesine nicht war, bleibt nur noch eine Möglichkeit.

Teresa beginnt zu schwitzen. Die Vorstellung, dass sie, die Hauptkommissarin, einen Menschen getötet hat, macht sie krank. Sie braucht dringend eine Pause. „Ich geh' uns mal einen Kaffee holen“, ruft sie und rennt aus dem Büro. Ulli Hartmann sieht es und geht zu ihr. „Ich mache weiter, Frau Fuchs. Ruhen Sie sich erst einmal aus, okay?“ Ohne auf eine Antwort zu warten, holt er ein Blatt Papier aus seinem Büro und geht zurück zu Tim.

„Herr Neubert, ich habe eine Skizze vom Schillerpark gemacht. Zeigen Sie mir doch bitte mal, wo Sie und Ihre Mutter, der Polizist, Frau Fuchs und Herr Seidel gewesen sind. Tim ist genervt. Er versteht nicht, was das Ganze soll. Er hat doch schon gesagt, dass er Michael getötet hat. Was sollen da noch die alten Geschichten? Er schaut kurz auf die Skizze und tippt schließlich mit einem Finger auf verschiedene Punkte. Man merkt, dass er das zum ersten Mal tut. Wahrscheinlich wurde er damals als Kind gar nicht befragt.

Ulli Hartmann sieht sich alles genau an. Zwischendurch liest er immer wieder die alte Akte. Da passt doch nichts zusammen! Wenn Michael Seidel vor dem Polizisten war, hätte er sich beim Werfen umdrehen und ihn dann an der Stirn oder ins Gesicht treffen müssen. In der Akte steht aber, dass Hans Meier an einer Verletzung am Hinterkopf gestorben ist.

„Herr Neubert, überlegen Sie bitte noch einmal genau. Sind Sie ganz sicher, dass es nicht noch jemanden im Park gab?“ „Was soll denn die Fragerei?“ Tim macht genervt seine Zigarette aus. Herr Hartmann schaut aus dem Fenster. Er sagt: „Es könnte sein, dass Sie den Falschen getötet haben.“ „Was soll das heißen, den Falschen? Ich habe doch genau gesehen, wie dieser Kerl einen Stein geworfen hat und der Polizist dann umgefallen ist. „Und wie erklären Sie sich dann die Verletzung am Hinterkopf, obwohl Herr Seidel von dem Polizisten weglief, wie Sie sagten?“ „Sie meinen, ...“ Tims Stimme wird ganz leise, „...er kann es gar nicht gewesen sein? Oh, mein Gott!“

„Versuchen Sie sich bitte zu erinnern: War da noch jemand? Haben Sie irgendwen gesehen – vielleicht auch, bevor Sie in den Park gerannt sind?“ „Ja, vorher habe ich immer diese Frau gesehen, die uns die ganze Zeit beobachtet hat. Sie hat versucht, sich zu verstecken. Das fand ich lustig, denn Verstecken war als Kind mein Lieblingsspiel.“

„Können Sie sie beschreiben?“ „Sie sah wie *Pumuckl*[2] aus – wegen der roten Haare, aber mehr weiß ich nicht.“ Herr Hartmann hat plötzlich eine Idee. Er holt ein Foto aus seinem Büro und zeigt es Tim. „War es diese Frau?“ „Ja, genau die. Jetzt sagen Sie nicht, dass das die Frau ist, für die meine Mutter ins Gefängnis musste.“ „Warum, würden Sie sie dann auch töten wollen?“ Ulli Hartmann sieht Tim fragend an. „Nein, ein Fehler reicht.“

1 der Vopo = Volkspolizist

2 Pumuckl: bekannte Figur aus einem Kinderbuch

1. Was bisher geschah. (Seite 15, 25, 35, 45, 55, 65)
2. Was ist bis jetzt passiert? (Was? Wer? Wann? Wo?)
3. Der Tatort. Machen Sie eine Skizze.
4. Teresas und Tims Gedanken: (Zeile 12–15 und 47–48)
5. Vermutungen: Wer ist die rothaarige Frau?

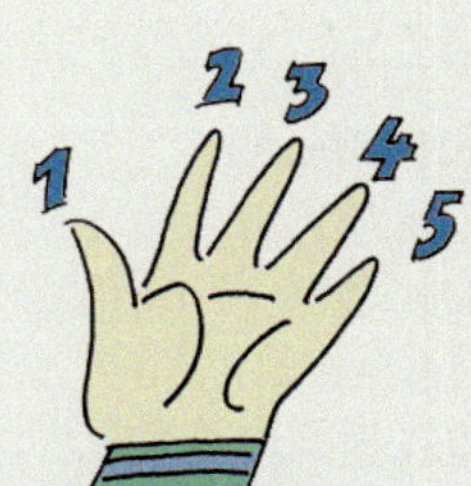

Zu **2** **Streit um den Haushalt? Lesen Sie das Chatforum und ergänzen Sie die Tabelle.**

Wer macht was bei euch im Haushalt?

gefragt von JANA am 12.07. um 22:17 Uhr

Mich würde mal interessieren, wer von euch was im Haushalt macht. Macht einer alles alleine oder hilft jeder mit? Bei uns ist es so, dass ich etwa 90 Prozent der Hausarbeit alleine erledige und mein Mann nur am Wochenende hilft. Das finde ich im Moment aber auch völlig in Ordnung, da er ja das Geld verdient und ich mit Julian (10 Monate) zu Hause bin. Freue mich über eure Antworten.

Antwort von WOLFGANG am 13.07. um 11:58 Uhr

Wir arbeiten beide und teilen uns eigentlich die Hausarbeit. Wir haben keine genauen Absprachen, wer was macht. Wenn die Spülmaschine fertig ist und ich es zuerst sehe, räume ich sie aus oder umgekehrt. Ich verstehe überhaupt nicht, warum viele da einen richtigen Haushaltsplan brauchen.

Antwort von MAMA MAL DREI am 13.07. um 12:10 Uhr

Also, ich finde es auch ganz normal, dass man sich die Hausarbeit teilt. Ich bleibe schon seit vier Jahren zu Hause, weil ich mich um die Kinder kümmere, aber das ist doch auch Arbeit! Und das Putzen, Einkaufen usw. machen wir deshalb natürlich zusammen. Wenn wir beide sehr müde sind, gibt es da allerdings auch manchmal Streit.

Antwort von HEIKE am 13.07. um 13:34 Uhr

Schön wär's! Ich arbeite halbtags, aber ich mache trotzdem fast alles allein: einkaufen, kochen, putzen, Müll wegbringen, waschen, bügeln, Kinder von der Schule abholen usw. Nein, stimmt nicht ganz: Mein Mann packt seine gebügelte Wäsche selbst in den Schrank (ich falte das nicht ordentlich genug!) und kauft einmal die Woche zwei Kästen Wasser. Und sonntags macht er manchmal das Frühstück.

Antwort von SIMON am 14.07. um 12:11 Uhr

Also, bei uns ist das ein bisschen anders. Meine Freundin studiert Medizin und verbringt jetzt schon oft bis zu 12 Stunden am Tag im Krankenhaus. Das heißt, dass ich im Moment den ganzen Haushalt alleine mache. Ich studiere auch noch, bin aber nicht sicher, ob das das Richtige für mich ist. Wir hätten beide gern bald Kinder und ich kann mir auch vorstellen, dann als Papa und „Hausmann“ zu Hause zu bleiben.

	Jana	Wolfgang	Mama x 3	Heike	Simon
Berufstätig?					
Kinder?		?			
Wie viel macht er/sie selbst?		ca. ...		90 %	
Wie viel macht der/die Partner/in?					

Schreiben auch Sie Jana eine Antwort.

Zu **4** 1) **Viel zu tun! Ordnen Sie die Verben zu und vergleichen Sie mit dem Text auf Seite 7.** 7

1. Wäsche
2. den Boden
3. den Abfall
4. den Geschirrspüler
5. Hemden
6. Staub
7. den Tisch

a) einräumen
b) waschen
c) saugen
d) decken und abräumen
e) wischen
f) wegbringen
g) bügeln

2) **Was wird in Anjas Familie den ganzen Tag gemacht? Schreiben Sie Passivsätze und vergleichen Sie Ihre Lösung mit dem Text auf Seite 7.** 7

1. Ab 7 Uhr ____________________
____________________.

3. ... und ____________________
____________________.

2. Mathearbeiten ____________________
____________________ ... .

4. Nach den Hausaufgaben ____________________
____________________.

2

3) **Kleine Katastrophen. Hören Sie die Dialoge und ordnen Sie sie den Bildern zu.**

A ☐

B ☐

C ☐

D ☐

2

4) **Welche Versicherung hilft? Ordnen Sie die Bilder aus 3) zu und hören Sie noch einmal.**

Berufsunfallversicherung: ☐
Kfz-Versicherung: ☐
Haftpflichtversicherung: ☐
Hausratversicherung: ☐

5) **Gut versichert? Ergänzen Sie den Text und beantworten Sie die Fragen.**

Wenn Gegenstände in der ____________[1] gestohlen werden oder kaputtgehen, dann ____________[2] die Hausratversicherung. Sie ____________[3] Schäden durch Einbruch, Wasser, ____________[4], Sturm und Hagel. Man sollte sie abschließen[5], wenn man zu Hause wertvolle Möbel oder Geräte hat.

Zur Einrichtung gehören auch Haustiere, ____________[6], Teppiche, Bargeld bis 1000 ____________[7], ____________[8] Geräte, geliehene ____________[9] und Gartengeräte. Bezahlt wird der Wert, der für den ____________[10] notwendig ist.

Whnonug
hlfit
bheazlt / Feeur
asbchlßieen

Kudeilng
Erou / elterkichse
Shacen
Nuaeukf

1. Bei welchen Schäden zahlt die Hausratversicherung?
2. Was gehört neben Möbeln noch zur Einrichtung, die bezahlt wird?
3. Was bekommt man, wenn etwas passiert ist?

Übungen ▸ Der liebe Haushalt

Zu **6** **Haushaltswörter. Wer sagt das? Lösen Sie die Rätsel. Die Texte auf Seite 8 helfen.** 8

1. In mir ist es sehr kalt und die Lebensmittel bleiben lange frisch.

2. Mit mir bleibt jedes Haar an seinem Platz.

3. Aus mir wird Kleidung genäht.

4. Über mich ärgern sich alle und versuchen, mich zu entfernen.

5. Ich bin sehr heißes Wasser und sehe fast aus wie Luft.

Zu **7** 1) **Immer Ärger im Haushalt! Schreiben Sie Sätze mit *anstatt*.**

1. Du sitzt hier faul rum. Du könntest den Abfall rausbringen.
2. Du telefonierst den ganzen Tag. Du könntest mir beim Putzen helfen.
3. Du räumst nur deinen Teller ab. Du könntest auch die anderen mitnehmen.
4. Du siehst fern. Du könntest den Geschirrspüler einräumen.
5. Du schläfst so lange. Du könntest auch mal einkaufen gehen.

1. Anstatt hier faul rumzusitzen, könntest du den Abfall rausbringen.

2) **Wortbildung. Welche Verben oder Adjektive stecken in diesen Nomen?**

1. die Wäsche ______
2. die Vorbereitung ______
3. der Wecker ______
4. der Schaden ______
5. die Verpackung ______
6. der Kratzer ______
7. die Sicherheit ______
8. das Getränk ______

Zu **9** **Die liebe WG. Ergänzen Sie den Text.**

anstatt • um • als • obwohl • bevor

Hallo Sarah,

ich brauche deinen Rat. Du weißt ja, vor ein paar Wochen bin ich in eine WG gezogen, ______[1] endlich nicht mehr bei meinen Eltern zu wohnen. Aber ich glaube, das war doch keine gute Idee. ______[2] ich mich für das Zimmer entschieden habe, hatte ich meine Mitbewohner nur kurz kennengelernt und fand sie sehr nett. Aber ______[3] ich dann eingezogen bin, wusste ich sofort, dass das ein Fehler war, denn die Wohnung ist unglaublich schmutzig! Ich würde am liebsten einen Putzplan machen, möchte aber keinen Streit. ______[4] etwas zu sagen und mich darüber aufzuregen, putze ich lieber den ganzen Tag, ______[5] das natürlich keine Lösung ist. Hast du eine bessere Idee?

Viele liebe Grüße, deine Vera

Zu **11** 1) **Was soll Jonas tun? Lesen Sie noch einmal den Text und schreiben Sie seine Liste.** 10

2) **Besorgungen. Sie haben nicht alles geschafft und schreiben Ihrem Mitbewohner einen Zettel. Was soll er tun?**

Lieber Thomas,
ich muss jetzt wirklich weg, aber ich habe nicht alles geschafft. Könntest du bitte meine Schuhe ...?

Zu **13** 1) **Wunschzettel. Variieren Sie den Text. Ändern Sie die Person: *du / er / wir / ihr ...***

Ich wünsche mir so sehr,
dass du dir mehr Mühe gibst,
mir mal etwas kaufst,
auch wenn du es dir nicht leisten kannst.
Dir etwas ausdenkst, was mir Freude macht.
Dir Sorgen machst, wenn ich nicht da bin.
Dass du einfach ... an mich denkst.

Du wünschst dir so sehr,
dass ich mir ...

Ich wünsche mir so sehr,
dass er sich ...

3

2) **Sprachschatten.**
Hören Sie und reagieren Sie wie im Beispiel.

Du gibst dir keine Mühe!

Was? Ich gebe mir keine Mühe?

3) **Reflexive Verben im Dativ. Ergänzen Sie die passenden Verben und Pronomen.**

sich leisten • sich vorstellen • sich wünschen • sich kaufen • sich Mühe geben

- Ich habe seit einer Woche eine neue Putzfrau. Du kannst ________ nicht ________¹, wie ordentlich meine Wohnung jetzt ist!
- Ach, du hast es gut! Ich hätte auch gern eine Putzfrau, aber das können wir ________ im Moment leider nicht ________².
- Ja, ich finde es auch ein bisschen teuer. Und ihr habt ________ ja auch gerade erst ein neues Auto ________³, oder? Machst du denn die ganze Hausarbeit allein?
- Ja, meistens. Ich ________ ________⁴, dass mein Mann und meine Kinder ein bisschen mehr helfen würden, aber leider ________ sie ________ nicht sehr viel ________⁵.

Übungen ► Der liebe Haushalt

Zu **18** **Wünsche. Schreiben Sie Sätze mit *irgend-*.**

Ich wünsche mir, dass ...
Ich träume davon, dass ...
Ich stelle mir vor, dass ...
...

irgend-: *wer*, *wann*, *was*, *wo*, *wie*

Ich wünsche mir, dass ich mir irgendwann eine große Wohnung leisten kann.

Prüfungsvorbereitung

Lesen, Teil 3

Lesen Sie zuerst die fünf Situationen und dann die sieben Anzeigen (A–G). Welche Anzeige passt am besten zu welcher Situation (1–5)? Es ist auch möglich, dass es keine passende Anzeige gibt. Dann tragen Sie ein X ein.

1. ☐ Ihre Wohnung muss bis zum Wochenende geputzt werden, weil Sie Besuch bekommen. Leider arbeiten Sie viel und haben selbst keine Zeit für die Hausarbeit.
2. ☐ Sie haben sich eine neue Waschmaschine gekauft und wissen nicht, was Sie mit der alten machen sollen.
3. ☐ Ihre Mutter ist schon älter, möchte aber ihre Wohnung selber putzen. Sie soll aber nicht mehr auf eine Leiter steigen. Deshalb suchen Sie jemanden, der alle drei Monate ihre Fenster putzt.
4. ☐ Sie brauchen einen Staubsauger, wollen aber nicht so viel Geld ausgeben.
5. ☐ Ihr Lieblingspulli hat einen Fleck, den Sie auch mit den modernsten Waschmitteln nicht entfernen konnten. Gibt es andere Möglichkeiten?

A
Omas Haushaltstipps
Wohnung putzen – Wäsche waschen – Pflanzen pflegen
Viele gute alte Haushaltstipps und -tricks sind heute leider fast vergessen.
In unserem neuen Ratgeber finden Sie alles, was Sie für den perfekten Haushalt brauchen.
Verlag Haus & Heim

B
Gebäudereinigung *Blitzblank*
Wir reinigen Firmen- und Bürogebäude gründlich und schnell.
Auch Fensterputzservice.
Tel.: 0165-2345892

C
PREISGÜNSTIGE STAUBSAUGER – FAST NEU!
Klicken Sie auf *www.staubsauger-flohmarkt.de* und wählen Sie aus vielen verschiedenen Modellen aus.

D
In der Küche und im ganzen Haus fehlt die Grundreinigung?
Rufen Sie mich an und in vier Stunden glänzt Ihre Wohnung wieder wie neu.
Tel: 0156-2277993

E
Verkaufe gebrauchte Waschmaschine und Trockner. 3 Jahre alt, zusammen 200 €.
Chiffre 34422

F
GEBRAUCHTE HAUSHALTSGERÄTE AN- UND VERKAUF
Kühlschränke – Waschmaschinen – Trockner – Herde – Mikrowellen uvm.
Gute Preise + beste Qualität!
Wir liefern bis an die Haustür und holen Ihre alten Geräte auch ab.
0531-456789

G
Staubsauger
Die neuesten Luxus-Modelle für die anspruchsvolle Hausfrau.
Top-Qualität, schicke Designs und hohe Saugkraft.
www.luxus-staubsauger.de

Lernwortschatz: Der liebe Haushalt

Viel zu tun

der Besen: Ich muss fegen (A, D) – wo ist der Besen?
(Staub) saugen: Hast du im Wohnzimmer schon gesaugt?
dazugehören: In einer Großfamilie gehört der Stress zum Alltag dazu.
erledigen: Ich muss noch 1000 Dinge erledigen: ...
wegbringen: ... die Flaschen wegbringen,
abtrocknen: ... die Gläser abtrocknen, ...
wischen[1]: ... den Boden wischen,
die Sportsachen – ... einpacken
einpacken: Die sind doch schon eingepackt.
schmieren: ... die Schulbrote schmieren ...
verpacken: ... und sie in irgendein Papier verpacken.
die Wäsche: Ich muss die Wäsche noch aufhängen.
nebenbei: Das kannst du doch beim Fernsehen nebenbei machen.
trocknen: Sie braucht immer so lange zum Trocknen.
sortieren: Ich muss sie auch noch sortieren ...
einräumen: ... und sie einräumen, usw.
nähen: Das Kleid habe ich selbst genäht.
der Einkaufswagen: Hör auf, der Einkaufswagen ist längst voll!
gegen: Ich komme so gegen acht, okay?
dazukommen: Ja, Klaus kommt auch dazu.
dringend: Gut, ich muss dringend mit ihm sprechen.

1 feudeln (A), wischen (D), aufnehmen (CH); wischen (CH) = fegen (A, D); tischen (CH) = Tisch decken (A, D); betten (CH) = Betten machen (A,D)

Hartnäckige Flecken und mehr

sauber: Das T-Shirt ist nicht sauber.
hartnäckig: Die gelben Flecken vom Eidotter sind besonders hartnäckig.
abkratzen: Kratz das Eidotter vor dem Waschen besser ab.
beschädigen: Aber pass auf, dass du den Stoff nicht beschädigst.
der Kugelschreiber: Ich habe ihn im Hemd vergessen.
stecken: Hast du ihn in die Brusttasche gesteckt?
der Stoff: Ja und jetzt ist der Stoff von dem Hemd ganz blau.
einweichen / rausgehen: Wenn du das Hemd in Wasser einweichst, geht der Fleck raus.
entfernen: Wie kann man Kalk im Bad entfernen?
die Anstrengung: Mit diesem Mittel ist das keine Anstrengung. Es geht ganz leicht!
zerkratzen: Aber die Wanne ist zerkratzt!
anstatt: Anstatt zu meckern, könntest du mir helfen.
die Alufolie / das Metall – silbernes Metall
die Sauberkeit: Sauberkeit ist mir wichtig.
die Mikrowelle: Ich mache die Suppe schnell in der Mikrowelle heiß.
der Dampf: Die Küche ist voller Dampf.
der Teebeutel – Mit ihm kann man auch Pflanzen düngen.

Besorgungen erledigen

besorgen: Ich fahre in die Stadt, ich muss noch etwas besorgen.
wünschen: Was wünschst du dir zum Geburtstag?
nachdenken: Da muss ich erst nachdenken.
Mühe geben: Du könntest dir etwas mehr Mühe mit dem Geschenk geben.
leisten: Das ist zu teuer, das kann ich mir nicht leisten.
der Ausweis / beantragen: Ich muss einen neuen Ausweis beantragen.
die Handtasche: Der neue Ausweis ist in meiner Handtasche.
die Geheimzahl: Ohne Geheimzahl kein Geld.

Alles ein bisschen günstiger

besitzen: Besitzt du ein Haus?
die Versicherung: Habt ihr eine Hausratversicherung abgeschlossen?
das Semesterticket: Als Student hat er ein Semesterticket.
die Ermäßigung: Er bekommt Ermäßigung.
der Eintritt: Wie teuer ist denn der Eintritt?
befreien / umsonst: Wir sind vom Eintritt befreit und kommen umsonst rein.

Zu **1** **Arbeiten auf einem Traumschiff.**

4 **1) Lesen Sie die Aussagen und hören Sie das Gespräch zweimal. Kreuzen Sie an: richtig oder falsch?**

	richtig	falsch
1. Simone Rosendahl hat letzten Sommer auf einem Kreuzfahrtschiff gearbeitet.	☐	☐
2. An Bord waren fast 5000 Passagiere.	☐	☐
3. Auf dem Schiff arbeiten mehr als 1100 Personen.	☐	☐
4. Simone hat im Fitnessstudio gearbeitet.	☐	☐
5. In ihrem Team gab es oft Konflikte.	☐	☐
6. Sie hat sich eine Kabine mit einer Köchin geteilt.	☐	☐
7. Die Kabinen wurden zweimal täglich geputzt.	☐	☐
8. Simone möchte nächstes Mal lieber Urlaub auf dem Schiff machen.	☐	☐

4 **2) Lesen Sie die Fragen auf Seite 16 im Kursbuch. Hören Sie das Interview noch einmal. Welche Fragen können Sie jetzt beantworten? Notieren Sie.** 16

Das Schiff hat mehr als ...

Zu **2** **Berufe auf Traumschiffen. Bilden Sie aus den Silben 11 Berufe. Schreiben Sie immer auch die weibliche oder männliche Bezeichnung dazu.**

~~Fit~~ • Rei • Kell • Fri • Me • Ani • Mu • Putz • Ärz • In • Ver • ~~ness~~ • lei • tin • si • cha • ~~trai~~ • käu • rin • ter • ~~ner~~ • frau • ge • se • ni • fe • rin • ne • sör • ker • ma • ker • nieu • rin • teur

der Fitnesstrainer, die Fitnesstrainerin

Zu **6** **Carla besucht die Messe *MeerArbeit* und sucht einen Job auf einem Kreuzfahrtschiff. Schreiben Sie Ihre Antworten auf die Fragen der Arbeitgeber.**

1. Wir suchen Servicepersonal. Welche Erfahrungen haben Sie in diesem Bereich?
2. Die besten Einstiegschancen haben Hotelfachleute. Haben Sie eine abgeschlossene Berufsausbildung in der Hotelbranche?
3. Teamfähigkeit ist eine wichtige Schlüsselqualifikation. Können Sie gut mit anderen zusammenarbeiten?

Name: Carla Roth
Alter: 21
Ausbildung: beginnt nächstes Jahr Ausbildung zur Hotelfachfrau
Erfahrungen: 2 Jahre Kellnerin in verschiedenen Restaurants, Praktikum im Hotel
Stärken: zuverlässig, teamfähig, belastbar

1. Ich habe zwei Jahre lang als Kellnerin in verschiedenen Restaurants gearbeitet und ...

Zu **8** **Maria war im Reisebüro. Ergänzen Sie die Genitiv-Formen.**

des Mittelmeers • des afrikanischen Kontinents • Ihrer Träume • unserer Reederei • Ihres Lebens • unserer internationalen Köche • ~~des Südens~~

SPEZIAL-ANGEBOT:
Mittelmeer-Kreuzfahrt

Buchen Sie jetzt die Reise ________________[1]! Mit den modernsten Schiffen ________________[2] bringen wir Sie zu den schönsten Städten des Südens[3]: auf dem Programm stehen Italien, Griechenland, Spanien und Gibraltar.

Erholen Sie sich an den wunderschönen Stränden ________________[4]: Machen Sie in Rabat und Casablanca einzigartige Fotos und erleben Sie das besondere Licht ________________[5]. Genießen Sie auch das große Freizeitangebot an Bord und die leckeren Menüs ________________[6].

Der schönste Urlaub ________________[7] – schon ab 799 Euro!

Zu **10** 1) **Karaoke. Eine Hotelreservierung. Hören Sie Rolle 1 und sprechen Sie Rolle 2.**

5

Rolle 1: ....
Rolle 2: Guten Tag, Neumann hier. Ich möchte gern ein Doppelzimmer bei Ihnen reservieren.
Rolle 1: ...
Rolle 2: Vom 28. Juli bis zum 5. August.
Rolle 1: ...
Rolle 2: Gabriele Neumann.
Rolle 1: ...
Rolle 2: Halbpension, bitte.
Rolle 1: ...
Rolle 2: Nichtraucher, bitte.
Rolle 1: ...
Rolle 2: Ja, hat das Zimmer einen Internetanschluss?
Rolle 1: ...
Rolle 2: Sehr gut, vielen Dank.
Rolle 1: ...
Rolle 2: Auf Wiederhören.

2) **Variieren Sie die Textteile in Rot aus Rolle 2.**

Einzelzimmer/Doppelzimmer • Zimmer mit Frühstück/Halbpension/Vollpension • Raucher-/Nichtraucherzimmer • Badewanne • Einzelbetten/Kinderbett • ...

Halbpension = Frühstück und Abendessen; Vollpension = Frühstück, Mittagessen und Abendessen

Übungen ▸ Reisen und arbeiten

Zu **11** 1) **Marias Reiseblog. Unterstreichen Sie alle Nomen von Personen.**

Mittwoch, 22. Juni – immer noch sehr heiß – Ankunft in Rabat/Marokko

Die Fahrt nach Rabat war toll: Wir haben Delfine gesehen! Der Biologe aus Polen konnte uns viele interessante Dinge über diese Tiere erzählen. Ich habe mich für eine Fotosafari durch die Altstadt von Rabat angemeldet. An Bord gibt es einen Fotografen, der uns beim Stadtrundgang Tipps für gute Fotos gegeben hat. Rabat ist wunderschön, der Duft der verschiedenen Gewürze auf dem Basar, die vielen kleinen Gassen und die blau-weißen Häuser… Ich habe unglaublich viele Fotos gemacht! Aber ich bin auch fasziniert von den Menschen hier. Bei einem alten Bauern habe ich Datteln gekauft. Dann entdeckte ich einen Jungen, der auf der Straße arbeitete, er wollte meine Schuhe putzen. Da habe ich gemerkt: das ist wirklich Afrika und nicht Westeuropa.

Donnerstag, 23. Juni – sonnig – ruhige See – Kurs Richtung Casablanca

Nach dem Stadtspaziergang gestern genießen wir heute den sonnigen Tag an Bord. Beim Frühstück haben wir uns mit unserem Nachbarn aus der Kabine neben uns unterhalten, einem netten älteren Herrn, der mit seinem Neffen reist. Leider habe ich seinen Namen vergessen. Er war früher Diplomat, hat dann aber Probleme mit seinem Herzen bekommen und will sich auf der Kreuzfahrt mal so richtig entspannen. Und das ist hier wirklich kein Problem! Auch wir liegen jetzt faul an Deck. Später möchte ich joggen. Mit dem jungen Sportstudenten, der hier das Fitnessprogramm mitorganisiert, habe ich schon gestern gesprochen. Joggen auf dem Schiff – ich bin mal gespannt, wie das wird!

2) **Sortieren Sie die markierten Nomen in einer Tabelle in Ihrem Heft. Es gibt im Text noch zwei weitere Wörter, die auch zur n-Deklination gehören. Finden Sie sie?**

maskuline Nomen von Personen mit der Endung *-e*	maskuline Nomen mit den Endungen *-and/-ant, -ent, -ist, -oge, -at*	weitere maskuline Nomen	Ausnahmen
	der Biologe		

3) **Ein Gruß von Maria. Ergänzen Sie die Endungen, wenn nötig.**

Liebe Klara,
viele Grüße von meiner Kreuzfahrt. Die Reise ist toll! Im Moment sind wir in Marokko. Es ist sehr heiß, aber auch wunderschön. Wir haben schon viele interessante Leute kennengelernt, die aus allen möglichen Ländern kommen. Neben uns wohnt ein netter Herr___[1] aus Rom und beim Essen sitzen wir oft zusammen mit einem Grieche___[2], einem Franzose___[3] und einem Pole___[4] an einem Tisch. Der Pole___[5] ist Biologiestudent___[6] und kann uns viel über die Tiere hier erzählen. Am Sonntag waren wir zum Beispiel in Gibraltar, wo ich ein tolles Foto von einem besonders frechen Affe___[7] gemacht habe, der gerade einem Fotograf___[8] seine Kamera klauen wollte. Wenn ich zurück bin, zeige ich dir die vielen schönen Fotos, die ich gemacht habe.
Ganz liebe Grüße, Maria

4) **So ein Unsinn! Schreiben Sie einen Satz mit vielen Wörtern der n-Deklination.**

Mein Neffe und ein Affe sitzen mit einem Journalisten und einem Polizisten in Gibraltar auf einem Felsen und fotografieren Fotografen.

Zu **12** **Sprachschatten. Hören Sie und reagieren Sie wie im Beispiel.**

6

Wegen des schlechten Wetters bin ich zu Hause geblieben.

Was? Wegen des schlechten Wetters bist zu Hause geblieben?

Zu **14** **Prüfungstraining: Schriftlicher Ausdruck. Sie machen gerade eine Kreuzfahrt. Schreiben Sie eine Postkarte, die folgende vier Punkte enthält:**

- ein besonders interessantes Erlebnis auf der Reise
- warum Sie sich entschieden haben, diese Kreuzfahrt zu machen
- die anderen Menschen an Bord
- das Freizeitangebot

Überlegen Sie sich eine passende Reihenfolge, eine passende Einleitung und einen passenden Schluss. Denken Sie an die Anrede.

Liebe/r ...

Zu **16** **Was hören Sie? Kreuzen Sie an.**

7

1. Haus	☐	aus	☐	5. Hessen	☐	essen	☐
2. halt	☐	alt	☐	6. Hund	☐	und	☐
3. alle	☐	Halle	☐	7. Eis	☐	heiß	☐
4. Ecke	☐	Hecke	☐	8. heben	☐	eben	☐

Prüfungsvorbereitung

Leseverstehen, Teil 2

Lesen Sie den Text und die Aufgaben. Kreuzen Sie die richtige Lösung (a, b oder c) an.

Der Traum vom sicheren Reisen

Eine Kreuzfahrt – das war früher nur etwas für die Reichen, die sich so eine Luxusreise leisten konnten. Auf einem komfortablen Schiff über die Weltmeere fahren, spannende Städte besuchen, im Liegestuhl an Deck die Sonne genießen und abends im eleganten Kleid beim Drei-Gänge-Menü und einem Glas teuren Rotwein mit anderen reichen Reisenden Small-Talk über Politik, Kunst und Musik machen. Für die anderen blieb diese Art des Reisens lange Zeit ein Traum, den man nur aus der Fernsehserie „Traumschiff" kannte.

Doch dieser Traum ist Realität geworden, denn die Angebote der großen Kreuzfahrt-Unternehmen werden immer günstiger. Eine Woche auf einem Luxusschiff gibt es inzwischen schon für unter tausend Euro. Damit man diese Preise anbieten kann, müssen natürlich möglichst viele Menschen so eine Fahrt buchen. Bis zu 5000 Passagiere können heute auf den größten Schiffen gemeinsam ihren Urlaub genießen. So ist jedes dieser Boote wie eine Kleinstadt, in der es alles gibt, was sich die Touristen wünschen: Cafés, Restaurants, Kinos, Einkaufszentren, Schwimmbäder, Fitnessstudios, Tennisplätze und vieles mehr.

Dazu haben sie die Möglichkeit, andere Länder im „Vorbeifahren" kennenzulernen. Denn das „Reisen light" wird immer beliebter. Fast niemand möchte vor dem Urlaub im Volkshochschulkurs die Sprache des Reiselandes lernen und sich selbst um Hotels, Transport und Essen kümmern. Bei einer rundum organisierten Kreuzfahrt sehen die Touristen nur das, was sie sehen sollen. Armut, Kriminalität und anderen Problemen der Reiseländer begegnen sie auf ihren kurzen Landausflügen nicht. Und wenn man sich am Ende des Tages zum Abendessen im Bordrestaurant trifft, unterhält man sich über die schönsten Fotos und die neuen Souvenirs, während das Schiff sich auf den Weg zum nächsten Reiseziel macht. Ist der Traum vom sicheren Reisen also wahr geworden?

Das dachte man zumindest – bis zum Unfall der „Costa Concordia", die im Januar 2012 mit etwa 3200 Passagieren an Bord vor der italienischen Küste auf einen Felsen fuhr und sank. Viele Menschen wurden verletzt, einige starben.

Seitdem sollen neue Sicherheitsbestimmungen der Reiseunternehmen dafür sorgen, dass die Touristen dieses Unglück möglichst schnell vergessen. Die Zeit wird zeigen, ob das gelingt und die „Traumschiffe" auch in Zukunft den Traum vom Entdecken der Welt ohne Risiko erfüllen können.

1. Früher waren Kreuzfahrten
a) ☐ nur bei wenigen Menschen beliebt.
b) ☐ ein Luxus, den nicht alle bezahlen konnten.
c) ☐ billiger als heute.

2. Heute gibt es
a) ☐ Traumschiffe nur im Fernsehen.
b) ☐ auf den Schiffen weniger Passagiere.
c) ☐ sehr günstige Angebote für Kreuzfahrten.

3. Auf einer Kreuzfahrt
a) ☐ muss man vieles selbst organisieren.
b) ☐ gibt es ein großes Freizeitangebot.
c) ☐ können über 5000 Passagiere mitfahren.

4. Kreuzfahrt-Reisende
a) ☐ besuchen nur Touristenziele.
b) ☐ nehmen vorher oft an Sprachkursen teil.
c) ☐ lernen alle Reiseländer sehr gut kennen.

5. Der Unfall der „Costa Concordia"
a) ☐ bedeutete das Ende der Kreuzfahrten.
b) ☐ wurde schnell vergessen.
c) ☐ hat für neue Regeln zur Sicherheit gesorgt.

Lernwortschatz: arbeiten und reisen

Berufe in der Reisebranche

das Personal: Wir haben zu wenig Personal.
das Zimmermädchen – macht die Betten
der/die Trainer/in: Ich habe einen persönlichen Fitnesstrainer.
der/die Reiseleiter/in – erklärt alles
der/die Apotheker/in – verkauft Medikamente
der Verband: Die Hand ist verletzt. Der Arzt legt einen Verband an.

Wie sind die Bedingungen?

die Bedingung = die Umstände
Bestimmtes: Suchst du was Bestimmtes?
die Fachkraft – gut ausgebildet
die Eigenschaft: Als Fachkraft musst du bestimmte Eigenschaften haben.
die Qualifikation – was man gut kann
die Schlüsselqualifikation – zum Beispiel Teamfähigkeit
der/die Arbeitgeber/in – meistens der/die Chef/in
der/die Arbeitssuchende – klingt schöner als Arbeitslose/r
die Arbeitskraft – Menschen, die arbeiten
die Chance: Das ist meine letzte Chance.
die Arbeitsbelastung – ist sehr hoch
erwarten: Was erwartest du denn?
der Arbeitsmarkt: In Deutschland ist der Arbeitsmarkt wieder entspannt.
inzwischen: Inzwischen ist die Zahl der Arbeitslosen weiter zurückgegangen. – Warum?
wegen (+ Gen): Wegen der guten Wirtschaftslage.
die Entwicklung: Das ist eine gute Entwicklung.
persönlich: Auch für mich persönlich.
die Messe: Warst du auf der Jobmesse?

Willkommen an Bord

das Schiff: Wir fahren mit dem Schiff übers Meer.
das Ziel: Unser Ziel ist Marokko.
die Ankunft: Planmäßige Ankunft ist um 17:00 Uhr.
der Luxus: Diese Reise ist Luxus.
günstig: Und dabei so günstig!
die Art: Diese Art zu reisen gefällt mir.
der Hafen: Das Schiff liegt im Hafen.
passen: Wie viele Menschen passen auf das Schiff? – Mehr oder weniger 3000.
technisch: Wie funktioniert das technisch?

Abenteuer auf Reisen

der Urlaub (A, D): Wo habt ihr Urlaub gemacht?
die Pension – kleines Hotel
reservieren: Haben Sie ein Doppelzimmer reserviert?
das Einzelzimmer ≠ das Doppelzimmer
die Übernachtung: Ja, ich habe zwei Übernachtungen gebucht.
die Bar: Wir saßen bis spät nachts an der Bar.
merkwürdig = seltsam
der Pole/die Polin – aus Polen
das Taxi: Rufst du mir ein Taxi?
streicheln: Hast du den Hund gestreichelt?
auf keinen Fall – niemals!
dreckig = schmutzig
stehlen: Man hat mir meine Tasche gestohlen.
furchtbar: Das ist ja furchtbar!
der Fels: Hier gibt es nur Steine und Felsen.
der Ort: Diese Insel ist der schönste Ort für mich.
die Erholung – sich erholen: Hier kann ich entspannen und mich erholen ...
beobachten: ... und Vögel beobachten.

Im Kurs

erraten: Wer errät die Lösung?
das Thema – darüber reden wir
ablenken: Lenk nicht vom Thema ab.
(die) Rolle: Das Thema spielt hier keine Rolle = ist nicht wichtig
diktieren: Der Text wurde diktiert ...
einsammeln: ... und dann eingesammelt.
beenden: Wie geht es weiter? Beenden Sie den Satz.

Zu **2** 1) **Sehen Sie sich die Grafik an und beantworten Sie die Frage in der Überschrift.**

Ja ☐ Nein ☐

Hat die Emanzipation die Interessen von Frauen und Männern verändert?

Mindestens seit den 70er-Jahren wird das traditionelle Rollenbild in Frage gestellt. Ob im Beruf, bei der Erziehung der Kinder oder im Alltag: Wir erwarten von den Frauen, dass sie ihr eigenes Geld verdienen, selbstständig und vor allem selbstbestimmt handeln (also auch mal selbst ein Regal an die Wand bringen), und von den Männern, dass sie aktive Väter sind und gern im Haushalt helfen. Man hat auch viel über die Frage diskutiert: Wann ist ein Mädchen ein Mädchen und ein Junge ein Junge? Ist es wirklich normal, dass Mädchen gern mit Puppen und Jungen am liebsten Krieg spielen? Moderne Eltern achten darauf, dass sie „beide Seiten" ihres Kindes fördern und schenken der Tochter auch mal ein Auto und dem Sohn eine Kinderküche.
Da könnte man doch denken, dass sich die Interessen von Männern und Frauen in den letzten 15–20 Jahren verändert haben. Doch eine Studie des IFD Allensbach zeigt ein anderes Bild. Nach wie vor werden eher häusliche Themen wie „Gesunde Ernährung", „Kochen und Rezepte" und „Wohnen und Einrichten" von ungefähr der Hälfte der befragten Frauen genannt. Bei den Männern interessieren sich nur 20 bis 24 Prozent für diese Kategorien, fürs Kochen sogar nur 12 Prozent. Das sind fast die gleichen Zahlen wir im Jahr 1995 – die Veränderungen sind mit mit 2–3 Prozent kaum der Rede wert. Genauso sieht es bei den „Männerthemen" aus: Sport, Heimwerken[1], Politik und Wirtschaft finden 1995 wie auch 2009 wesentlich mehr Männer interessant als Frauen. Ob das aber auch heißt, dass sich die Rollen von Männern und Frauen kaum geändert haben, kann man sicher nicht so einfach beantworten.

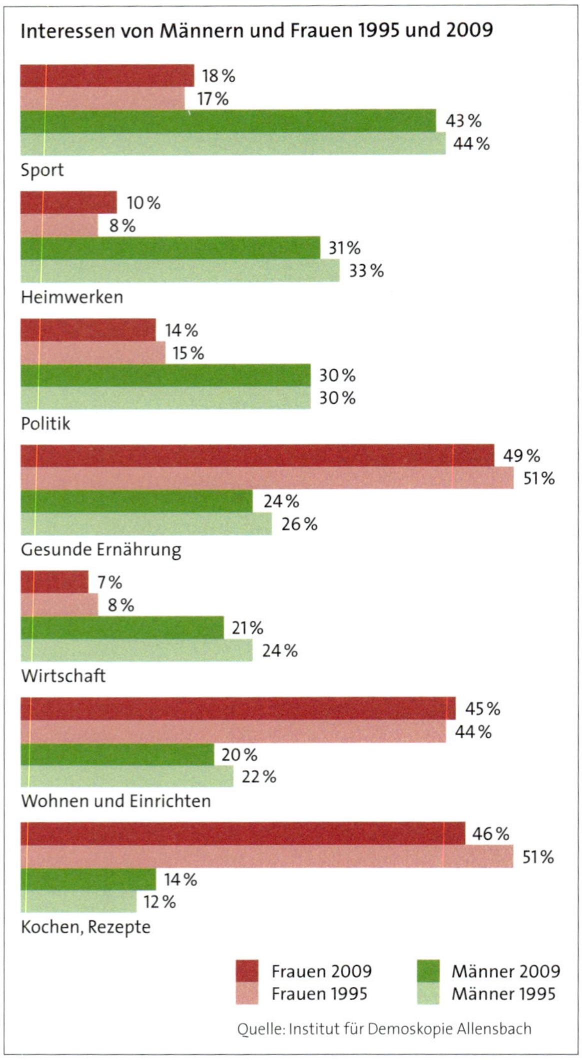

1 Heimwerken = Renovieren, Bauen, Basteln im Haus / in der Wohnung

2) **Lesen Sie den Text und sehen Sie sich die Grafik an. Was ist richtig? Kreuzen Sie an.**

1. In den 70er-Jahren gab es noch keine Diskussionen zur Rolle der Frau / des Mannes. ☐
2. Die Erwartungen an Männer und Frauen haben sich verändert. ☐
3. Manche Eltern versuchen, bei der Erziehung ihrer Kinder Klischees zu vermeiden. ☐
4. 2009 interessieren sich genauso viele Männer wie Frauen für Politik. ☐
5. 1995 haben sich etwas weniger Frauen für Heimwerken interessiert als 2009. ☐
6. Insgesamt haben sich die Interessen kaum verändert. ☐
7. Das heißt, Männer und Frauen sind heute noch genauso wie vor 20 Jahren. ☐

3) **Lesen Sie noch einmal und korrigieren Sie die falschen Aussagen aus 2).**

Zu **4** 1) **Anita sucht einen Partner. Lesen Sie ihr Profil. Welche Beschreibung passt?**

Ich heiße Anita, bin 32 Jahre alt und seit fast zwei Jahren Single. Ich arbeite viel, denn mein Job ist mir wichtig. Aber an den Wochenenden mache ich meistens etwas mit meinen Freunden. Am liebsten etwas Sportliches, zum Beispiel einen Ausflug in die Berge oder in den Klettergarten. Abends gehe ich auch gerne mal tanzen. Ich lache gern und bin sehr aktiv. Aber auch ruhige Momente und ernste Gespräche gehören für mich zu einer guten Beziehung. Mein Freund sollte nicht älter als 40 und vor allem ehrlich sein. Ich möchte mit ihm romantische Momente, aber auch den ganz normalen Alltag erleben.

1. ☐ Anita ist Mitte dreißig, sie hat wenig Zeit, denn die Arbeit steht immer an erster Stelle. Sie sucht einen Mann, mit dem sie hin und wieder zusammen Sport machen kann und der gerne mit ihr zusammen lacht.
2. ☐ Anita ist Anfang dreißig, gerne mit anderen Menschen zusammen und in ihrer Freizeit aktiv. Sie ist sportlich, lustig, kann aber auch ernst sein. Sie sucht einen ehrlichen Mann für eine feste Beziehung. Er sollte nicht älter als 40 und auch aktiv sein.
3. ☐ Anita ist 32 und hat sich vor nicht langer Zeit von ihrem Freund getrennt, weil sie zu wenig Zeit für ihn hatte. Sie liebt Partys, geht jedes Wochenende tanzen und sucht einen Mann, der auch mal romantisch sein kann.

2) **Das Portal macht ihr drei Angebote. Was glauben Sie, welches passt am besten?**

Flirtline – kostenlos – einfach und schnell – Flirtline – kostenlos – einfach | Google

Sportmuffel, 33, sucht gemütliche und nette Frau, die gerne mit ihm auf dem Sofa sitzt und romantische Filme sieht. Ich liebe mein Zuhause, mein Auto, gutes Essen und vielleicht auch bald dich. Melde dich!

Arbeitest du auch gern und viel und hast kaum noch Zeit für die schönen Dinge des Lebens? Ich, 43, Manager, suche flexible Frau für gemeinsame Wochenenden und interessante Städtereisen. Unterhaltung garantiert.

Humorvoller, sportlicher Mann ist 35 geworden und sucht nette Frau, die fest im Leben steht, es aber mit jemandem teilen will. Wenn du gerne viel unternimmst, aber auch mal Lust auf einen gemeinsamen Abend zu Hause mit Kerzenschein hast, solltest du dich melden!

3) **Welche Eigenschaften werden in den Texten genannt? Machen Sie ein Wörternetz.**

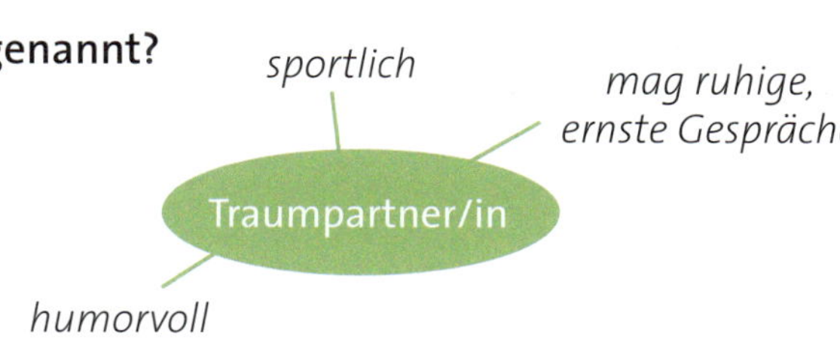

Zu 6 **Wer sagt das? Lesen Sie noch einmal die Texte auf Seite 28 und kreuzen Sie den passenden Namen an.** 28

	Esmeralda	Mariola	Katerina
1. Die Männer hier sind selbstständiger als die Männer in meinem Heimatland.	☐	☐	☐
2. Deutsche Männer sind nicht sehr mutig, wenn ihnen eine Frau gefällt.	☐	☐	☐
3. Deutsche Männer wollen immer, dass man eine gute Meinung von ihnen hat.	☐	☐	☐
4. Die Männer hier könnten etwas aufmerksamer sein.	☐	☐	☐
5. Echte Männer übernehmen Verantwortung.	☐	☐	☐
6. Ich glaube, deutsche Männer sind zu ernst.	☐	☐	☐

Zu 8 **1) Alternativen. Schreiben Sie Sätze mit *entweder … oder*.**

1. 

– Urlaub auf … machen

Wir machen entweder auf Mallorca oder auf dem …

2. 

– sich leisten können

3. 

– als Haustier haben möchten

4. 

– heute Abend kochen

2) Beides! Schreiben Sie Sätze mit *sowohl … als auch*.

backen / kochen • singen / Gitarre spielen • schwimmen / tauchen • klettern / schnell rennen

Klaus-Dieter ist ein toller Mann!
Er kann sowohl backen als auch kochen.
Er …

3) Nichts! Schreiben Sie mit den Verben aus 2) Sätze mit *weder … noch*.

Hans-Peter ist lieb, aber nicht so toll.
Er kann weder …

Zu 10 **1) Jobtalk. Was bedeutet das Gleiche? Verbinden Sie.**

1. Ich bin sicher, das können Sie besser.
2. Bis morgen muss das auf meinem Tisch liegen.
3. Vielleicht sollte man noch einmal darüber nachdenken?
4. Problem gelöst. Ich bin super, oder?
5. Dafür habe ich jetzt keine Zeit.

a) Das meinen Sie doch nicht ernst.
b) Können wir später darüber sprechen?
c) Schaffen Sie es bis morgen?
d) Ganz schwach. Von Ihnen hätte ich mehr erwartet.
e) Ich denke, so geht´s.

2) Entscheiden Sie: Welcher Satz klingt netter? Markieren Sie ihn in 1).

Zu **11** 1) **Mein Mann macht alles anders ...**

1. Ich gehe sofort in den Supermarkt. Mein Mann schreibt zuerst eine Liste.

   Während ich sofort ______________________________

2. Ich finde Kochen langweilig. Mein Mann probiert gern neue Rezepte aus.

   ____

3. Ich lese den Kindern abends vor. Mein Mann macht mit ihnen eine Kissenschlacht.

   ____

4. Ich frage nach dem Weg. Mein Mann programmiert lieber das Navi.

   ____

5. Ich gebe auch mal Geld für einen Handwerker aus. Mein Mann will alles selber machen.

   ____

   ______________________________ Und dann wird es teuer!

8

2) **Hören Sie und vergleichen Sie Ihre Lösungen in 1).**

Zu **13** **Was ist was? Ordnen Sie die Zitate zu.**

1. ☐ Geld 2. ☐ Haushalt 3. ☐ Urlaub 4. ☐ Eifersucht

A *Es ist immer dasselbe. Du könntest ruhig auch mal den Geschirrspüler ausräumen!*

B *Was willst du denn damit sagen? Dass ICH weniger Geld ausgeben soll? Du könntest ja mal einkaufen gehen. Dann siehst du, wie teuer alles ist.*

C *Von wem bekommst du denn die ganze Zeit so viele SMS?*

D *Ich finde es aber langweilig, immer nur am Strand zu liegen.*

Schreiben Sie zu jedem Grund einen kleinen Streitdialog.

Zu **15** 1) ***Derselbe, dasselbe*** **oder** ***dieselbe*****? Ergänzen Sie.**

- Kennst du die Frau?
- Nein, aber es ist ________________[1], die wir gestern schon gesehen haben.
- Sie trägt auch wieder ________________[2] Kleid.
- Bist du sicher? War es gestern nicht rot?
- Hatte sie gestern auch einen Hund dabei?
- Ja, aber es war nicht ________________[3]. Der von gestern war viel größer.
- Also, ich finde sie komisch.
- Es immer ________________[4] mit dir: Du machst dir zu viele Gedanken.

9 2) **Hören Sie und vergleichen Sie Ihre Lösungen in 1).**

Prüfungsvorbereitung

Sprachbausteine, Teil 2
Lesen Sie den Text und schreiben Sie den richtigen Buchstaben (A–O) hinter die Nummern 1–10. Sie können jedes Wort nur einmal verwenden. Nicht alle Wörter passen in den Text.

Sehr ___(1)___ Frau Lindner,

auf der Homepage „Frau und Beruf.de“ habe ich ___(2)___ Angebot für ein Seminar für Frauen, ___(3)___ in den Beruf zurückgehen wollen, gefunden.

Ich bin 36 Jahre alt, ausgebildete Altenpflegerin und ___(4)___ die letzten drei Jahre zu Hause und habe mich ___(5)___ meine Kinder gekümmert.

Jetzt möchte ich gerne ___(6)___ arbeiten. Ich überlege auch, ___(7)___ ich mich vielleicht als Altenpflegerin selbstständig machen ___(8)___.

Bitte schreiben Sie mir, ob man in ___(9)___ Seminar auch Informationen zur Förderung einer selbstständigen Tätigkeit bekommt und wie viel die Teilnahme kosten ___(10)___.

Ich freue mich auf Ihre Antwort.
Mit freundlichen Grüßen, Angelika Bayer

A DEINE	B WÜRDE	C DIE	D WÄRE	E OB
F KÖNNTE	G GEEHRTE	H IHR	I WANN	J IHREM
K UM	L HÄTTE	M WAR	N WIEDER	O VON

1 ☐ 2 ☐ 3 ☐ 4 ☐ 5 ☐ 6 ☐ 7 ☐ 8 ☐ 9 ☐ 10 ☐

Lernwortschatz: von Männern und Frauen

Klischees und Vorurteile

derselbe, dasselbe, dieselbe: Es ist immer dasselbe mit dir ...
sowohl ... als auch: Sowohl Männer als auch Frauen haben ihre Fehler.
entweder ... oder: Entweder das eine oder das andere.
weder ... noch – keins von beiden
dumm: Sind Männer dümmer als Frauen?
das Vorurteil: Das ist ein Vorurteil.
während: Während er sehr ernst ist, bin ich eher ein lustiger Typ.
ernst ≠ lustig

Beziehungen ...

das Postfach: Mein Postfach ist voll.
lächeln: Wenn er lächelt, könnte ich mich in ihn verlieben.
ansprechen: Soll ich ihn ansprechen?
stören (an): Mich stört an meinem Mann, dass er ...
ständig: ... ständig meckert. (= immer)
die Erwartung: Deine Erwartungen an mich sind zu hoch.
die Forderung: Ich kann deine Forderungen nicht erfüllen.
locker: Du bist immer so vernünftig, sei doch mal locker!
die Folge: Das ist eine Folge der Emanzipationsbewegung.

... und Konflikte

der Streit – wenn man streitet
die Eifersucht – Angst, dass es einen anderen / eine andere gibt
darin: Darin liegt vielleicht die Ursache für den Streit.
die Ursache = der Grund
die Aufmerksamkeit – Ich bekomme zu wenig.
geizig: Immer muss ich bezahlen, du bist geizig!
heben: Er hat den Koffer ins Gepäckregal gehoben.
daneben: Deine Tasche liegt daneben.
tolerant: Unsere Nachbarn sind sehr tolerant. Sie beschweren sich nie.
egal: Egal, was passiert.
der Kinderwagen – für das Baby
schieben: Er hat den Kinderwagen geschoben.
männlich: Das sieht sehr männlich aus.
elegant: Der Anzug ist sehr elegant.

Sachlich und objektiv?

die Verantwortung: Wer trägt die Verantwortung?
übernehmen: Sie hat die Verantwortung für die Firma übernommen ...
die Führungsposition: ... und hat jetzt eine Führungsposition.
die Ansage: Mach doch mal eine deutliche Ansage!
missverständlich / ausdrücken: Das habe ich nicht verstanden. Du hast dich sehr missverständlich ausgedrückt.
deutlich ≠ missverständlich
das Urteil: Dein Urteil über ihn ist sehr hart.
sachlich: Ich versuche, sachlich zu sein.
vernünftig: Das ist ja sehr vernünftig, aber ...
das Signal: Du sendest missverständliche Signale aus.
fair: Unser Chef ist immer sehr fair und gerecht.
loben ≠ kritisieren: Er kritisiert nicht nur, er lobt einen auch.
empfinden: Das habe ich anders empfunden.
objektiv: Dazu kann ich nichts sagen. Ich bin nicht objektiv.
angreifen: Sie hat sich sofort angegriffen gefühlt.
das Hindernis: Das sollte kein Hindernis auf dem Weg nach oben sein.
der Misserfolg ≠ der Erfolg
handeln = machen/tun
spontan: Sie hat ganz spontan reagiert.
der Witz: Er erzählt einen guten Witz und alle lachen.
überfallen: Ich bin überfallen worden.
der Charakter: Sie hat einen guten Charakter.

Zu **2** 1) **Schlagzeilen. Welche Erklärung ist richtig? Kreuzen Sie sie an.** 36

1. von Armut betroffen sein
   a) ☐ nicht genug Geld zum Leben haben   b) ☐ traurig sein über die Armut
2. meldepflichtiger Nebenjob
   a) ☐ ein Job, den man anmelden muss   b) ☐ ein Job, den man anmelden kann
3. das Revier aufteilen
   a) ☐ jeder bekommt etwas Geld von den anderen   b) ☐ jeder hat seinen Ortsteil
4. auf staatliche Unterstützung angewiesen sein
   a) ☐ dem Staat Geld zurückgeben   b) ☐ Geld vom Staat brauchen

2) **Welche Zusammenfassung ist richtig?**
Lesen Sie noch einmal die Texte auf S. 36 und kreuzen Sie an. 36

Text 1

a) ☐ Dort, wo es viele Menschen gibt, wird viel weggeworfen, auch Pfandflaschen. Deshalb wollen alle Flaschensammler dort suchen und es gibt Streit.

b) ☐ Wenn viel los ist, gibt es auch viel Müll. Gut, dass es die Flaschensammler gibt, die an Bahnhöfen und nach Großveranstaltungen aufräumen.

Text 2

a) ☐ Wenn man Geld vom Staat bekommt, muss man sagen, dass man Flaschen sammelt und so ein bisschen Geld dazuverdient. Die Arbeitsagentur weiß dann, dass man keine Arbeit mehr braucht.

b) ☐ Flaschensammler, die auch Geld vom Staat bekommen, müssen der Arbeitsagentur sagen, wie viel sie verdienen. Dann wird entschieden, ob man deshalb weniger Geld bekommt.

Text 3

a) ☐ Es gibt viele Rentner/innen, die in ihrem Leben wenig verdient haben und von einer kleinen Rente leben müssen. Wenn sie keine Kinder haben, müssen sie Flaschen sammeln.

b) ☐ Es gibt viele Rentner/innen, die nie viel Geld verdient haben und nun Geld vom Staat brauchen, weil sie von ihrer Rente nicht leben können.

Wählen Sie einen Text aus und beenden Sie die Satzanfänge.
Schreiben Sie die Sätze in Ihr Heft. 36

Ich finde es ..., dass ...
Ich verstehe nicht, warum ...
Es müsste mehr ...
Das ist (nicht) gut/gerecht. Die alten ...

Ich finde es traurig, dass alte Leute Flaschen sammeln müssen.

Zu **4** **Wiederholung: Verben mit Präpositionen.**

1) Die Flaschensammlerin. Lesen Sie die Zusammenfassung und ergänzen Sie die Präpositionen.

Erna Holt hat nur eine kleine Rente. Wie viel Geld sie am Ende des Monats hat, hängt auch ein bisschen ______[1] ihrem Glück ab: Jeden Tag sammelt sie am Ku'damm Flaschen. Sie hat sich __an__ den Dreck in den Abfalleimern gewöhnt, achtet aber ______[2] gefährliche Dinge wie kaputtes Glas, um sich nicht zu verletzen. Sie ärgert sich auch nicht mehr ______[3] Ketchup an den Händen. Denn das kann man ja alles wieder abwaschen. Nach dem Sammeln freut sie sich schon ______[4] eine gute Tasse Kaffee in ihrem Lieblingscafé. Obwohl sie früher immer ______[5] vielen Reisen im Alter geträumt hat, ist sie ein fröhlicher Mensch. Denn sie ist gesund und das findet sie am wichtigsten. Sie musste immer ______[6] ihr Geld aufpassen, denn reich war sie nie. Aber sie macht das Beste daraus und deshalb schämt sie sich nicht ______[7] ihre Situation.

2) Wir gehen in Rente!
Akkusativ (A) oder Dativ (D)? Ergänzen Sie, wenn nötig, auch die Endungen.

- Na, Lisbeth, freust du dich schon auf dein____[1] Lebensabend? ☐
- Ja, aber an die neu____[2] Lebenssituation müssen wir uns erst gewöhnen. ☐
- Das wird bestimmt schön, ihr habt doch immer von ein____ ruhig____[3] Leben geträumt. ☐
- Ob es schön wird, hängt auch von eur____ neu____[4] Tagesablauf ab. ☐
- Ja, und was mache ich jetzt den ganzen Tag? Ich interessiere mich einfach nicht für sein____ langweilig____[5] Hobby. ☐
- Das kenne ich. Ich erinnere mich noch gut an mein____ erste____[6] Tage als Rentnerin. Mir war furchtbar langweilig. ☐

3) Reflexiv oder nicht? Welche Verben mit Präposition sind reflexiv, welche nicht? Ordnen Sie sie in einer Tabelle und schreiben Sie Sätze mit den reflexiven Verben wie im Beispiel.

achten auf • ärgern über • verstehen mit • sprechen über • interessieren für • erinnern an • diskutieren über • engagieren für • treffen mit • verabreden mit • hoffen auf • sorgen für

reflexiv	nicht reflexiv
sich ärgern über	
…	

Ich ärgere mich über die vielen Hausaufgaben.

Zu **8** 1) **Unterstreichen Sie in den Texten auf S. 38 die Wörter a–g. Ordnen Sie jedes Wort einer Beschreibung zu.** 38

a) etwas bereuen • b) das Einkommen • c) der Flüchtling • d) kündigen • e) die Niederlage • f) operiert werden • g) verlassen

1. ☐ Geld, das man jeden Monat bekommt
2. ☐ jemand, der in seiner Heimat nicht mehr leben kann und sie verlässt
3. ☐ wenn ich nicht gewonnen, sondern verloren habe
4. ☐ von einem Land oder einem Menschen weggehen
5. ☐ wenn im Krankenhaus der Körper aufgeschnitten werden muss
6. ☐ man hat etwas getan hat und denkt später, man hätte es lieber nicht getan
7. ☐ eine Wohnung oder einen Beruf aufgeben; man macht es schriftlich

2) **Ordnen Sie die Sätze den Fotos zu.**

A

☐ ☐ ☐ ☐ ☐ ☐

B

☐ ☐ ☐ ☐ ☐ ☐ ☐

1. Erst als sie auf dem Gymnasium ist, kommt auch ihre vietnamesische Familie nach Europa, aber diese lebt in Hamburg und sie zieht zu ihnen nach Deutschland.
2. Sie fühlt sich zwischen Deutschland, Österreich und ihrer Heimatkultur hin- und hergerissen.
3. Mit einem festen Einkommen als Lehrer hatte Albert Dröse eine sichere Zukunft.
4. Er hat seine Entscheidung nie bereut, aber im Moment weiß er noch nicht, wie es weitergehen soll.
5. Nach einer Flucht in einem Boot kommt Hoa als Kind in eine österreichische Familie.
6. Sie freut sich über das Wiedersehen, vermisst aber auch ihre Pflegefamilie.
7. Aber dann wurde er krank und konnte nicht mehr auftreten.
8. Aber weil er einen Traum hatte, gab er seinen Beruf auf.
9. Sie fühlt sich dort wohl und lernt sehr schnell Deutsch.
10. Danach geht es ihr besser.
11. Er wurde Clown und arbeitete sechs Jahre in einem Zirkus.
12. Später lernte er eine russische Tänzerin kennen und machte sich mit ihr selbstständig.
13. Als sie 18 ist, geht sie zurück nach Österreich und eröffnet ein vietnamesisches Restaurant.

3) **Bringen Sie die Sätze in die richtige Reihenfolge und schreiben Sie die Texte in Ihr Heft.**

Wie stellen Sie sich das Leben von Albert Dröse als Lehrer vor? Schreiben Sie einen Text.

Zu **9** 1) **Über die Zukunft sprechen. Lesen Sie die Antworten und ergänzen Sie eine passende Frage.**

1. ____?

In zehn Jahren? Ich weiß noch nicht, ich habe keine festen Pläne.

2. ____?

Dass ich gesund bleibe. Das ist das Wichtigste. Aber erfolgreich möchte ich auch sein.

3. ____?

Ja, sicher. Mein größter Traum ist es, irgendwann eine Weltreise zu machen.

4. ____?

Ich will auf jeden Fall noch Vater werden. Erfolg im Büro ist ja ganz schön, aber ich will auch eine Familie haben.

10 2) **Hören Sie und vergleichen Sie Ihre Lösungen aus 1).**

Zu **10** **Was wird er oder sie später machen? Schreiben Sie Sätze wie im Beispiel.**

Rennen fahren • als Model viel Geld verdienen • hohe ~~Häuser~~ bauen • Medizin studieren • tolle Bilder malen • einen großen Garten haben

1. 
2. 
3. 
4. 
5. 
6. 

1. Sie wird bestimmt einmal hohe Häuser bauen.

Zu **11** **Sie sind sich fast sicher. Hören Sie die Sätze und antworten Sie wie im Beispiel.**

11

Warum ist Bernd denn immer noch nicht da? ➤ er/noch im Stau stehen

er/gleich da sein • sie/wieder keine Zeit haben • sie/schon schlafen • du/das schon machen

Er wird noch im Stau stehen.

Zu **13** **1) Wie stellen Sie sich Ihr Leben vor, wenn Sie alt sind? Beantworten Sie die Fragen und schreiben Sie Sätze mit *werden*.**

1. Wo und mit wem werden Sie leben?

   ____

2. Wie werden Sie sich fit halten?

   ____

3. Werden Sie genug Geld haben?

   ____

4. Wer wird Sie unterstützen?

   ____

5. Was wollen Sie auf keinen Fall machen?

   ____

2) Ab morgen ... Schreiben Sie Sätze wie im Beispiel.

Ab morgen werde ich nicht mehr rauchen.

Prüfungsvorbereitung

12

Hörverstehen, Teil 4 (DTZ)
Sie hören vier Aussagen zu einem Thema. Welcher der Sätze a–f passt zu den Aussagen 1–4? Markieren Sie Ihre Lösungen für die Aufgaben 1–4 auf dem Antwortbogen.
Lesen Sie jetzt die Sätze a–f. Dazu haben Sie eine Minute Zeit. Danach hören Sie die Aussagen.

Antwortbogen

Aussage 1
☐ a ☐ b ☐ c ☐ d ☐ e ☐ f

Aussage 2
☐ a ☐ b ☐ c ☐ d ☐ e ☐ f

Aussage 3
☐ a ☐ b ☐ c ☐ d ☐ e ☐ f

Aussage 4
☐ a ☐ b ☐ c ☐ d ☐ e ☐ f

a) Die Vorstellung wäre furchtbar, denn ich liebe es, mit dem Auto zu fahren.
b) Ich müsste jeden Tag viel früher losfahren als jetzt.
c) Dann sind die Städte gar keine richtigen Städte mehr. Mir würde etwas fehlen.
d) Keiner müsste mehr einen Parkplatz suchen.
e) Das Leben in den Städten wäre viel schöner.
f) Die Autoindustrie ist ein wichtiger Wirtschaftsfaktor.

Lernwortschatz: Wie das Leben so spielt.

Was ist Armut?

aufteilen: Ist das Geld gerecht aufgeteilt?
die Armut: Er lebt in Armut ...
die Unterstützung: ... und bekommt Unterstützung vom Staat.
das Pfand, die Höhe: Die Höhe des Pfands hängt von der Art der Flasche ab.
der Kunststoff: Manche Flaschen sind aus Kunststoff.
sich schämen: Er schämt sich für sein altes Auto.
sich gewöhnen: Sie hat sich an den Dreck gewöhnt.
der Dreck: Hier liegt viel Dreck und Müll.
der Ketchup: Hmm – Nudeln mit Ketchup.
der Duft – wenn etwas gut riecht

Amtssprache

der Nebenjob: Ihr Nebenjob ist nicht angemeldet.
die Einnahme, etwas angeben: Die Einnahmen müssen Sie angeben.
abziehen: Sie werden von der Unterstützung abgezogen.
das Einkommen – Wie hoch ist es?
der Sachbearbeiter / die Sachbearbeiterin
angestellt sein: Ich bin als Sachbearbeiter bei der Stadt angestellt.
kündigen: Kündige doch, wenn dir die Arbeit nicht gefällt.
die Verwaltung: Meine Mutter arbeitet in der Verwaltung.
arbeitslos sein, öfters: Sie waren schon öfters arbeitslos.
die Erlaubnis: Ich habe keine Arbeitserlaubnis.

Noch mehr Berufe

der Clown, der Zirkus: Er arbeitet als Clown im Zirkus.
der/die Näher/in: Sie ist Näherin und hat mein Kleid gemacht.
operieren: Der Arzt operiert das Gelenk.
der Reporter/die Reporterin, nachfragen: Die Reporter fragen noch einmal nach, ob es stimmt.

Lebenslinien

die Linie: Die Linie ist unterbrochen.
die Niederlage – wenn man verliert
etwas spüren: Spürst du den Wind?
sich wohlfühlen = sich gut fühlen
weitergehen: Das Leben geht weiter.
gepflegt aussehen: Sie sah immer sehr gepflegt aus.
der Daumen / blättern: mit dem Daumen durchs Buch blättern

Flüchtling sein

bereuen: Ich habe es nie bereut, dass ich weggegangen bin.
verbinden, die Wurzel, ausländisch: Es ist nicht einfach, meine ausländischen Wurzeln mit dem Leben hier zu verbinden.
verlassen: Ich habe meine Heimat verlassen. – Wann?
ungefähr: Vor ungefähr zehn Jahren.
vorhaben: Ich habe vor, in meine Heimat zurückzugehen, wenn ich alt bin.

Nicht genau wissen

vermuten: Ich vermute, sie kommt nicht aus Österreich.
wahrscheinlich: Seine Eltern sind wahrscheinlich schon losgefahren.

In Zukunft

der Parkplatz: Ohne Autos brauchen wir keine Parkplätze mehr.
die Solaranlage: In 25 Jahren wird es auf jedem Dach eine Solaranlage geben.
elektronisch: Alles wird elektronisch funktionieren.
das Display: Der Kühlschrank wird ein Display haben und ...
blinken: ... wenn das Licht blinkt, musst du ...

Übungen ▸ Das Ende der Mauer

Zu **2** **Erinnerungen – mein wichtigstes Jahr. Schreiben Sie einen kurzen Text zu folgenden Fragen:**

Das Jahr ... war für mich ...
In diesem Jahr ...
Ich erinnere mich noch genau daran, ...
Besonders schön war ...
Leider ...
Ich werde dieses Jahr nie vergessen, weil ...

Zu **3** 1) **Finden Sie in den Texten auf Seite 47 passende Nomen zu diesen Verben.** 47

1. demonstrieren
2. regieren
3. viele fliehen
4. bauen
5. versuchen zu fliehen
6. wiedervereinigen
7. für den Frieden beten
8. frei reisen
9. zählen

1. demonstrieren – die Demonstranten, die Demonstration

2) **Lesen Sie die Texte auf Seite 47 noch einmal in der richtigen Reihenfolge und kreuzen Sie an.**

	richtig	falsch
1. Im August 1969 beginnt der Bau der Berliner Mauer. Die Stadt wird geteilt.	☐	☐
2. Mehr als 136 Menschen sterben bei Fluchtversuchen aus der DDR.	☐	☐
3. Im Sommer 1989 fliehen viele DDR-Bürger über die Botschaften in Prag und Warschau aus der DDR.	☐	☐
4. Über Ungarn reisen sie direkt in die BRD aus.	☐	☐
5. Am Montag, den 4.9.1989 wird in Leipzig für Reisefreiheit, mehr Demokratie und Meinungsfreiheit demonstriert.	☐	☐
6. Seit dem 4. September gibt es in verschiedenen Städten nun jeden Montag Demonstrationen.	☐	☐
7. Am 9.11.1989 fällt die Mauer und die DDR-Bürger können jetzt über die Grenze gehen.	☐	☐
8. Erst drei Jahre später kommt es zur Wiedervereinigung von Ost- und Westdeutschland.	☐	☐

Zu 7 Eine DDR-Bürgerin erzählt. Ergänzen Sie *nach*, *nachdem*, *während* oder *seit*.

„Die Mauer gehört zu meiner Erinnerung. ______________[1] ich auf die Welt gekommen war, hatte es die Grenze zwischen Ost- und Westdeutschland gegeben. Aber dann ging alles ganz schnell: In nur einem Jahr ist plötzlich alles anders geworden. ______________[2] am 9. November 1989 die Mauer gefallen war, haben wir schon am 3. Oktober 1990 die Wiedervereinigung gefeiert. ______________[3] dieser elf Monate hat sich fast alles in unserem Land verändert. ______________[4] dem 9. November 1989 sind viele Dinge, von denen wir früher nur geträumt hatten, ganz einfach: Wir können ins Ausland reisen und es gibt fast alles zu kaufen. Aber an vieles musste man sich auch erst gewöhnen. ______________[5] der Wende* musste ich das Leben in der neuen Bundesrepublik erst lernen. ______________[6] ich immer noch in Ostmark** rechnete, wurde in den neuen Bundesländern die D-Mark eingeführt. Aber auch andere Dinge waren seltsam: ______________[7] alle so lange sehr vorsichtig mit ihrer Kritik am Staat gewesen waren, wurde plötzlich überall offen über Politik diskutiert. Heute, bald 25 Jahre später, bin ich erstaunt, dass es immer noch Unterschiede zwischen West- und Ostdeutschland gibt."

* die Wende = der Wechsel, hier die Zeit des Mauerfalls   ** die Ostmark = das Geld der DDR

Zu 8 Sprachschatten. Hören Sie und sprechen Sie wie im Beispiel.

13

Nach dem Essen gehe ich ins Schwimmbad.

Was? Nach dem Essen gehst du ins Schwimmbad?

Zu 9 Angelika Unterlauf.

1) Was hat Angelika Unterlauf am 9. November 1989 gemacht? Kreuzen Sie an.

A ☐ Sie hat die Nachrichten vorgelesen.   B ☐ Sie ist nach Westberlin gefahren.

Wer ist … Angelika Unterlauf?

Am 9. November 1989 las Angelika Unterlauf als Nachrichtensprecherin des DDR-Fernsehens um 19:30 Uhr die Meldung zur neuen Reiseregelung vor. Nur kurze Zeit später standen viele Menschen an den Grenzübergängen. Das war der Beginn des Mauerfalls.

2) Ein Interview mit Angelika Unterlauf. Lesen Sie die Fragen und ordnen Sie die passenden Antworten zu.

1. ☐ War Ihnen klar, was Sie da vorlasen?
2. ☐ Wann haben Sie verstanden, was das bedeutete?
3. ☐ Hatten Sie in dieser Nacht Angst um Ihren Job?
4. ☐ Die SED[1] kontrollierte alle DDR-Medien, auch die „Aktuelle Kamera". Sind Ihnen nie Zweifel an den Nachrichten gekommen?
5. [a] Fühlen Sie sich heute schuldig?

a. Diese Hypothek[2] trage ich mit mir. Damals konnte ich sagen: „Ich lese die Nachrichten nur vor, ich habe sie nicht geschrieben." Heute sehe ich das anders.
b. Nicht in dem Moment. Die Kollegen haben mir die Nachricht während der Sendung gegeben. Ich konnte sie vorher nicht mehr lesen. Zum Glück habe ich mich damals nicht versprochen. Die Sendung wird ja heute noch wiederholt.
c. Nach der Sendung bin ich mit dem Auto am Grenzübergang an der Bornholmer Straße vorbeigefahren. Dort standen die Leute Schlange. Da wurde mir klar: Jetzt ist die Mauer offen. Ich saß dann die ganze Nacht zu Hause vor dem Fernseher.
d. Nein. Ich war froh, dass wir endlich etwas Wichtiges zu sagen hatten. Vorher war nur der Wetterbericht wirklich spannend.
e. Doch. Aber ich hatte Angst vor der Regierung. Als alleinerziehende Mutter mit zwei Kindern habe ich meinen Job gemacht, um Geld zu verdienen.

1 Sozialistische Einheitspartei Deutschlands (Regierungspartei der DDR) 2 die Hypothek = die Schuld

3) Lesen Sie den Text aus 1) und das Interview noch einmal und beantworten Sie die Fragen. 101

1. Wer ist Angelika Unterlauf?
2. Was hat Angelika Unterlauf am 9. November 1989 gemacht?
3. Angelika Unterlauf hatte in dieser Nacht keine Angst. Was hat sie gefühlt?
4. Aber sie hatte früher Angst. Wovor?
5. Was sieht sie heute anders?

1. Angelika Unterlauf war Nachrichtensprecherin ...

Zu **12** **1) Textdetektive. Lesen Sie den Text auf Seite 50 und finden Sie alle Nomen zum Thema Kultur. Ergänzen Sie die Pluralformen und Artikel.** 50

2) Welche Wörter kannten Sie noch nicht? Lernen Sie die Wörter mit Artikel und Plural.

Schreiben Sie einen Werbetext für eine kulturelle Veranstaltung.

Zu **13** **Der Autor Thomas Brussig.**
Lesen Sie den Text und ergänzen Sie den Steckbrief.

Name: ______________________

Wohnort: ______________________

Familienstand: ______________________

Beruf heute: ______________________

Themen: ______________________

Thomas Brussig wurde 1965 in Ostberlin geboren. Nachdem er im Jahr 1984 sein Abitur gemacht hatte, arbeitete er zuerst in unterschiedlichen Berufen (Tellerwäscher, Reiseleiter ...). 1990 begann er ein Soziologie-Studium, das er aber nicht beendete. Seit 1995 arbeitet er als freier Schriftsteller. Seine beiden Romane *Helden wie wir* (1995) und *Am kürzeren Ende der Sonnenallee* (1999) sind Romane über das Leben in der DDR und zur Zeit der Wende. Beide Romane kommen auch als Filme ins Kino. Aber Thomas Brussig interessiert sich nicht nur für die DDR und die Wende. Er schreibt zum Beispiel auch Theaterstücke über Fußball. Heute lebt Thomas Brussig zusammen mit seiner Frau und seinen Kindern in Berlin und Mecklenburg. Für das Musical *Hinterm Horizont* hat er das Buch geschrieben.

Zu **14** 1) **Karaoke. Hören Sie Rolle 1 und sprechen Sie Rolle 2.**

14

Rolle 1: ...
Rolle 2: Ja, guten Tag. Ich würde gern Karten für das Musical „Hinterm Horizont" kaufen. Gibt es noch Tickets für den 26. März?
Rolle 1: ...
Rolle 2: Haben Sie noch Karten zum mittleren Preis? Und gibt es da noch Plätze in der Mitte?
Rolle 1: ...
Rolle 2: Die nehme ich gerne. Ich brauche vier Karten.
Rolle 1: ...
Rolle 2: Mein Name ist Vilani. Meine Kreditkartennummer ist die 8567 4356 307 und ich habe eine Visa-Karte.
Rolle 1: ...
Rolle 2: Noch bis August 2015. Können Sie mir die Karten zuschicken oder muss ich sie an der Kasse abholen?
Rolle 1: ...

2) **Variieren Sie die Textteile in Rot.**

Theaterstück • Konzert • günstigen • teuren

Prüfungsvorbereitung

Sprachbausteine, Teil 1
Lesen Sie den folgenden Text und kreuzen Sie für jede Lücke das richtige Wort (a, b oder c) an.

___1___ Peter,
nun bin ich endlich ___2___ Berlin gefahren. Berlin ist ___3___! Ich habe schon eine Stadtrundfahrt gemacht und sehr viel gesehen. Es ist unglaublich, wie viele historische Plätze es hier gibt. Besonders interessiert hat mich die deutsch-deutsche Geschichte. Deshalb bin ich ___4___ ins Museum am Checkpoint Charlie gegangen. Ich musste lange warten, um in das Museum zu ___5___. Aber es hat sich gelohnt. Am besten haben ___6___ die vielen Ausstellungsstücke dort gefallen, so kann man zum Beispiel ein echtes Fluchtauto sehen. Es gibt auch viele Filme, Bilder und andere Dokumente ___7___ der Zeit der Mauer.

Aber Berlin ist auch eine Stadt, in der man viel erleben kann, denn es gibt hier tolle Kneipen, Kinos und Theater. Am letzten Tag bin ich einkaufen gegangen. Hier findet man wirklich alles: kleine Geschäfte, ___8___ lustige Dinge verkaufen, und riesige Kaufhäuser, wie zum Beispiel das berühmte KaDeWe. Das KaDeWe ist das ___9___ Kaufhaus in Westeuropa. ___10___ Kaufhaus ist bekannt für seine Luxusartikel. Wir müssen unbedingt einmal zusammen nach Berlin fahren!

Viele Grüße und bis bald,
Tom

1. a) ☐ Liebe
   b) ☐ Lieber
   c) ☐ Liebes

2. a) ☐ zu
   b) ☐ nach
   c) ☐ in

3. a) ☐ wunderbare
   b) ☐ wunderbares
   c) ☐ wunderbar

4. a) ☐ zuerst
   b) ☐ vorher
   c) ☐ bevor

5. a) ☐ gekommen
   b) ☐ kommt
   c) ☐ kommen

6. a) ☐ ich
   b) ☐ mich
   c) ☐ mir

7. a) ☐ aus
   b) ☐ über
   c) ☐ auf

8. a) ☐ den
   b) ☐ die
   c) ☐ das

9. a) ☐ größte
   b) ☐ größere
   c) ☐ am größten

10. a) ☐ Dieser
    b) ☐ Dieses
    c) ☐ Diese

Lernwortschatz: Grenzen und Mauern – Liebe und Musik

Historisches

historisch: Der 9. November ist ein historischer Tag.
das Ereignis: Der Mauerfall war ein wichtiges Ereignis für Deutschland.
die Revolution: Der Fall der Mauer war eine Revolution.
die Zone: Deutschland bestand aus vier Zonen.
ausreisen: Man konnte nicht aus der DDR ausreisen.
fliehen: Viele Menschen sind geflohen.
die Flucht: Es kam zu einer Massenflucht.
der Druck: So wurde der Druck immer größer.
der Versuch: Gib mir noch einen Versuch.
das Gebet: In der Kirche sprechen Menschen Gebete.
vereinigen: Am 3.10.1990 werden die DDR und die BRD wiedervereinigt.
gleichzeitig: Ich mache oft zwei Dinge gleichzeitig.
der Zeitpunkt: Der Zeitpunkt ist gut, um eine Pause zu machen.
der Zweifel: Das soll stimmen? Da habe ich meine Zweifel ...
kaum = fast nicht: ... das kann ich kaum glauben.
der Wahnsinn: Wahnsinn! Das hätte ich nie gedacht.

Politisches

die Grenze: Zwischen Ländern gibt es Grenzen.
entlang: Die Mauer verläuft entlang der Grenze.
kontrollieren: An der Grenze wurden wir kontrolliert.
der Präsident/die Präsidentin: Frankreich wählt einen neuen Präsidenten.
die Macht: Die Bürger kommen an die Macht.
der Bürger: Die Bürger der DDR forderten Reisefreiheit und Gerechtigkeit.
die Demonstration: Auf Demonstrationen forderten die Menschen mehr Demokratie.
der Demonstrant/die Demonstrantin: Die Demonstranten auf der Straße ...
friedlich: ... demonstrierten friedlich.
die Botschaft: Wenn ich im Ausland lebe und einen neuen Pass brauche, gehe ich zur Botschaft.
beraten: Über die Wiedervereinigung Deutschlands wurde lange beraten.
zustimmen ≠ ablehnen: Am Ende hat man dem Vorschlag zugestimmt.
offiziell: Seit dem 3.10.1990 ist Deutschland offiziell wieder ein Staat.

Musikalisches

das Musical: Das Musical ist ein Riesenerfolg.
der Star: Madonna ist ein Star.
die Liebe: Liebe ist größer als Hass.
scheitern: Aber ihre Liebe ist gescheitert.
der Hit: „Andrea Doria“ war Lindenbergs erster Hit, ...
weitere/s/r: ... es folgten noch viele weitere Erfolge.

Sprachliches

der Vortrag: Ich habe gestern einen Vortrag über Popstars gehört.
einen Vortrag halten: Morgen muss ich einen Vortrag halten.
als nächstes: Als nächstes spreche ich über Udo Lindenberg.
als letztes: Als letztes spreche ich über den Erfolg des Musicals.
sortieren: Sie hat zuerst alle Informationen sortiert.
abwechselnd: Die beiden sprechen abwechselnd.
der Stapel: Vor ihr liegt ein Stapel mit Karten.
falten: Falte den Zettel und gib ihn weiter.

Tipp

Lernen Sie Wörter nach Wortfamilien:
z. B. *demonstrieren – die Demonstration – der Demonstrant/die Demonstrantin*

Übungen ▸ Produktwege

Zu **1** 1) **Wortfeld Kleidung. Trennen Sie und ergänzen Sie zu jedem Wort den Artikel und die Pluralform.**

hoseschuhkleidanzugjeansrockhemdstiefelblusepullovermantelschalbadehosebadeanzughandtaschekrawattet-shirt

2) **Woraus ist das? Ordnen Sie zu und schreiben Sie.**

Baumwolle • Gold • Leder • Metall • Kunststoff

Die Stiefel sind aus …

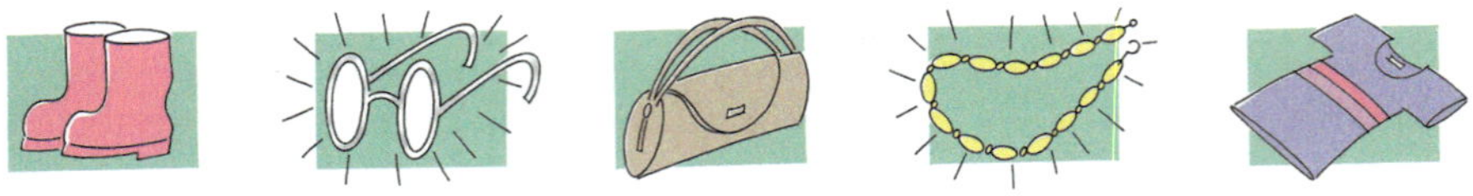

Wo wurden die Sachen hergestellt? Was vermuten Sie? Wählen Sie drei Produkte aus.

Ich denke, die Tasche wurde in Italien hergestellt.

Zu **2** **Richtig oder falsch? Lesen Sie noch einmal den Artikel auf Seite 56 und kreuzen Sie an.** 56

	richtig	falsch	nicht im Text
1. Fast alle Schuhe in Europa werden nicht in dem Land hergestellt, in dem sie verkauft werden.	☐	☐	☐
2. China produziert 98 Prozent aller Schuhe.	☐	☐	☐
3. In Deutschland gibt es keine Firmen, die Schuhe exportieren.	☐	☐	☐
4. Was nicht in der EU produziert wird, ist oft viel billiger.	☐	☐	☐

Zu **3** **Wiederholung Passiv. Schreiben Sie die Zusammenfassung ins Passiv.**

1. Zuerst zeichnen ~~die Designer~~ in Europa das Design für das T-Shirt.
2. Dann bestellen ~~die Auftraggeber~~ die Baumwolle in Kenia.
3. In China machen ~~die Arbeiterinnen~~ aus der Baumwolle einen Faden.
4. Dann nähen ~~die Näherinnen~~ das T-Shirt in Bangladesch.
5. In den Fabriken dort kämpfen ~~sie~~ für bessere Arbeitsbedingungen.
6. In Deutschland verkaufen ~~die Discounter~~ das T-Shirt für nur 4,95 Euro.
7. Am Ende werfen ~~die Besitzer~~ das T-Shirt oft in einen Altkleidercontainer.
8. Dann schickt es ~~das Rote Kreuz~~ vielleicht nach Afrika.

Zuerst wird in Europa das Design für das T-Shirt gezeichnet.

Zu **5** 1) **Arbeitswelten und Produktionswege. Finden Sie die 11 fehlenden Begriffe.**

1. Dort wird etwas hergestellt.
   die Fabrik
2. Wenn etwas ins Ausland verkauft wird.
   ____
3. Das Geld, das man für seine Arbeit bekommt.
   ____
4. Wie gearbeitet wird. (Dauer, Ort, Luft, Wetter usw.)
   ____
5. Etwas herstellen.
   ____
6. Das, was hergestellt wird.
   ____
7. Die Person, die etwas kauft.
   ____
8. So wird Nr. 7 auch genannt. Fängt mit V an.
   ____
9. Wenn man etwas überprüft, macht man eine …?
   ____
10. Billiger Laden.
    ____
11. Das sind Regeln, die man einhalten muss.
    ____
12. Wenn man länger oder am Wochenende arbeitet.
    ____

D	S	T	A	U	T	M	P	N	P	O	D
F	A	B	R	I	K	P	R	T	R	A	I
D	N	W	B	P	G	X	O	T	O	E	S
A	M	S	E	O	T	N	D	W	D	N	C
W	A	N	I	X	L	S	U	P	U	A	O
D	T	P	T	N	O	P	Z	M	K	X	U
V	O	R	S	C	H	R	I	F	T	E	N
E	N	X	B	T	N	P	E	U	P	G	T
R	A	W	E	D	A	S	R	T	K	N	E
B	T	O	D	N	P	M	E	D	O	A	R
R	G	P	I	X	G	T	N	P	N	T	W
A	N	M	N	O	A	W	S	A	T	P	E
U	O	D	G	W	U	S	D	O	R	N	X
C	T	K	U	N	D	E	T	S	O	A	P
H	N	G	N	P	G	W	A	N	L	T	O
E	W	T	G	X	T	S	P	W	L	P	R
R	D	M	E	H	R	A	R	B	E	I	T
O	U	N	N	W	G	X	A	N	S	W	P

15

2) **Ein Gespräch mit einer Textil-Designerin. Hören Sie das ganze Interview. Worum geht es? Kreuzen Sie an.**

A ☐ Beate Hübner erzählt, warum sie ihren Beruf gewählt hat und welche Vorteile er hat.

B ☐ Beate Hübner erzählt, wie Kleidung entwickelt und produziert wird und welche Probleme es dabei gibt.

16

3) Hören Sie das Interview Stück für Stück und lösen Sie die Aufgaben.

▸ Abschnitt 1: Wer hat das gesagt? Hören Sie und ordnen Sie zu.

a) die Reporterin　　b) Frau Hübner

1. ☐ Im Moment hört man in den Medien viel über die Discounter und über ihre Rolle in der Textilbranche.
2. ☐ Am Ende weiß man nicht mehr, was man eigentlich glauben soll.

17

▸ Abschnitt 2: Was wird gemacht? Bringen Sie die Schritte in die richtige Reihenfolge.

a) ☐ das Design am Computer zeichnen
b) ☐ mit den Einkäufern über den Produktionsort sprechen
c) 1 ein Thema für das Produkt vorschlagen
d) ☐ Stoffe und Farben auswählen
e) ☐ Trends recherchieren

18

▸ Abschnitt 3: Richtig, falsch oder nicht im Text? Hören Sie und kreuzen Sie an.

	richtig	falsch	nicht im Text
1. Wegen der niedrigen Löhne soll in Bangladesch produziert werden.	☐	☐	☐
2. Die passende Fabrik soll von Frau Hübner gesucht werden.	☐	☐	☐
3. Für ein Zertifikat müssen bestimmte Bedingungen erfüllt werden.	☐	☐	☐
4. Kinder unter 12 Jahren dürfen nicht eingestellt werden.	☐	☐	☐
5. Das muss auch kontrolliert werden.	☐	☐	☐
6. Diese Kontrollen dürfen nicht angekündigt werden.	☐	☐	☐

19

▸ Abschnitt 4: Welche Aussage ist richtig? Hören Sie und kreuzen Sie an.

A ☐ In Bangladesch müssen Kinder unter sehr schlechten Bedingungen arbeiten, weil die Fabriken sich nicht um sie kümmern.
B ☐ In Bangladesch müssen Kinder unter sehr schlechten Bedingungen arbeiten, weil die Löhne ihrer Eltern nicht zum Leben reichen.

20

▸ Abschnitt 5: Über welche Themen wird hier gesprochen? Markieren Sie.

die Arbeitslöhne • die Arbeitsbedingungen in den Fabriken • Kinderarbeit • das Bild der Discounter in den Medien • die Werbung • das Kaufverhalten der Kunden • die Kampagne saubere Kleidung • lange Arbeitszeiten • Preise • das Wetter

Zu **6** 1) **Wiederholung Passiv im Präteritum. Textilproduktion heute und früher. Schreiben Sie Passivsätze wie im Beispiel.**

1. Heute reist ein T-Shirt um die halbe Welt –
das T-Shirt / nur in Deutschland produzieren
Früher wurde das T-Shirt nur in Deutschland produziert.

2. Heute werden große Maschinen benutzt. –
vieles / per Hand nähen
____

3. Heute werden viele Kunststoffe eingesetzt –
vor allem natürliche Stoffe / benutzen
____

4. Heute wird die meiste Kleidung in großen Kaufhäusern verkauft –
in Fachgeschäften / einkaufen
____

2) **Es wird demonstriert! Lesen Sie die Transparente und schreiben Sie Forderungen. Benutzen Sie das Passiv mit *müssen*, *(nicht) dürfen*.**

1. Die Gebühren senken!

2. Am Wochenende nicht lernen!

3. Die Kursräume renovieren!

4. Mehr Lehrer beschäftigen!

5. Bibliotheken nicht schließen!

Die Gebühren müssen gesenkt werden.

Lesen Sie die Sätze in Übung 5, Abschnitt 3 noch einmal und unterstreichen Sie die Passivformen. Schreiben Sie mit diesen Formen neue Sätze. 108

Beispiel: 1. soll produziert werden ► Kleidung soll „sauber“ produziert werden.

Zu **9** **Kaputt, schmutzig, zu groß? Schreiben Sie Sätze mit *lassen*.**

Mein Hund hat zu lange Haare.
Ich lasse sie schneiden.

Übungen ▸ Produktwege

Zu **11** 1) **Wer ist für das Kaufhaus, wer für das Internet? Lesen Sie noch einmal die Texte auf S. 60 und sortieren Sie die Namen.**

2) **Lesestrategie: Schlüsselwörter finden. Ergänzen Sie.**

60

1. 22 Milliarden werden ausgegeben / Wo? *im Internet*
2. in der Krise sein / Wer? ______

Horst: Es lohnt sich nicht / Was? ______

Uschi: Das macht einfach Spaß! / Was? ______

Preisfuchs: Ich kann in Ruhe vergleichen. / Wo und was? ______

Feline: Das ist einfach praktisch. / Was? ______

Mausi: Das geht gar nicht. / Was? ______

Klausi: Ich finde im Internet auch Artikel ... / Woher? ______

Zu **13** ***Nicht ..., sondern ...*** **Erwins Einkaufsgewohnheiten. Schreiben Sie Sätze wie im Beispiel.**

1. Lebensmittel – im Supermarkt / beim Discounter
2. Obst – im Supermarkt / auf dem Markt
3. Gemüse – frisch / als Tiefkühlprodukt
4. Kleidung – neu / gebraucht
5. Bücher – in der Buchandlung / im Internet
6. Bahntickets – am Schalter / am Automaten

Er kauft seine Lebensmittel nicht im Supermarkt, sondern beim Discounter.

Prüfungsvorbereitung

Liebe/r ...

na, wie geht es dir? Ich hoffe gut, so wie mir. Ich habe ein paar Neuigkeiten. Erstens: Ich bin jetzt mit Susana zusammen und wir haben uns eine gemeinsame Wohnung gesucht. Zweitens: Ich habe ein Ticket für eine Reise nach Deutschland gewonnen und nun will ich dich endlich mal besuchen. Ich habe im Mai frei, hast du da Zeit? Wäre es okay für dich, wenn Susana mitkommen würde? Sie interessiert sich sehr für andere Länder und liebt es einzukaufen. Was für Geschäfte gibt es denn so bei euch und wie sind die Preise? Was kann man in Deutschland gut einkaufen?

Ich freue mich auf deine Antwort.

Liebe Grüße, Dein José

Antworten Sie auf die E-Mail. Schreiben Sie,

- dass Sie sich über einen Besuch freuen würden.
- dass es kein Problem ist, wenn Susana mitkommt.
- was man in Deutschland besonders gut einkaufen kann und wie die Preise sind.
- wann Sie Zeit haben.

Lernwortschatz: Produktion und Handel

Was und wo wird produziert?

untersuchen – etwas genau angucken
der/die Verbraucher/in = Kunde/Kundin
die Baumwolle: Das T-Shirt ist aus 100% Baumwolle.
der Faden: Da hängt ein Faden aus der Jacke.
nicht ..., sondern ...: Sie ist nicht aus Stoff, sondern aus Leder.
das Leder: Meine Stiefel sind aus Leder.
entwickeln: Das Design wurde in Italien entwickelt, ...
herstellen: sie wurden in Polen hergestellt
importieren: ... und dann nach Österreich importiert.
die Produktion: Die Produktion wurde gesteigert.
der Umsatz: Das Unternehmen hat gute Umsätze gemacht.
beteiligen: Wir wurden am Gewinn beteiligt.
die Milliarde = 1 000 000 000
preiswert = billig, günstig
der Container: Am Ende kamen die Sachen in den Altkleider-Container.
die Qualität: Die Sachen sind von guter Qualität.
verbessern: Das kann man doch noch verbessern.

Wie wird produziert?

scheinen: Es scheint dir gut zu gehen.
die Arbeitsbedingung: Hier sind die Arbeitsbedingungen sehr gut.
der Lohn / erhöhen: Der Lohn sollte erhöht werden.
die Kritik: Es gibt viel Kritik an den Firmen.
auffordern: Ich fordere Sie auf, das zu tun.
die Forderung / unterstützen: Wir müssen diese Forderungen unterstützen.
die Wirkung: Die Kritik hatte gar keine Wirkung, alles blieb wie es war.
Mehrarbeit – wenn man länger arbeitet
beschäftigen: Wie viele Arbeitnehmer sind hier beschäftigt?
schätzen: Ich schätze, es sind 200 – oder so.
dazukommen: Dann kamen noch 100 dazu.
zurzeit = jetzt
aktuell: Aktuell sind es mehr als 300, ...
die Fabrik: ... die in der Fabrik arbeiten.
einstellen: Es werden auch keine mehr eingestellt.
das Verbot – wenn man etwas nicht darf
die Vorschrift = die Regel
beachten: Diese Vorschriften müssen beachtet werden.
akzeptieren: Kannst du das nicht akzeptieren?
gefährlich: Es kann sonst gefährlich werden.
der Tod: Der Unfall hat zu seinem Tod geführt.

Mode- und Einkaufswelten

schick (D): Das sind aber schicke Jeans!
der Sand: Ich war am Strand, jetzt habe ich Sand ...
die Badehose: ... in der Badehose.
der Bikini / der Badeanzug – 2 Teile / 1 Teil
die Auswahl: Hier gibt es eine große Auswahl ...
die Umkleidekabine – hier probiert man etwas an
der Kommentar: Bitte, spar dir deinen Kommentar und sag nichts.
die Strumpfhose: Meine Strumpfhose ist kaputt.
hinschauen: Ach, da schaut keiner so genau hin.

Online einkaufen?

die Daten – müssen gesichert werden
das Symbol – das Zeichen
erkennen: Daran erkennst du, dass die Seite sicher ist.
der Artikel = die Sache, das Produkt
ungeöffnet: Wenn der Artikel noch ungeöffnet ist, kannst du ihn zurückschicken.
die Ausnahme: Das ist vom Umtausch ausgeschlossen, aber wir machen eine Ausnahme.
die Versandkosten: Musst du auch Versandkosten zahlen?

Zu **2** 1) **Was ist das? Lesen Sie und lösen Sie das Kreuzworträtsel. Ergänzen Sie Definitionen für die Wörter 2, 4 und 8.**

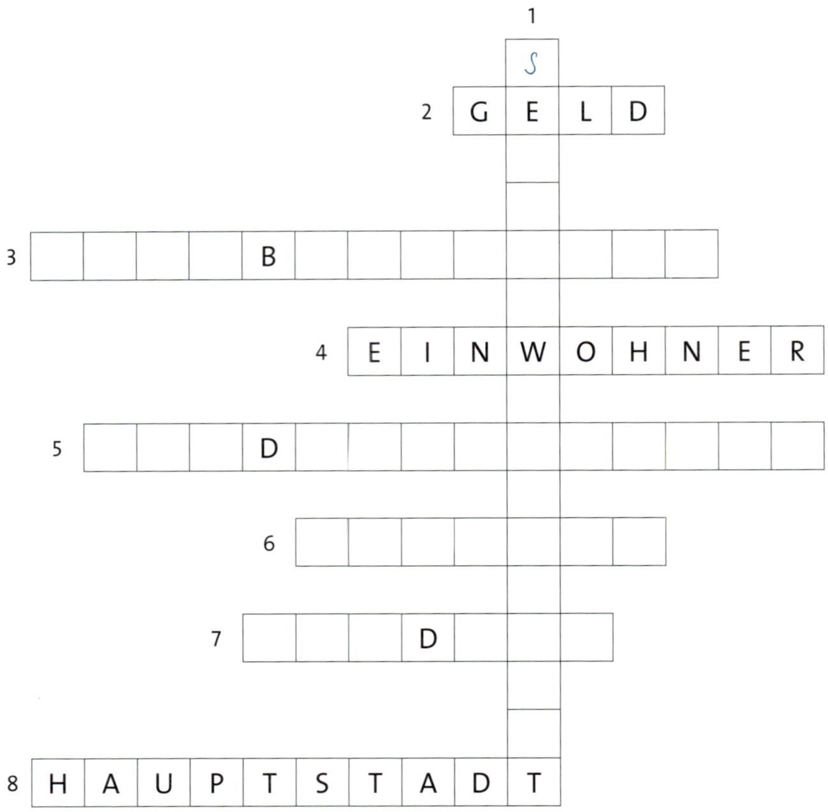

Senkrecht ↓

1. Das ist etwas, das für Touristen interessant ist.

Waagerecht →

3. Das sind die Staaten, die eine Grenze zu einem Land haben.
5. Das sind die Sprachen, die in einem Land gesprochen werden.
6. Große Zahl: 1000 x 1000
7. Das ist etwas, das in einem Land hergestellt wird.

2. ______________________________
4. ______________________________
8. ______________________________

2) **Länder. Ergänzen Sie die Adjektive und die Nomen für die Einwohner.**

Deutschland	deutsch	der/die Deutsche
Österreich		
die Schweiz		
Italien		
Frankreich		
Polen		
Dänemark		
Belgien		
Tschechische Republik		
die Niederlande		
Ungarn		

Zu **3** **Kurzpräsentation Schweiz. Was ist was?**

21

1) Hören Sie die drei Teile der Präsentation und kreuzen Sie an.

Text 1:	Einleitung ☐	Hauptteil ☐	Schluss ☐
Text 2:	Einleitung ☐	Hauptteil ☐	Schluss ☐
Text 3:	Einleitung ☐	Hauptteil ☐	Schluss ☐

22

2) Hören Sie jetzt die ganze Präsentation und kontrollieren Sie Ihre Ergebnisse aus 1). Über welche Themen wird im Hauptteil gesprochen? Notieren Sie.

Thema 1: ______________________

Thema 2: ______________________

Thema 3: ______________________

22

3) Hören Sie noch einmal und kreuzen Sie jeweils die richtige Antwort an.

1. Die Schweiz hat ...
a) ☐ 26 Millionen Einwohner.
b) ☐ vier Landessprachen.
c) ☐ drei Nachbarländer.

2. Jeder Kanton ...
a) ☐ hat Deutsch als Amtssprache.
b) ☐ hat zwei Sprachen als Amtssprache.
c) ☐ bestimmt seine Amtssprachen selbst.

3. In Zürich gibt es ...
a) ☐ viele schöne alte Häuser und Kirchen.
b) ☐ sehr gute Skigebiete.
c) ☐ die Jungfraubahn.

4. Der höchste Bahnhof in Europa ist ...
a) ☐ 3.454 Meter hoch.
b) ☐ 4.354 Meter hoch.
c) ☐ 3.555 Meter hoch.

Zu **7** **1) Karaoke. Hören Sie Rolle 1 und sprechen Sie Rolle 2.**

23

Rolle 1: ...
Rolle 2: Ja, das stimmt. Ich dachte, ich kann schon ganz gut Deutsch. Aber hier in Frankfurt verstehe ich die Leute manchmal nicht.
Rolle 1: ...
Rolle 2: Ja, genau! Und nicht nur das, manchmal werden auch ganz andere Wörter benutzt.
Rolle 1: ...
Rolle 2: Die sagen hier nicht „sprechen", sondern „babbele".
Rolle 1: ...
Rolle 2: Das ist ja das Tolle, mich verstehen immer alle. Nur leider verstehe ich oft nichts.
Rolle 1: ...
Rolle 2: Ja, das hoffe ich auch!

2) Variieren Sie die Textteile in Rot aus Rolle 2.

Tübingen • Wien • Berlin • Leipzig
schwätzen • Schrippe • Bemme[1] • Stiege[2] • ...

1 = Scheibe Brot
2 die Stiege (A) = die Treppe (D, CH)

Zu **8** **Typisch Schweiz!**

1) **Lesen Sie die Informationen und ordnen Sie sie den Fotos zu.**

1. ☐ 

2. ☐ 

3. ☐ 

4. ☐ 

A
- 30 verschiedene Kräuterbonbons und -tees
- geheimes Rezept aus 13 Kräutern
- wird in 50 Länder exportiert
- 1930 gegründet, Firma aus Laufen in der Nähe von Basel
- ungefähr 400 Mitarbeiter

B
- dreieckige Schweizer Schokolade
- 1908 von Theodor Tobler und Emil Baumann erfunden
- es gibt drei Sorten: Milchschokolade, weiße und dunkle Schokolade

C
- diverse Taschenmesser von *Victorinox* und *Wenger*, alle mit Kreuz
- seit Ende des 19. Jahrhunderts hergestellt, zuerst nur für die Armee
- Messer mit vielen Werkzeugen, wie z. B. eine Säge, eine Schere, ein Dosenöffner oder sogar ein Zahnstocher

D
- 1983 erste Swatch-Uhr produziert
- zuerst nur Plastikuhren aus 51 Teilen
- weltweit viele Sammler
- 2006: 333 Millionen Swatch-Uhren produziert
- erfolgreichste Armbanduhr aller Zeiten

2) **Wählen Sie zwei Produkte aus und stellen Sie sie vor. Schreiben Sie je einen kurzen Text.**

Zu **9** 1) **Prüfungstraining. Lesen Sie die Mail von Kimiko noch einmal und schreiben Sie ihr eine Antwortmail. Gehen Sie auf folgende Punkte ein:**

– bedanken Sie sich für die Einladung
– schreiben Sie, wann Sie Kimiko besuchen wollen
– erzählen Sie, was Sie gerne in der Schweiz machen wollen

Vergessen Sie nicht die Anrede und den Schluss.

2) **Maria reist am liebsten mit Pavel, denn … Schreiben Sie Sätze wie im Beispiel.**

Beispiel: Pavel mag nicht nur Großstädte, sondern auch die Natur.

1. Großstädte	die Natur
2. Flugzeuge	die Bahn
3. Pommes frites	komische Spezialitäten
4. Hotels	Campingplätze

3) **Schreiben Sie Sätze über Ihre eigenen Vorlieben im Urlaub.**

Ich mag nicht nur die Berge, sondern auch das Meer.

24

4) **Sprachschatten.**
Hören Sie und reagieren Sie wie im Beispiel.

Ich mag weder Käse noch Fleisch.

Was? Du magst weder Käse noch Fleisch?

Zu **12** **Lesen Sie die Texte auf Seite 70 noch einmal und ergänzen Sie die Informationen.** 70

Text A: *Der Wiener Opernball*

Seit wann?: ______________________

Preise für die Eintrittskarten: ______________________

Kleidung: ______________________

Beginn: ______________________

Debütanten: ______________________

Damenspende: ______________________

Speisen und Getränke: ______________________

____

Text B: *Ismet Özdek*

Nationalität: ______________________

Alter: ______________________

Beruf: ______________________

Kindheit: ______________________

Seit wann Tänzer?: ______________________

Höhepunkt seiner Karriere: ______________________

____

Zu **13** 1) **Skiferien. Wiederholung Nebensätze mit *obwohl*. Schreiben Sie Sätze wie im Beispiel.**

Beispiel: Ich bin schon 70. — Ich fahre noch Ski
Obwohl ich schon 70 bin, fahre ich noch Ski.

1. Meine Frau kann nicht Skifahren. — Sie fährt mit mir in den Winterurlaub.
2. Sie friert leicht. — Sie mag den Winter.
3. Wir verstehen kein Deutsch. — Wir fahren zum Skifahren am liebsten nach Österreich.
4. Wir haben nicht viel Geld. — Wir gehen jeden Abend essen.
5. Wir sind nicht mehr jung. — Wir genießen das Leben.

2) **Tango tanzen. Ergänzen Sie *trotz* oder *wegen*.**

______________ [1] der Hochzeit unserer Freunde reisen mein Freund und ich in einem Monat nach Argentinien. Deshalb machen wir seit ein paar Wochen einen Tangokurs, denn natürlich wollen wir auf der Hochzeit gut tanzen können. ______________ [2] der komplizierten Schritte macht uns das Tanzen Spaß. Oft müssen wir ______________ [3] der vielen Fehler, die wir machen, lachen, denn ______________ [4] der Hilfe unseres Tanzlehrers vergessen wir immer, was wir gelernt haben. Mir gefällt Tango vor allem ______________ [5] der Musik – die erinnert mich an meine erste Reise nach Buenos Aires vor fünf Jahren.

Prüfungsvorbereitung

Leseverstehen, Teil 1

Lesen Sie zuerst die vier Texte. Lesen Sie dann die acht Überschriften und entscheiden Sie, welcher Text am besten zu welcher Überschrift passt. Sie dürfen jeden Text und jede Überschrift nur einmal verwenden.

1. ☐

Emmentaler, Appenzeller, Raclette, Fondue ... Kein anderes Land ist so berühmt für seine Käsespezialitäten wie die Schweiz. Und doch haben die Schweizer in den vergangenen zwölf Monaten weniger Käse gegessen als im Jahr davor. Allerdings ist der Verbrauch mit über zwanzig Kilo pro Person immer noch hoch. Besonders Frischkäse wird immer populärer: Über sieben Kilo aß jeder Schweizer durchschnittlich im letzten Jahr. Bei anderen Käsesorten ist der Verbrauch dagegen zurückgegangen. Interessanterweise essen die Schweizer inzwischen auch öfter ausländischen Käse: Über ein Viertel des Käses, der im letzten Jahr gekauft wurde, kam nicht aus der Schweiz.

2. ☐

In jeder Stadt sind sie zu sehen: Menschen, die beim Laufen nicht auf die Straße, sondern auf ihr Handy schauen. Aber jetzt trifft man auch in der Natur auf Leute, die nicht die Landschaft genießen, sondern den Blick fest auf ihr Handy gerichtet haben. Das könnten „Geocacher" sein. Das „Geocaching" ist ein neuer Freizeitspaß. Bei diesem Hobby sucht man mit einem Navi oder einem Handy mit GPS-Funktion nach Gegenständen, die jemand irgendwo in der Landschaft versteckt hat. Das sind keine wertvollen Schätze, sondern oft findet man z. B. nur ein kleines Buch, in das man seinen Namen eintragen kann. Danach legt man es natürlich für den Nächsten zurück. Immer mehr dieser „Caches" werden versteckt und die Daten werden im Internet veröffentlicht.

3. ☐

Wegen des begrenzten Angebots an Studienplätzen in ihrem Heimatland ziehen immer mehr deutsche Studenten zum Studieren nach Österreich. Im Vergleich zu Deutschland ist es in Österreich viel einfacher, einen Studienplatz zu bekommen. Allerdings sind die Reaktionen der Österreicher auf die vielen Deutschen in den Hörsälen nicht immer positiv. Österreichische Studenten machen sich inzwischen Sorgen um die Qualität ihres Studiums, da die deutschen Studenten in Österreich keine Studiengebühren bezahlen. Auch die Tatsache, dass in den Seminaren Hochdeutsch statt Dialekt gesprochen werden muss, stört viele Österreicher.

4. ☐

Ein Schweizer Supermarkt hat jetzt eine neue Möglichkeit des Online-Shoppings ausprobiert. In den Schaufenstern des Supermarktes wurden Bilder von verschiedenen Produkten aufgehängt. Die Kunden können so von außen wählen, was sie kaufen möchten und die Produkte mit ihrem Smartphone scannen. So werden sie automatisch bestellt und am nächsten Tag mit der Post nach Hause geliefert. Je nach Größe des Einkaufs müssen die Kunden für die Lieferung eine Gebühr bezahlen. Ob sich diese neue Form des Einkaufens durchsetzen wird, ist allerdings noch unsicher.

A. Schweizer Käse am beliebtesten
B. Mit dem Handy auf der Suche
C. Österreichische Universitäten schaffen neue Studienplätze
D. Handys mit GPS-Funktion – neuer Verkaufshit
E. Immer mehr Deutsche an Österreichs Unis – österreichische Studenten genervt
F. Einkaufen mit dem Smartphone – eine Idee mit Zukunft?
G. Schweizer essen weniger Käse
H. Online-Shopping auch bei Lebensmitteln immer beliebter

Lernwortschatz: von Land und Leuten

Sprachen und Dialekte

der Dialekt: Schwiizertüütsch nennt man die unterschiedlichen Dialekte in der Schweiz.
trotz: Trotz deines Dialekts verstehe ich dich gut.
Hochdeutsch: Ich kann auch Hochdeutsch sprechen – wenn ich muss.
die Landessprache: Was sind die Landessprachen in deinem Land?
Italienisch: 6,5 Prozent der Schweizer geben Italienisch als Hauptsprache an.
nicht nur ..., sondern auch ...: Aber viele sprechen nicht nur Italienisch, sondern auch Deutsch.
die Region: Und in welcher Region spricht man Rätoromanisch?

Politische Fakten

Europäische Union – Ist die Schweiz Mitglied der EU?
der Bundesstaat: Die Schweiz ist ein Bundesstaat.
der Kanton: Es gibt 26 Kantone, der Kanton Jura wurde erst 1979 gegründet.
das Bundesland: Deutschland hat 16 Bundesländer.
die Fakten: Hast du alle Fakten zu Österreich notiert?
ratlos: Ich war total ratlos. Ich wusste nichts.
aufgeben: Gib nicht auf, du schaffst das schon.
klar werden: Mir wurde klar, dass das nicht so einfach ist.
nämlich: Es gibt nämlich mehrere richtige Antworten auf diese Frage.

Von Bällen und anderen Ereignissen

die Dame: Die Damen tragen alle lange Ballkleider.
die Generation: Meine Familie besucht seit Generationen den Opernball.
die Tradition: Das ist eine alte Tradition ...
das Ereignis: ... und das wichtigste gesellschaftliche Ereignis des Jahres.
zusammengehören: Wien und der Opernball gehören einfach zusammen.
ausverkauft: Die Karten sind schon seit Wochen ausverkauft.
ermöglichen: Kannst du es ermöglichen, dass wir trotzdem noch Karten bekommen?
verantwortlich: Wer ist für die Organisation verantwortlich?
charmant: Ein sehr charmanter junger Mann.
der/die Assistent/in: Seine Assistentin hilft ihm dabei.
das Würstel (A) – das Würstchen (D)
die Spezialität: Die Würstel sind eine typische Spezialität auf dem Opernball.
heuer (A) – dieses Jahr (CH, D)
die Tanzschule: Ich war mit Klaus in der Tanzschule, um Walzer zu lernen.
beibringen: Der Tanzlehrer hat uns die Schritte beigebracht.
gefragt: Alle wollen mit ihm tanzen. Er ist sehr gefragt.
drängen: Dräng mich nicht, ich mach ja schon.
nach und nach: Das wird schon – nach und nach.
der Ehrgeiz/erwachen: Mein Ehrgeiz ist erwacht. Ich will es schaffen!
fließend: Habt ihr fließendes Wasser in der Hütte?

Tipp

Nomen mit **-ion** *haben immer den Artikel* **die***: die Region. Sammeln Sie alle Wörter, die Sie kennen.*

Ja genau! Das kenne ich.

Band 6 – und auch, was vorher war

Eine Auswahl. Was denken Sie, wie gut kennen und können Sie es? ☺ 😐 ☹

Themen

8	Haushalt	A1	eine Wohnung beschreiben; mit/über Nachbarn sprechen	☐
		A2	Umzug und Renovieren; meine Medien	☐
		B1	Arbeiten im Haushalt*	☐
9	Arbeit	A1	Arbeitsplätze / berufliche Wünsche äußern	☐
		A2	Arbeitswege und -zeiten beschreiben	☐
		B1	Arbeitsbedingungen	☐
10	Männer und Frauen	A1	Familie beschreiben	☐
		A2	Charakter und Gefühle / über Stärken und Schwächen sprechen	☐
		B1	Was ist Glück?; Klischees und Konflikte	☐
11	Lebenslinien	A1	persönliche Angaben machen	☐
		A2	Lebensläufe und Kindheit; Ankommen	☐
		B1	Brüche im Leben / Zukunftsprognosen	☐
12	Geschichte und Politik	A1	auf dem Amt	☐
		A2	Schulsysteme, Elternabend	☐
		B1	gesellschaftl. Werte; Umweltschutz; über historische Ereignisse sprechen	☐
13	Produktwege	A1	Lebensmittel + Kleidung einkaufen; auf dem (Floh-)Markt	☐
		A2	Geld / auf der Bank	☐
		B1	Dienstleistungen; über Produktionsbedingungen sprechen; Online-Einkauf	☐
14	D A CH	A1	Reiseziele in D A CH	☐
		A2	Feste in D A CH	☐
		B1	ein Land präsentieren (Kurzvortrag); Was ist typisch?	☐

Grammatik

Deklination	A1	Nominativ/Akkusativ/Dativ: Nomen und Artikel	☐
	A2	Nominativ/Akkusativ/Dativ: Adjektive	☐
	B1	Genitiv: Nomen, Artikel, Adjektive*	☐
Präpositionen	A1	Präpositionen mit Dativ	☐
	A2	Wechselpräpositionen und Präpositionen mit Akkusativ	☐
	B1	temporale Präpositionen, Präpositionen mit Genitiv	☐
Zeiten	A1	Präsens, Perfekt (1)	☐
	A2	Perfekt (2), erste Präteritumformen (1)	☐
	B1	Präteritum (2), Plusquamperfekt, Futur I	☐
Konjunktiv	A1	höfliche Bitten: *Könnten Sie …*	☐
	A2	höfliche Bitten: *Ich hätte gern …*	☐
	B1	Konjunktiv II: *Ich würde gern … / Du wärst …*	☐
Passiv und Passiversatz	A1	Sätze mit *man*	☐
	A2		☐
	B1	das Verb *lassen*; das *werden*-Passiv; das *sein*-Passiv; Passiv mit Modalverben	☐
Wort(gruppen)-verbindungen	A1	*und, oder*	☐
	A2		☐
	B1	*entweder … oder, sowohl … als auch, weder … noch, nicht nur, … sondern auch*	☐
Satz-verbindungen	A1	Hauptsätze mit *und, aber, denn*	☐
	A2	Nebensätze mit *dass, ob, als, wenn, weil, damit*	☐
	B1	Nebensätze mit *um … zu, anstatt, obwohl, nachdem, seit, bevor, während*	☐

*grün / *rot = aus diesem Band

Ja genau! Das kann ich besser.

Dieser Text ist einfach. Sie konnten ihn schon vor der A1-Prüfung lesen.
Jetzt haben Sie viel gelernt und können den Text schöner machen.
Schreiben Sie Stück für Stück und nutzen Sie die Hilfen rechts.

Ich heiße Eleonora. Ich komme aus Italien.	Verbinden Sie mit *und*.
Ich lebe drei Jahre in Deutschland.	Benutzen Sie *seit*.
Wir haben zwei Jahre in Österreich gelebt. Jetzt sind mein Mann und ich nach Wolfsburg gezogen.	Verbinden Sie mit *nachdem* oder *bevor*.
Wir haben zwei Kinder: einen Sohn und eine Tochter. Unser Sohn ist acht Jahre alt und meine Tochter ist zehn Jahre alt.	Machen Sie aus zwei Sätzen einen Satz mit Relativpronomen.
Ich lerne Deutsch. Ich möchte in Deutschland arbeiten.	Machen Sie daraus einen Satz mit *um ... zu*.
Ich gehe morgens zum Deutschkurs. Und meine Kinder sind in der Schule.	Verbinden Sie mit *während*.
In Italien war ich Verkäuferin in einem Schuhgeschäft. Ich liebe Schuhe. Ich arbeite gern mit Menschen zusammen.	Verbinden Sie mit *weil* und mit *und*.
In Italien produziert man viele Schuhe.	Setzen Sie den Satz ins Passiv.
Ich habe zwei Wünsche: 1. Ich arbeite in Deutschland in einem Schuhgeschäft.	Benutzen Sie den Konjunktiv mit *werden*.
2. Ich habe genug Geld. Ich eröffne ein Schuhgeschäft in Wolfsburg.	Machen Sie daraus einen Satz mit *wenn* und Konjunktiv.
Mein Mann arbeitet bei VW. Aber er liebt Ferraris.	Verbinden Sie mit *obwohl*.
Seine Kollegen sind alle Fußballfans. Er spricht mit seinen Kollegen oft über Sport.	Machen Sie aus zwei Sätzen einen Satz mit Relativpronomen.
Ich fühle mich in Wolfsburg wohl. Ich vermisse manchmal meine Familie.	Verbinden Sie mit *trotzdem*.
Im Sommer ist es in Süditalien oft sehr heiß. Hier ist das Wetter im Sommer angenehm. Aber die Winter sind zu kalt.	Verbinden Sie die ersten Sätze mit *während*.
In 20 Jahren lebe ich vielleicht sechs Monate in Deutschland und sechs Monate in Italien.	Setzen Sie den Satz ins Futur I.

Werkstatt zur Grammatik

Wählen Sie in der Übersicht auf Seite 118 die Grammatikthemen aus, die Sie üben möchten. Hier finden Sie Aufgaben dazu.

1 Deklination: der Genitiv

Sehen Sie sich den Stammbaum von Aron an oder arbeiten Sie mit einem eigenen Familienfoto. Erklären Sie Ihrem Partner / Ihrer Partnerin die Mitglieder der Familie.

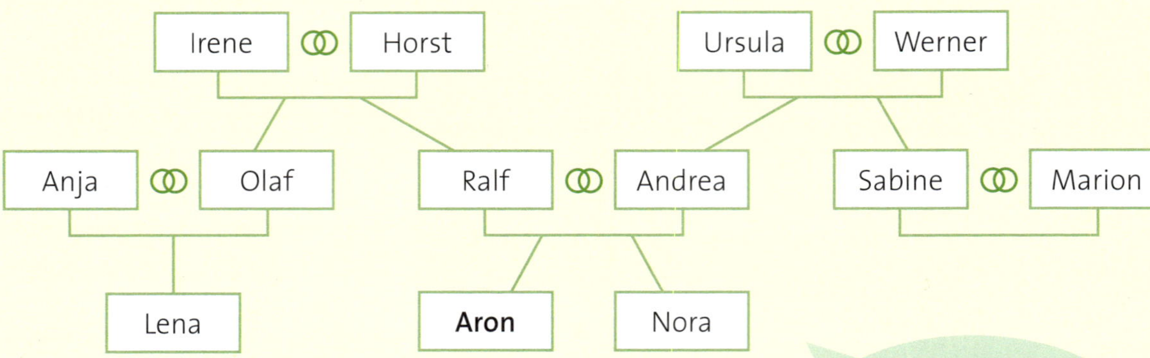

der Onkel • die Tante • der Cousin • der Großvater • die Mutter • der Vater • die Oma • ...

Das ist die Famile von Aron. Lena ist die Tochter seines Onkels Olaf. Olaf ist der Bruder seines ...

2 Präpositionen

Präpositionen mit Dativ: ***aus bei mit von seit nach zu***

Lesen Sie die Sätze und ergänzen Sie die Präpositionen.

1. Sie geht ________ dem Haus.

2. Sie ist ________ ihrem Mann am Strand.

3. Er ist jeden Tag ________ seiner Freundin.

4. Er wartet ________ einer Stunde.

5. Sie bekommt einen Anruf ________ ihrer Mutter.

6. Sie fährt ________ ihrem Freund.

7. Sie fahren ________ Berlin.

➨ **Präpositionen mit Akkusativ:** ***für durch gegen ohne um***

Beenden Sie den Satz mit der passenden Präposition und einer Akkusativergänzung.

1. Diese Blumen sind _für dich_ ______.

2. Die Kinder laufen ______.

3. Das Auto fährt ______.

4. Der Ball fliegt ______.

5. Ihr Freund ist nicht gekommen. Sie geht ______ ______.

➨ **Wechselpräpositionen:** ***an auf hinter in neben über unter vor zwischen***

Arbeiten Sie zu zweit. Nehmen Sie einen Gegenstand, sagen Sie Ihrem/Ihrer Partner/in, was er/sie machen soll. Danach sagt er/sie, wo der Gegenstand liegt oder steht.

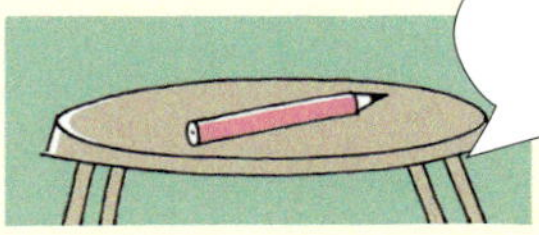

➨ **Präpositionen mit Genitiv:** ***wegen*** **oder** ***trotz*****? Ergänzen Sie.**

1. ______ des schlechten Wetters bleibt sie zu Hause.

2. ______ des schlechten Wetters fährt er Fahrrad.

3 Das Zeitenkarussell.
Schreiben Sie diese Verben und Ergänzungen auf Kärtchen.

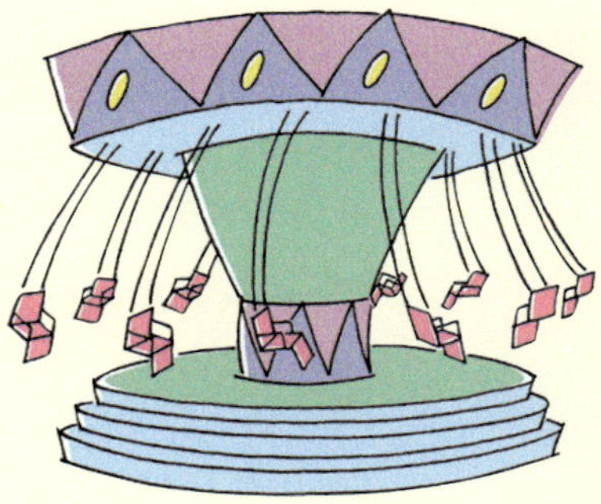

gehen / ins Kino • helfen / meinem Nachbarn • trinken / ein Bier • fliegen / in die Ferien • kommen / zu Peters Geburtstag • umsteigen / in die S-Bahn • verzichten / auf Schokolade • machen / Hausaufgaben • suchen / Arbeit • einräumen / den Geschirrspüler • sich informieren über / einen neuen Handyvertrag • spielen / Fußball ...

So geht's: Jede/r bekommt ein Kärtchen. Alle gehen zu zweit durch den Kursraum. Der/Die KL ruft „Stopp" und sagt eine Zeit an. Lesen Sie Ihre Karte vor, Ihr/e Partner/in bildet einen Satz in der Zeit, die angesagt wurde. Dann tauschen Sie die Kärtchen und spielen Sie weiter.

Ja genau! Das kenne ich.

4 Das Passiv

Probleme in unserer Stadt. Was alles gemacht werden muss. Schreiben Sie Sätze.

1. Erzieher gut ausbilden
2. die Kinderbetreuung erweitern
3. mehr Wohnungen bauen
4. mehr Freizeitangebote machen
5. ein Schwimmbad bauen
6. ein Jugendcafé eröffnen
7. gegen den Fluglärm protestieren

5 Konjunktiv

Wie können Sie es noch sagen? Arbeiten Sie zu viert und finden Sie schnell Varianten wie im Beispiel.

Einen Kaffee, bitte.

Ich hätte gern einen Kaffee.

Könnten Sie mir einen Kaffee bringen?

Ich würde gern einen Kaffee trinken.

Könntest du mir einen Kaffee machen?

Etwas Milch, bitte. • Bitte drei Käsebrötchen. • Die Hose eine Nummer größer, bitte. • Das Buch oben rechts, bitte. • Zwei Karten für „Hinterm Horizont", bitte.

6 Wortverbindungen

Wählen Sie ein Wörterpaar aus der Liste, würfeln Sie und bilden Sie einen Satz.

- 1: entweder ... oder
- 2: weder ... noch
- 3: sowohl ... als auch
- 4: nicht ..., sondern
- 5: und
- 6: oder

Kaffee / Tee • Wein / Bier • Cola / Wasser • Fußball / Handball • Berge / Strand • Kino / Theater • Disko / Museum • Schweiz / Österreich • Gemüse / Obst • Sonne / Regen • Schnee / Eis • Krimis / Zeichentrickfilme • Computerspiele / Brettspiele • Millionäre / Rentner • schön / sportlich

trinken
essen
mögen
sich interessieren für
sein
kennen

7 Satzverbindungen

Arbeiten Sie in Gruppen.
a) Beenden Sie den Satz neunmal.

Vor einer Woche ging ich in den Supermarkt, ...

weil ...
als ...
damit ...
obwohl ...
um ... zu
anstatt zu ...
nachdem ...
während ...
bevor ...

b) Jede Gruppe wählt fünf Sätze aus, zerschneidet jeden Satz und legt ihn in einen Briefumschlag. Tauschen Sie dann Ihre Umschläge mit einer anderen Gruppe. Puzzeln Sie die Sätze der anderen Gruppe.

Werkstatt zu den Themen

Wählen Sie in der Übersicht auf Seite 118 die Themen aus, die Sie üben möchten. Bilden Sie Gruppen mit dem gleichen Thema. Dann sehen Sie sich die Aufgaben an und wählen Sie zusammen aus, was Sie machen möchten.

1 Wortfelder machen.
Suchen Sie in der Wörterliste passende Nomen, Verben und Adjektive zu dem Thema, das Sie gewählt haben. Machen Sie ein Wörternetz.

den Fleck abkratzen — *der Haushalt* — *den Tisch abräumen*

2 Ein Bild beschreiben.
Wählen Sie zu Ihrem Thema ein Bild aus *Ja genau! B1/2* aus und schreiben Sie einen Text dazu.

Hier sitzt eine Großfamilie am Tisch. Es gibt acht Kinder und zwei Erwachsene. Da gibt es immer viel zu tun. Jeden Morgen ...

3 Tabu spielen. Schreiben Sie zu Ihrem Thema Tabu-Karten und mischen Sie Ihre Karten mit denen der anderen Gruppen. Spielen Sie.

putzen
wischen
sauber machen
Staubsaugen

Mehrarbeit
arbeiten
Wochenende
nach Hause

Österreich
Land
...
...

4 Machen Sie ein Akrostychon zu Ihrem Thema.

H*erd*
A*usschalten*
U*nten und oben*
S*auber machen*
H*eiß*
A*nbraten*
L*ammbraten*
T*rocknen*

5 Schreiben Sie Rollenkarten zu Ihrem Thema und spielen Sie den Dialog.

Frau
will, dass er mehr hilft

Mann
will in Ruhe das Spiel sehen

Zu allen Themen

➨ Spielen Sie „Stadt-Land-Fluss“ mit diesen Themen.

Haushalt	*Arbeit*	*Leben*	*Geschichte/Politik*	*Einkauf*	*D A CH*

Sag's auf Deutsch!

So geht's:
Stellen Sie Ihre Spielsteine auf Start. Der/die Jüngste beginnt. Würfeln Sie und setzen Sie Ihren Spielstein auf das passende Feld. Dann lösen Sie die Aufgabe mit dem Thema, das zu Ihrer Würfelzahl passt. Bei Aufgaben mit diesem Zeichen ( ) müssen Sie sich

etwas begründen

Zeigen Sie pantomimisch, was Sie gern im Unterricht machen. Die anderen raten.

über Pläne sprechen

etwas verlangen

ein Ziel nennen

Malen Sie einen Gegenstand. Die anderen raten.

Informationen erfragen

etwas negativ bewerten

etwas positiv bewerten

um etwas bitten

Singen Sie ein Lied aus *Ja genau!*

etwas ablehnen

sich beschweren

10 Brote, bitte.

Wie teuer ist dieses Brot?

Möchten Sie noch etwas Brot?

Nein, danke.

- 1 Brot
- 2 Reisen
- 3 Kino
- 4 Wohnen
- 5 Liebe
- 6 Wetter

eine/n Partner/in suchen. Nur die Aktionsfelder (grün) haben kein Thema. Hat man die Aufgabe richtig gelöst (gemeinsame Entscheidung), darf man auf dem Feld stehen bleiben. Wenn nicht, muss man auf das letzte Feld zurück, auf dem man gestanden hat.

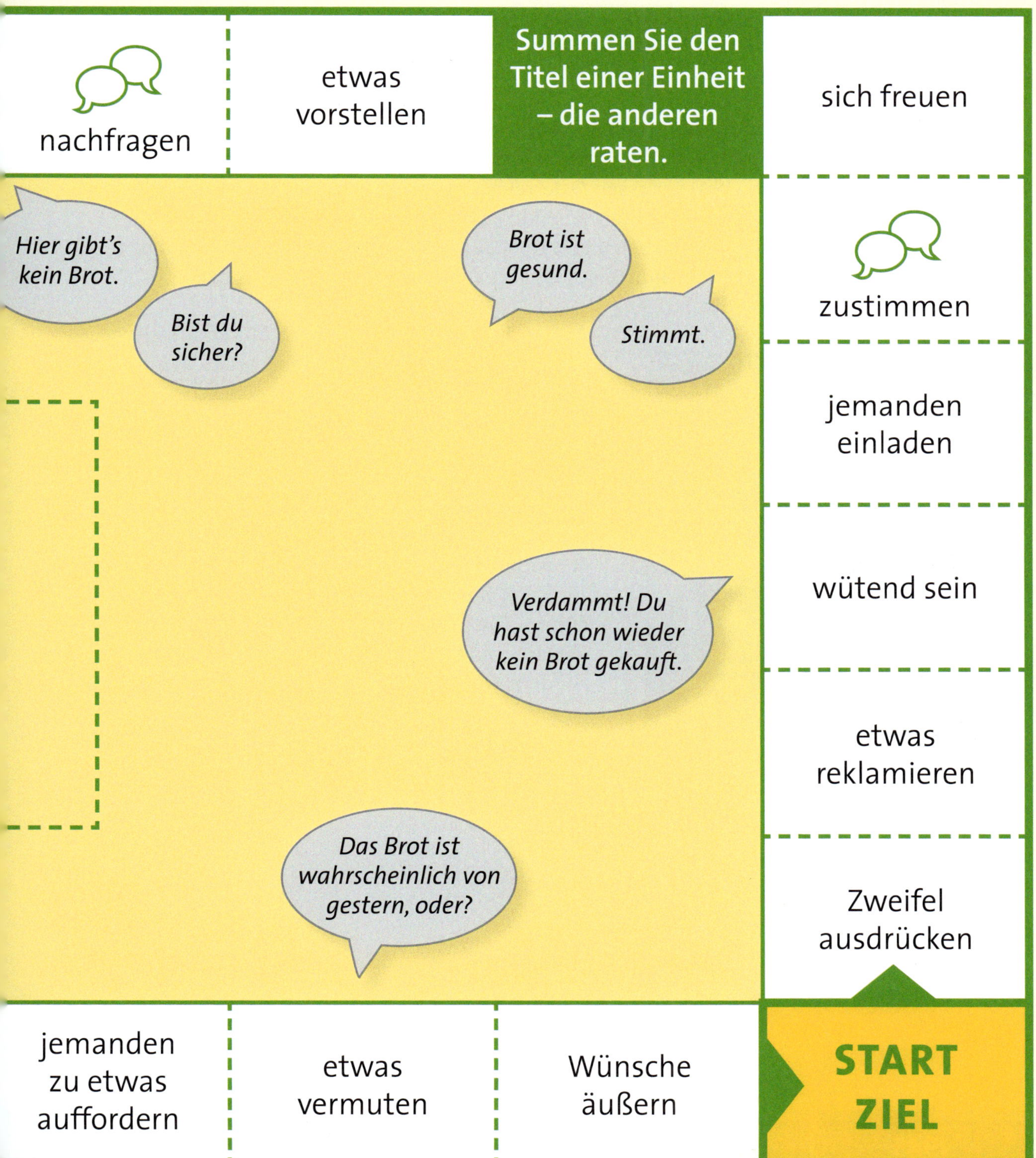

Österreich und die Schweiz von 1945 bis 1989

Einheit 12, Aufgabe 4 47

Österreich

Österreich war im Zweiten Weltkrieg an das Deutsche Reich angeschlossen und wird wie Deutschland nach 1945 von den Siegermächten in vier Besatzungszonen aufgeteilt. Auch die Hauptstadt Wien wird in vier Sektoren aufgeteilt.

Noch vor dem Ende des Zweiten Weltkriegs erklärt Österreich am 27. April 1945 seine Unabhängigkeit. Zwei Tage später kommt die provisorische österreichische Regierung zusammen, um die österreichische Republik wiederherzustellen. Am 25. 11. 1945 finden die ersten Nationalratswahlen statt.

1955 erhält die Republik Österreich ihre volle staatliche Souveränität zurück. Dafür muss Österreich seine Neutralität erklären. Alle Soldaten der Besatzungsmächte (Sowjetunion, Großbritannien, Frankreich, USA) verlassen Österreich.

Wegen dieser politischen Neutralität fliehen viele Menschen, die am Ungarnaufstand (1956) und am Prager Frühling (1968) beteiligt waren, aus Ungarn und der Tschechoslowakei nach Österreich. Besonders die Flüchtlinge des Ungarnaufstands werden unterstützt. Für sie baut Österreich ganze Siedlungen.

Am 27. Juni 1989 schneiden die Außenminister von Österreich und Ungarn gemeinsam den „Eisernen Vorhang“ an der österreichisch-ungarischen Grenze durch. Das ist für Österreich das symbolische Ende des Kalten Kriegs.

Im Sommer 1989 steigt die Zahl der DDR-Bürger, die nach ihrem Urlaub in Ungarn nicht in die DDR zurückkehren wollen. Am 10. September verkündet die ungarische Regierung, dass alle DDR-Bürger Richtung Westen ausreisen dürfen. Die Öffnung der Grenze zwischen Ungarn und Österreich war ein wichtiger Schritt auf dem Weg zum Fall der Berliner Mauer.

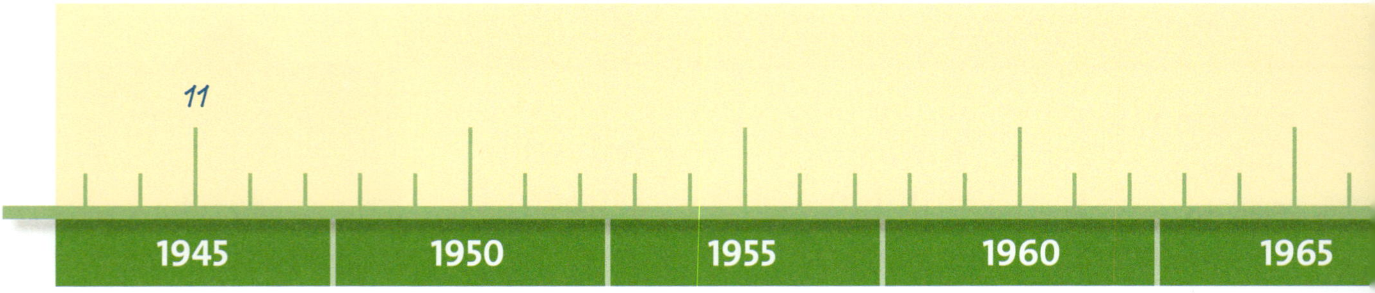

Die Schweiz

Die Schweiz war wegen ihrer Neutralität am Zweiten Weltkrieg nicht beteiligt. Nach 1945 geht es der Schweiz wirtschaftlich schnell sehr gut und die Bevölkerungszahl wächst zwischen 1950 und 1970 stark an – vor allem durch Zuwanderung.
Innenpolitisch gibt es zwei sehr interessante Ereignisse: Am 1. Februar 1959 lehnen die Schweizer bei einer Volksabstimmung das Wahl- und Stimmrecht für Frauen ab, dies führt zu heftigen Protesten bei den Frauen.
Erst am 7. Februar 1971 wird durch eine weitere Volksabstimmung die Einführung des Wahl- und Stimmrechts für Frauen in der Schweiz beschlossen. Einige Kantone hatten vorher bereits das kantonale Wahl- und Stimmrecht für Frauen eingeführt, andere werden das erst viel später tun. Als letzter Kanton führt im April 1990 der Kanton Appenzell Innerrhoden das Stimmrecht für Frauen ein.
Erst 1981 sind Männer und Frauen in der Schweiz auch per Gesetz gleichberechtigt.
Im Jahr 1989 wird in der Schweizer Gesellschaft öffentlich über die Abschaffung der Armee diskutiert. Schon Anfang der 80er Jahre hatte sich die Gruppe *Schweiz ohne Armee* gebildet, mit dem Ziel, die Schweizer Armee aufzulösen. Obwohl sich Politik, Behörden und die Armee selbst für den Erhalt der Schweizer Armee einsetzten, stimmten bei einer Volksabstimmung am 26. November 1989 über 35 Prozent für ihre Abschaffung. Die Schweizer Armee existiert bis heute.

1 Lesen Sie beide Texte. Ordnen Sie die Ereignisse auf dem Zeitstrahl ein.

1. Abstimmung in der Schweiz: Frauen dürfen nicht wählen. • 2. Österreich wird aufgeteilt. • 3. In Ungarn gibt es eine Revolution. • 4. Auch der letzte Kanton lässt Frauen wählen. • 5. Soldaten verlassen Österreich. • 6. Fast ein Drittel der Schweizer wollen keine Armee mehr in ihrem Land. • 7. Die Grenze zwischen Ungarn und Österreich wird geöffnet. • 8. In Prag marschieren russische Soldaten ein. • 9. Abstimmung in der Schweiz: Frauen dürfen endlich wählen. • 10. Frauen und Männer sind jetzt auch in der Schweiz per Gesetz gleichberechtigt. • 11. Erste Wahlen in Österreich nach dem Krieg

2 Schauen Sie sich noch einmal die Fotos auf Seite 47 an und ordnen Sie diese Ereignisse auch auf dem Zeitstrahl ein. 47

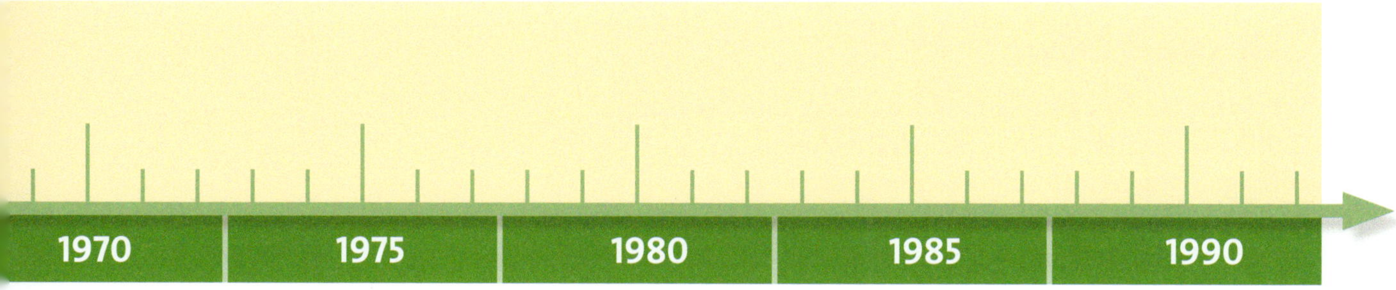

Die offene Rechnung – Zusatzmaterialien

1. Die Personen. Überprüfen Sie nach jedem Teil, welche Informationen Sie in den Steckbriefen ergänzen können.

Michael Seidel
Beruf: ______
Rolle: das Opfer
Alter: ______
Beziehung zu Teresa: ______
Sonstiges: am 2.10.1989 im Schillerpark

Katja Seidel
Beruf: ______
Rolle: ______
Alter: ______
Beziehung zu Teresa: ______
Sonstiges: ______

Gesine Neubert
Beruf: ?, 10 Jahre im Gefängnis
Rolle: ______
Alter: ______
Beziehung zu Teresa: ______
Sonstiges: ______

Teresa Fuchs
Beruf: ______
Rolle: ______
Alter: ca. Mitte 40
Sonstiges: ______

Tim Neubert
Beruf: jobbt
Rolle: ______
Alter: ______
Beziehung zu Teresa: ______
Sonstiges: ______

Ulli Hartmann
Beruf: ______
Rolle: ______
Alter: 30
Beziehung zu Teresa: Kollege
Sonstiges: ______

Landeskunde im Krimi

Schillerpark: Park zwischen Moritzbastei und Stadtring
Gohlis: ein teurer Stadtteil mit vielen Villen
Lößnig: Stadtteil mit vielen Plattenbauten
Karl-Liebknecht-Straße, „Karli“: Szenestraße in Leipzig mit vielen Kneipen
***Alt wie ein Baum*:** berühmtes Lied von den Puhdys, einer bekannten ostdeutschen Band

Teil 1

1. Was ist die Moritzbastei? Recherchieren Sie im Internet und berichten Sie im Kurs.
2. Welche Details werden im Text zum Tatort genannt? Machen Sie Stichpunkte.
3. Wörtertraining. Ergänzen Sie den Artikel und, wenn möglich, die Pluralform:
Baum • Tag • Wetter • Park • Kollege • Hinterkopf • Körper • Anzug • Wagen • Zeit • Welt • Streit • Ort • Nacht • Regen • Stein • Geschichte

Teil 2

1. Lesen Sie zu zweit den Dialog zwischen Katja Seidel und Teresa Fuchs (Zeilen 22–43). Variieren Sie die Rolle von Katja Seidel: sehr wütend, ganz leise und böse, ironisch.
2. Wörtertraining. Ergänzen Sie den Artikel und, wenn möglich, die Pluralform:
Büro • Computer • Leben • Liebe • Konzert • Tür • Treppe • Nachricht • Stuhl • Tisch • Ruhe • Situation • Satz • Glück • Chance • Kälte • Problem

Teil 3

1. Welche Zusammenfassung ist richtig? Kreuzen Sie an.

   A ☐ Teresa Fuchs liest im Polizeicomputer, dass Michael Seidel 1989 in einem Mordfall Zeuge war. Ihre Freundin von früher, Gesine Neubert, soll den Polizisten Hans Meier getötet haben. Teresa kann nicht glauben, dass Gesine das getan hat.

   B ☐ Teresa Fuchs liest in der Akte 779, dass Michael Seidel 1989 vor Gericht aussagte, dass er Gesine Neubert mit einem Stein in der Hand gesehen hatte. Teresa hat Angst, dass Michael gelogen hat und dass Gesine unschuldig im Gefängnis war.

2. Wörtertraining. Ergänzen Sie den Artikel und, wenn möglich, die Pluralform:
Tastatur • Polizist • Buchstabe • Ordner • Zimmer • Luft • Zug • Haar • Hand • Gesicht • Blut • Sohn • Angst • Gefahr

Teil 4

1. Was sind Plattenbauten (a) und Gründerzeithäuser (b)? Lesen Sie den Artikel und ordnen Sie zu.

In Leipzig gibt es fast 15.0000 Häuser aus der Zeit zwischen 1870 und 1930. Das ist einmalig in Deutschland. Die ☐ haben Wohnungen mit hohen Decken, die mit Stuck* verziert sind. In den Treppenhäusern sieht man oft bunte Fenster und Malereien. Die ☐ dagegen sind hohe moderne Häuser, die aus schon fertigen Betonplatten vor allem in den 1970er Jahren gebaut wurden. Sie waren in der DDR sehr beliebt, weil sie praktisch und modern waren.

* der Stuck: Schmuck aus Gips

2. Wörtertraining. Ergänzen Sie den Artikel und, wenn möglich, die Pluralform:
Fahrt • Berufsverkehr • Morgen • Minute • Haus • Fernseher • Pullover • Farbe • Form • Sofa • Pflanze • Foto • Stress • Arm

Teil 5

1. Wer gehörte damals zu Gesines Clique? Notieren Sie die Namen.
2. Was ist am 2. Oktober 1989 im Schillerpark passiert? Machen Sie Stichpunkte.
2. Wörtertraining. Ergänzen Sie den Artikel und die Pluralform:
   See • Flur • Stimme • Schritt • Weg • Richtung • Stadt • Demonstration • Flucht • Telefon • Brief • Anfang • Stunde • Liste

Teil 6

1. Was wissen Sie über Tim Neubert? Machen Sie Stichpunkte zu seinem Leben.
2. Wörtertraining. Ergänzen Sie den Artikel und, wenn möglich, die Pluralform:
   Lachen • Ärger • Polizei • Adresse • Ausrede • Zeichen • Lied • Klavier • Fahrrad • Eis • Tier • Mutter • Mut • Gefühl

Teil 7

1. Lesen Sie den Text mit verteilten Rollen. Sie brauchen Sprecher/innen für den Erzähler / die Erzählerin, Teresa, Tim und Ulli Hartmann.
2. Zeichnen Sie die Skizze (Zeile 20–55): Wo ist der Polizist, wo steht Michael Seidel und wo könnte die Frau sein, von der Tim Neubert spricht?

Die Auflösung. Nach dem Hören!
Hören Sie noch einmal. Was ist richtig? Kreuzen Sie an.

1. Wo wohnt der Täter / die Täterin?
a) ☐ in einem Mehrfamilienhaus
b) ☐ in einem Einfamilienhaus
c) ☐ in einer Wohnung

2. Wie begrüßt der Täter / die Täterin Teresa Fuchs?
a) ☐ freundlich
b) ☐ unhöflich
c) ☐ ironisch

3. Wusste der Täter / die Täterin, dass der Polizist damals gestorben ist?
a) ☐ Ja, aber er/sie dachte, dass dies die einzige Lösung war.
b) ☐ Ja, aber er/sie wollte vorher noch helfen.

4. Warum hat der Täter / die Täterin den Polizisten getötet?
a) ☐ Er/Sie hatte Angst, seine/ihre große Liebe zu verlieren.
b) ☐ Er/Sie hat den Polizisten gehasst
c) ☐ Es gab keinen besonderen Grund.

5. Wie hat sich der Täter / die Täterin danach gegenüber Gesine Neubert gefühlt?
a.) ☐ Ihm/Ihr tat es schrecklich leid.
b.) ☐ Sie war ihm/ihr egal, denn er/sie fand, dass Gesine es verdient hatte.

Interessantes über Leipzig

Eine Stadt mit vielen Gesichtern

Leipzig ist neben der Landeshauptstadt Dresden mit 515 470 Einwohnern Kernstadt des Bundeslandes Sachsen. Sie ist nicht nur als erste Messestadt der Welt bekannt, sondern hat auch noch viele weitere Titel: Buchstadt, Universitätsstadt (schon Goethe war hier Student), Musikstadt, und da hier die Montagsdemonstrationen ihren Anfang hatten, wird sie auch Heldenstadt genannt. Während Leipzig früher noch ein touristischer Geheimtipp war, kommen heute jedes Jahr mehr Touristen, um sich die liebevoll restaurierte Innenstadt anzusehen. Hier haben sie die Möglichkeit, durch die Altstadt zu spazieren, die vielen Musikfeste zu genießen, Goethe nahe zu sein oder sich von der Mixtur aus Studenten, Messeleuten und freundlichen Sachsen begeistern zu lassen.

Das Leipzig-Quiz

1. **Arbeiten Sie in fünf Themen-Gruppen. Schreiben Sie pro Begriff eine Karte mit Stichwörtern wie im Beispiel. Recherchieren Sie die Informationen im Internet oder in einem Reiseführer. Benutzen Sie Ihr Wörterbuch.**

1. Sehenswürdigkeiten

Neues Gewandhaus: Konzerthalle, Neubau von 1981, berühmtes Deckengemälde

Altes Rathaus – Alte Börse – Auerbachs Keller

2. Leipziger Spezialitäten

Leipziger Lerchen: heute süßes Gebäck, früher mit echten Vögeln

Leipziger Allerlei – Leipziger Gose

3. Feste in Leipzig

Wave-Gotik-Treffen (WGT): großes Musikfestival der Gothic-Szene, seit 1992 jedes Jahr zu Pfingsten

Bachfest – Classic Open – Internationales Kammermusikfestival

4. Typisch für Leipzig

Leipziger Buchmesse: zweitgrößte Buchmesse in Deutschland, gibt es seit dem 17. Jh.

City-Hochhaus (Uniriese) – Thomanerchor

5. Berühmtheiten in Leipzig:

Johann Sebastian Bach: (1685–1750), berühmter Komponist, vor allem für Orgel und Klavier

Johann Wolfgang von Goethe – Felix Mendelssohn-Bartholdy

2. **Jede/r nimmt eine Karte. Laufen Sie durch den Raum und suchen Sie sich eine/n Partner/in. Lesen Sie Ihre Stichworte vor. Ihr/e Partner/in rät. Tauschen Sie dann die Karten. Machen Sie weiter und wechseln Sie die Partner/innen.**
3. **Legen Sie die Karten wieder zu den Themen zurück. Würfeln Sie ein Thema*. Wer die richtige Antwort weiß, darf die Karte behalten. Wer hat die meisten Karten?**

*6 = freie Auswahl

Modelltest: Zertifikat Deutsch

Wenn Sie die Bände *Ja genau! B1/1* und *B1/2* durchgearbeitet haben, können Sie Ihre Deutschkenntnisse mit der Prüfung Zertifikat Deutsch dokumentieren. Sie besteht aus diesen Teilen:

Prüfungsteil	Zeit	Punkte
Schriftliche Prüfung		
Leseverstehen, Teil 1	ca. 20 Minuten	25
Leseverstehen, Teil 2	ca. 35 Minuten	25
Leseverstehen, Teil 3	ca. 15 Minuten	25
Sprachbausteine, Teil 1	ca. 10 Minuten	15
Sprachbausteine, Teil 2	ca. 10 Minuten	15
Pause	20 Minuten	
Hörverstehen, Teil 1	30 Minuten	25
Hörverstehen, Teil 2		25
Hörverstehen, Teil 3		25
Schreiben	30 Minuten	45
Mündliche Prüfung	Vorbereitungszeit: 20 Minuten	75
Teil 1	3 Minuten	
Teil 2	6 Minuten	
Teil 3	6 Minuten	
Insgesamt		300

Sie bestehen die Prüfung, wenn Sie in der schriftlichen Prüfung mindestens 135 und in der mündlichen Prüfung mindestens 45 Punkte erreichen. Viel Erfolg!

Schriftliche Prüfung

Leseverstehen

Teil 1

Lesen Sie zuerst die Texte 1–5. Lesen Sie dann die Überschriften a–j und entscheiden Sie, welcher Text am besten zu welcher Überschrift passt. Sie dürfen jeden Text und jede Überschrift nur einmal verwenden.

1. ☐ Tausende Umweltschützer haben gestern in der Innenstadt gegen den Bau der neuen Stadtautobahn demonstriert. Die Bauarbeiten für die Autobahn sollen nach Plänen der Regierung spätestens Anfang April beginnen. Mit Plakaten und Informationsständen wollten die Demonstranten darauf aufmerksam machen, dass durch den geplanten Bau wichtige Naturschutzgebiete zerstört würden. Sie forderten mehr Maßnahmen gegen den Klimawandel und meinten, dass sich die Politiker zu wenig für den Umwelt- und Klimaschutz engagieren.

2. ☐ Klimaschutz wird für immer mehr Menschen ein wichtiges Thema. Detaillierte Informationen und Tipps zum Energiesparen finden Sie in dem neuen Ratgeber „Klimaretten – leicht gemacht!“, der jetzt in Zusammenarbeit mit verschiedenen Naturschutzorganisationen veröffentlicht wurde. Umweltexperten stellen in dem Buch viele originelle Möglichkeiten zum Stromsparen im Haushalt vor. Das ist nicht nur gut für das Klima, sondern auch für Ihren Geldbeutel! Den Ratgeber erhalten Sie online oder im Buchhandel für 6,95 Euro.

3. ☐ Um auch Kinder für das Thema Klimaschutz zu interessieren, bieten Schulen und Jugendorganisationen jetzt spezielle Umwelt-Camps für junge Naturfreunde an. Eine Woche lang können Kinder zwischen 8 und 14 Jahren mit Biologen, Lehrern und Jugendbetreuern in ein nahes Naturschutzgebiet fahren und dort lernen, welche bedrohten Pflanzen und Tiere in dieser Region leben, welche Gefahren es für sie und ihren Lebensraum gibt und wie man selbst etwas für den Umwelt- und Klimaschutz tun kann. Für mehr Informationen wenden Sie sich an das Umweltzentrum in der Herbertstraße 45.

4. ☐ In vielen deutschen Großstädten ist es kaum noch möglich, Fahrrad zu fahren, ohne Angst haben zu müssen, wegen eines Verkehrsunfalls im Krankenhaus zu landen. Die Gründe sind einerseits zu wenig Radwege und andererseits die Autofahrer, die zu schnell und aggressiv fahren und keine Rücksicht auf die restlichen Verkehrsteilnehmer nehmen. Um auf die Probleme aufmerksam zu machen, werden von verschiedenen Organisationen seit Jahren regelmäßig Fahrraddemos organisiert. Auch an diesem Wochenende treffen sich in zahlreichen Innenstädten wieder engagierte Fahrradfahrer zu einer gemeinsamen Rundfahrt, um für bessere Bedingungen für den Fahrradverkehr zu demonstrieren.

5. ☐ Eine Umfrage zu den wichtigsten Faktoren für die Lebensqualität hat gezeigt, dass für die meisten Befragten ihre Gesundheit an erster Stelle steht. Auf Platz zwei folgen Partnerschaft und Familie, auf Platz drei die Möglichkeit, frei über sein Leben entscheiden zu können. Auch ein friedliches Zusammenleben mit ihren Mitmenschen sowie der Schutz der Umwelt waren für die meisten Teilnehmer wichtiger als Geld und Besitz.

a) **Umweltschutz bald auch als Schulfach?**

b) **Mehr Fahrradunfälle als im letzten Jahr**

c) **Umfrage: Wie wichtig ist Umweltschutz für Sie?**

d) **Gesundheit ist wichtiger für Lebensqualität als Geld**

e) **Klimaschutz für die Kleinen**

f) **Bauarbeiten für Stadtautobahn beginnen später**

g) **Radfahrer kämpfen für mehr Sicherheit**

h) **Immer mehr Menschen engagieren sich aktiv für den Klimaschutz**

i) **Buchtipp: So sparen Sie Geld und Energie**

j) **Umweltschutz statt Autobahn?**

Leseverstehen

Teil 2

Lesen Sie zuerst den Zeitungsartikel und lösen Sie dann die Aufgaben 6–10.

König Kunde – Warum ist Service wichtig?

Das Problem

Wussten Sie eigentlich, dass fast jeder eine Geschichte über besonders schlechten Service erzählen kann? Fragen Sie sich mal selbst! Man könnte also glauben, dass es in Sachen Service in Deutschland nicht besonders gut aussieht.

96 Prozent aller verärgerten Kunden verlassen das Geschäft wortlos und kommen wahrscheinlich nie wieder. Als Handels- und Dienstleistungsunternehmer erfährt man nur selten die tatsächlichen Gründe, obwohl sie helfen würden, den Service zu verbessern. Aber in Deutschland – so der Glaube in den Köpfen der Kunden – macht das keinen Sinn, weil schlechter Service längst zur Normalität gehört.

Ist das wirklich so? Zitate aus dem Alltag scheinen die Kritik am Service zu bestätigen: „Wenn's nicht im Regal steht, haben wir's nicht!", „Fragen Sie doch meine Kollegin!", „Bin ich nicht für zuständig!", „Sie müssen sich hinten anstellen!", „Wenn Ihnen die Ware nicht gefällt, gehen Sie doch woanders hin!", um nur einige Beispiele zu nennen. Natürlich hört man so etwas nicht in allen Geschäften, aber wenn der Kunde einmal solche Erfahrungen macht, erinnert er sich lange daran. Was der Handel und die Dienstleistung in Deutschland also haben, ist ein Imageproblem. Lassen Sie uns gemeinsam daran arbeiten!

Die Lösung

Unser Ziel ist, das Image des Handels und der Dienstleistungsbranche zu verbessern. Deshalb müssen wir die Service-Qualität gegenüber Kunden, Gästen und Bürgern steigern. Es ist heute nicht mehr genug, den Kunden oder Besucher nur zufriedenzustellen, er sollte begeistert sein! Denn erst Begeisterung führt dazu, dass der Kunde gerne wiederkommt, mehr einkauft, den Standort weiterempfiehlt und auch bereit ist, mehr zu bezahlen.

Wie macht man dem Kunden also klar, dass man nicht nur guten Service verspricht, sondern ihn auch tatsächlich bietet? Jeder kennt die Sterne aus der Hotellerie oder die verliehenen Kochlöffel in der Gastronomie als Zeichen für besondere Qualität in diesen Branchen. Warum nicht auch ein „Gütesiegel" für Service-Qualität im Dienstleistungssektor? Es wäre doch toll, wenn der Kunde schon an der Tür erkennen könnte, dass er in einem Geschäft eine gute Beratung und einen ausgezeichneten Service erwarten kann. Denn wer würde nicht gern einmal in einem 5-Sterne-Geschäft einkaufen?

Lösen Sie die Aufgaben 6–10. Kreuzen Sie die richtige Antwort (a, b oder c) an. Achtung: Die Reihenfolge der einzelnen Aufgaben folgt nicht immer der Reihenfolge des Textes.

6. Fast alle Leute
   a) ☐ sind mit dem Service in Deutschland zufrieden.
   b) ☐ haben Erfahrung mit schlechtem Service.
   c) ☐ haben Probleme, guten Service zu bieten.

7. Das unfreundliche Verhalten des Personals
   a) ☐ vergessen die Kunden meist schnell.
   b) ☐ ist in allen Geschäften ein Problem.
   c) ☐ hat zu einem Imageproblem geführt.

8. Die Verbesserung der Service-Qualität
   a) ☐ soll die Kunden begeistern.
   b) ☐ ist auch in Restaurants wichtig.
   c) ☐ können viele Unternehmer nicht bezahlen.

9. Die meisten unzufriedenen Kunden
   a) ☐ beschweren sich beim Personal.
   b) ☐ denken, dass der Service woanders besser ist.
   c) ☐ sagen nichts und kommen nicht wieder.

10. Durch ein „Gütesiegel"
   a) ☐ würde sich der Service in allen Geschäften verbessern.
   b) ☐ könnten die Kunden gute Geschäfte leicht erkennen.
   c) ☐ würden die Kunden nur noch teure Produkte kaufen.

Leseverstehen

Teil 3

Lesen Sie zuerst die Situationen 11–20 und dann die Anzeigen a–l. Welche Anzeige passt zu welcher Situation? Sie können jede Anzeige nur einmal verwenden. Es ist auch möglich, dass es keine passende Anzeige gibt. Dann tragen Sie ein X ein.

11. ☐ Ihr Sohn geht in die achte Klasse und hatte in der letzten Mathematikarbeit schon wieder eine Fünf. Sie suchen Hilfe für ihn.
12. ☐ Ihr Mann möchte gern Französisch lernen, hat aber wegen seines Berufs keine Zeit für einen Sprachkurs.
13. ☐ Ihre Tochter steht kurz vor dem Abitur. Weil sie Übersetzerin werden will, hätte sie gern besonders gute Noten in den Sprachprüfungen.
14. ☐ Ihre Mutter ist Rentnerin und würde in ihrer freien Zeit gerne einen Fotokurs machen.
15. ☐ Ihr Neffe ist schlecht in Englisch und möchte seine Sprachkenntnisse in den Ferien verbessern.
16. ☐ Sie wollen Ihren Bruder in den USA besuchen und suchen einen billigen Flug.
17. ☐ Ihre Nichte hat eine Ausbildung in der Tourismusbranche gemacht und sucht einen Job.
18. ☐ Ihre Eltern möchten gern neue Länder kennenlernen, können aber nicht mehr so gut laufen.
19. ☐ Sie würden gern Türkisch lernen, haben aber nur abends Zeit.
20. ☐ Die Tochter einer Freundin möchte eine Ausbildung zur Hotelfachfrau machen.

a) **Erfahrene Lehrerin** bereitet auf Abiturprüfungen in Deutsch, Englisch und Französisch vor.
Tel.: 870 22 133

b) Student bietet **Nachhilfe**
in allen Fächern bis Klasse 6
Tel: 789 23 45

c) **Lernen kann man lernen!**
Probleme in der Schule? Schlechte Noten? Wir helfen! Komm zu unserer Hausaufgabenhilfe! Jeden Nachmittag von 15–18 Uhr im Schulzentrum am Markt, auch Vorbereitung auf Klassenarbeiten.

d) ***Zum Lernen ist man nie zu alt!***
Es ist lange her, dass Sie in der Schule waren? Macht nichts! Kommen Sie in unsere Seniorenkurse! Wählen Sie aus unserem Angebot den passenden Kurs für Sie und lernen Sie gemeinsam mit anderen Menschen in Ihrem Alter. *Seniorenschule Bergmann, Tel: 443 21 111*

e) ***Sprachen lernen macht Spaß!***
Erfahrene Lehrer, kleine Gruppen, moderne Methoden.
Großes Angebot. Auch Abendkurse.
Sprachschule am Tor, Frankfurter Straße 23
www.sprachschule-am-tor.de

f) **Sprachen online lernen!**
Mit unserer neuen Software lernen Sie Sprachen zu Hause an Ihrem Computer – wann immer Sie Lust und Zeit haben. Ideal für Berufstätige.
www.sprachen-online.com

g) **Deutschkurse für türkische Frauen und Mütter**
Alle unsere Lehrerinnen sprechen Türkisch. Wir treffen uns zweimal die Woche in der VHS, Jägerstraße 24, Raum 13

h) **Sprachreisen für junge Leute**
Ihr wollt Urlaub machen und neue Leute treffen?
Wir haben tolle Angebote für euch: England, USA, Malta, Australien!
Infos im Internet unter:
www.languagetravelling.de

i) ***Mittelmeer-Kreuzfahrten***
Erleben Sie die mediterranen Länder an Bord unserer Luxusschiffe. Reisen Sie bequem und komfortabel und entdecken Sie auf Fotosafaris mit dem Bus die interessantesten Ziele des Mittelmeerraums.
Zwei Wochen schon ab 1200 Euro!

j) ***Traumjob gesucht?***
Wir vermitteln Hotel- und Tourismusfachleute an große Kreuzfahrtunternehmen. Viele neue Jobangebote!
Tourismus-Jobmesse am 23./24.7. auf dem Messegelände, Stand 223

k) *Sie möchten in der Tourismusbranche arbeiten?* Wir bieten ab Januar neue Ausbildungsplätze.
Hotel am See,
Infos unter 234 54 31

l) **Günstige Flugreisen**
Neue Länder kennenlernen? Tolle Städte entdecken? Wir fliegen Sie in die schönsten Metropolen Europas.
www.fly-europa.de

Sprachbausteine

Teil 1

Lesen Sie den folgenden Text und kreuzen Sie für jede Lücke das richtige Wort (a, b oder c) an.

Liebe Suzanna,

stell __21__ vor, ich habe die Stelle auf dem Kreuzfahrtschiff bekommen! Erinnerst du dich noch __22__, dass ich dir bei unserem letzten Treffen von diesem Jobangebot erzählt habe? Ich habe mich dann tatsächlich bei dem Unternehmen beworben und zwei Wochen später haben sie mich zu einem Vorstellungsgespräch __23__. Sie haben mir sehr __24__ Fragen gestellt. Ich glaube, sie wollten wissen, __25__ mir wirklich klar ist, was die Arbeit auf so einem Schiff bedeutet. Bestimmt ist das Leben auf so engem Raum nicht leicht und die Arbeitsbelastung sehr hoch, __26__ freue ich mich schon darauf. Den ganzen Tag auf dem Meer zu sein und fremde Länder kennenzulernen – das ist bestimmt toll! Leider __27__ ich meine Familie und meine Freunde lange Zeit nicht sehen, aber ich kann ihnen ja Postkarten schreiben. Und zwischendurch habe ich auch manchmal eine Woche frei. __28__ freue ich mich darauf, so viele neue Leute kennenzulernen. Die Frau, mit __29__ ich eine Kabine teilen werde, habe ich auch schon getroffen. Sie arbeitet als Animateurin im Fitnessstudio, __30__ ich wohl den ganzen Tag im Bordrestaurant die Gäste bedienen werde.

So, nun mache ich mal lieber Schluss, denn ich muss noch so viel organisieren. Es geht ja schon in vier Wochen los!

Bis bald, ganz liebe Grüße
Martha

21. a) ☐ dich
    b) ☐ dir
    c) ☐ du

22. a) ☐ daran
    b) ☐ dafür
    c) ☐ darüber

23. a) ☐ einladen
    b) ☐ einzuladen
    c) ☐ eingeladen

24. a) ☐ viel
    b) ☐ viele
    c) ☐ vieles

25. a) ☐ ob
    b) ☐ wenn
    c) ☐ weil

26. a) ☐ denn
    b) ☐ trotzdem
    c) ☐ aber

27. a) ☐ würde
    b) ☐ werde
    c) ☐ wurde

28. a) ☐ Viel
    b) ☐ Mehr
    c) ☐ Am meisten

29. a) ☐ die
    b) ☐ der
    c) ☐ ihr

30. a) ☐ während
    b) ☐ als
    c) ☐ wann

Sprachbausteine

Teil 2

Lesen Sie den folgenden Text und schreiben Sie den richtigen Buchstaben (A bis O) hinter die Nummern 31 bis 40 unten. Sie können jedes Wort nur einmal verwenden. Nicht alle Wörter passen in den Text.

Catering-Service sucht Mitarbeiter
Wir sind ein kleines Unternehmen, das Speisen und Getränke für private und geschäftliche Feiern liefert. Gesundes Essen ist uns und unseren Kunden wichtig, deshalb verwenden wir nur Bioprodukte. Zur Verstärkung unseres Teams suchen wir erfahrene Mitarbeiter für Küche und Lieferservice.
Anfragen an: **Bio-Catering-Service „Vollkorn“**, Hauptstraße 3, 10224 Berlin

Sehr geehrte Damen und Herren,

mit großem Interesse habe ich __31__ Anzeige in der Zeitschrift „Öko“ gelesen und möchte mich um eine Stelle als Köchin bewerben.
Ich bin 26 Jahre alt und habe eine abgeschlossene Ausbildung __32__ Köchin. __33__ ich die letzten Jahre in einer großen Hotelküche gearbeitet habe, möchte ich nun gerne etwas Neues ausprobieren. Ich koche gerne gesund und auch privat kaufe ich nur Biolebensmittel ein, __34__ interessiere ich mich besonders __35__ Ihr Angebot. Ich bin flexibel und teamfähig und arbeite gern __36__ anderen zusammen.
Natürlich habe ich auch noch ein paar Fragen an Sie: Wie viele Mitarbeiter haben Sie denn? Wie wären die Arbeitszeiten und __37__ ich auch am Wochenende arbeiten? Und __38__ könnte ich mit der Arbeit anfangen?
Über eine Einladung zu einem Vorstellungsgespräch __39__ ich mich sehr freuen.
Wenn Sie noch weitere Fragen haben, können Sie mich auch __40__ anrufen.

Mit freundlichen Grüßen
Elena Berger

A MÜSSTE	B VIEL	C WÜRDE	D DEINE	E NACHDEM
F DESHALB	G GERNE	H WENN	I FÜR	J MIT
K BEVOR	L ALS	M IHRE	N WANN	O IN

31 ☐ 32 ☐ 33 ☐ 34 ☐ 35 ☐ 36 ☐ 37 ☐ 38 ☐ 39 ☐ 40 ☐

Hörverstehen

28

Teil 1

Sie hören fünf kurze Texte. Sie hören jeden Text nur einmal. Bei jeder Aufgabe sollen Sie feststellen, habe ich das im Text gehört oder nicht? Wenn ja, markieren Sie (R) = richtig, wenn nein, (F) = falsch. Lesen Sie jetzt die Aussagen Nr. 41–45. Sie haben dazu 30 Sekunden Zeit.

41. Die Sprecherin wünscht sich einen Garten und Haustiere. R F
42. Die Sprecherin möchte mit ihrem Mann eine Kreuzfahrt machen. R F
43. Der Sprecher will einmal ein eigenes Hotel eröffnen. R F
44. Die Sprecherin wünscht sich einen Sohn. R F
45. Der Sprecher hofft, dass er in Zukunft mit seiner Freundin zusammenleben kann. R F

29

Teil 2

Sie hören nun ein Gespräch. Dazu sollen Sie 10 Aufgaben lösen. Sie hören diesen Text zweimal. Bei jeder Aufgabe sollen Sie feststellen: Habe ich das im Text gehört oder nicht? Wenn ja, markieren Sie beim ersten Hören oder danach (R) = richtig, wenn nein, (F) = falsch. Lesen Sie jetzt die Aufgaben Nr. 46–55. Sie haben dazu eine Minute Zeit.

46. Heiko Jessner arbeitet Teilzeit in einem Büro. R F
47. Er hat zwei Kinder, die er jeden Tag zur Schule bringt. R F
48. Vormittags hat er viel zu tun. R F
49. Nach dem Mittagessen hilft er seinem Sohn bei den Hausaufgaben. R F
50. Nachmittags spielt Heiko oft mit seinen Kindern. R F
51. Abends isst die ganze Familie zusammen. R F
52. Heikos Frau verdient besser als er. R F
53. Heiko hat als Ingenieur gearbeitet, bevor er Vater wurde. R F
54. Heiko verbringt gern Zeit mit seinen Kindern. R F
55. Heikos Freunde sind nicht sehr tolerant. R F

30

Teil 3

Sie hören fünf kurze Texte. Sie hören jeden Text zweimal. Bei jeder Aufgabe sollen Sie feststellen, habe ich das im Text gehört oder nicht? Wenn ja, markieren Sie beim ersten Hören oder danach (R) = richtig, wenn nein, (F) = falsch.

56. Im Theater wird am Donnerstag um 20:30 Uhr „Romeo und Julia“ gezeigt. R F
57. In der Schweiz wird das Wetter schön. R F
58. Heute Abend gibt es nach den Nachrichten eine Sendung über den Fall der Berliner Mauer. R F
59. Ihr Zug nach München hat eine Viertelstunde Verspätung. R F
60. Zehn Bio-Eier kosten 2,95 Euro. R F

Schriftlicher Ausdruck

Bei einem Treffen mit einem deutschen Freund haben Sie diesem viel von Ihrer Heimatstadt / der Hauptstadt Ihres Landes erzählt. Sie bekommen von ihm folgende E-Mail.

Liebe/r ...,

unser Treffen hat mir großen Spaß gemacht und was du mir erzählt hast, hat meine Reiselust geweckt. Ich habe dieses Jahr noch ein paar Tage Urlaub und könnte eine Reise buchen. Du weißt ja, dass ich mich sehr für Kultur interessiere. Hast du gute Tipps, welche interessanten Theaterstücke, Opern, Ausstellungen oder andere Kulturveranstaltungen es in deiner Stadt gibt? Auch Museen würde ich mir gern ansehen. Wann ist denn die beste Reisezeit? Und weißt du vielleicht auch, welche günstigen Reisemöglichkeiten es gibt? Hast du einen Tipp für ein billiges Hotel? So viele Fragen! Ich würde mich freuen, wenn du mir helfen könntest, denn ich freue mich schon sehr auf die Reise.

Viele Grüße
Tim

Antworten Sie Ihrem Freund. Schreiben Sie eine E-Mail zu allen vier Punkten unten.

günstige Übernachtungsmöglichkeiten

beste Reisezeit

Reisemöglichkeiten

Tipps zu Kulturveranstaltungen und interessanten Museen

Überlegen Sie sich die passende Reihenfolge der Punkte. Vergessen Sie nicht die Anrede und schreiben Sie auch eine passende Einleitung und einen passenden Schluss.

Mündliche Prüfung

Teil 1

Kontaktaufnahme

Sie möchten Ihre/n Partner/in näher kennenlernen und stellen ihr/ihm einige Fragen. Sie sollen versuchen, so viele Informationen wie möglich zu bekommen. Die folgenden Punkte können Ihnen dabei helfen.

1. Name
2. Wo und wie er/sie wohnt (Wohnung, Haus, Garten, ...)
3. Wo er/sie herkommt
4. Familie
5. Wo er/sie Deutsch gelernt hat
6. Ob er/sie schon in anderen Ländern war
7. Was er/sie im Moment macht (Schule, Studium, Beruf, ...)
8. ...

Teil 2

Gespräch über ein Thema

Lesen Sie Ihren Text und berichten Sie Ihrem Partner / Ihrer Partnerin kurz darüber. Ihr/e Partner/in hat eine andere Information zum selben Thema und berichtet auch darüber. Erzählen Sie danach von Ihren persönlichen Erfahrungen. Stellen Sie sich gegenseitig Fragen und reagieren Sie, sodass ein Gespräch entsteht.

Ich esse schon seit fünf Jahren kein Fleisch mehr. Ich finde es falsch, dass viele Leute meinen, sie müssten jeden Tag Fleisch essen, aber möglichst wenig dafür bezahlen wollen. So billig kann man Fleisch einfach nicht produzieren. Die meisten interessiert es doch gar nicht, woher ihr Fleisch kommt. Im Supermarkt ist ja auch alles schön sauber in Plastik verpackt.

Teil 3

Lösen einer Aufgabe

Situation: Sie wollen mit Ihrem Deutschkurs eine Ausstellung zum Thema „D A CH – Die deutschsprachigen Länder" organisieren. Überlegen Sie gemeinsam mit Ihrem/Ihrer Gesprächspartner/in, wie die Ausstellung aussehen könnte, was alles zu tun ist und wer welche Aufgaben übernimmt. Sie haben sich diesen Zettel mit Notizen gemacht:

Ausstellung
- Wo und wann?
- Themen
- Wie? (Karten, Plakate, Fotos, Filme, ...)
- Was? (Regionen, Sehenswürdigkeiten, Feste, Musik, typisches Essen und Getränke, ...)
- Einladungen
- ...

Mündliche Prüfung – Partnerseite

Teil 2

Gespräch über ein Thema

Lesen Sie Ihren Text und berichten Sie Ihrem Partner / Ihrer Partnerin kurz darüber. Ihr/e Partner/in hat eine andere Information zum selben Thema und berichtet auch darüber. Erzählen Sie danach von Ihren persönlichen Erfahrungen. Stellen Sie sich gegenseitig Fragen und reagieren Sie, sodass ein Gespräch entsteht.

Ich esse gern mal ein gutes Stück Fleisch. Immer nur Gemüse, das wäre einfach nichts für mich. Da würde mir wirklich etwas fehlen. Ich würde ja gern Biofleisch kaufen, aber leider kann ich mir das nicht leisten. Die Preise für Biolebensmittel sind einfach zu hoch – das kann ich nicht bezahlen. Ich versuche aber, nicht jeden Tag Fleisch zu essen. Das ist soll ja auch gesünder sein. Aber gar kein Fleisch ist bestimmt auch nicht gesund.

Grammatik kompakt

Verben

Reflexive Verben mit Dativ

Es gibt einige Verben, bei denen das Reflexivpronomen im Dativ steht. Lernen Sie sie.

sich etw. vorstellen:	**Ich** kann	**mir**	das nicht vorstellen.
sich Mühe geben:	**Du** könntest	**dir**	auch etwas mehr Mühe geben.
sich etw. leihen:	**Er** leiht	sich	das Geld von seinem Onkel.
sich etw. ansehen:	**Sie** sieht	sich	die Hausaufgaben an.
sich etw. leisten:	**Wir** können	uns	das Auto nicht leisten. Das ist zu teuer.
sich Sorgen machen:	**Ihr** macht	euch	zu viele Sorgen.
sich etw. merken:	**Sie** merken	sich	alle Regeln.

Tipp
Dativ ist nur bei ich *und* du *anders als Akkusativ:* ***mich*** *und* ***dich*** *wird* ***mir*** *und* ***dir****.*

Präteritum

Die Brüder Grimm kamen in Hanau auf die Welt.
Sie verbrachten ihr ganzes Leben zusammen.
Gemeinsam sammelten sie Märchen.

	regelmäßig	*unregelmäßig*	*Mischform*	*werden*
ich	lebte	kam	dachte	wurde
du	lebtest	gingst	brachtest	wurdest
er/sie/es	lebte	rief	wusste	wurde
wir	lebten	kamen	mochten	wurden
ihr	lebtet	nahmt	ranntet	wurdet
sie/Sie	lebten	lasen	kannten	wurden

Tipp
Das Präteritum verwendet man meistens in Zeitungen, Geschichten, Märchen und Biografien, seltener in der gesprochenen Sprache.
1. Person = 3. Person
ich lebte ► er/sie/es lebte *ich ging ► er/sie/es ging*

	wollen	**sollen**	**können**	**müssen**	**dürfen**
ich	wollte	sollte	konnte	musste	durfte
du	wolltest	solltest	konntest	musstest	durftest
er/sie/es	wollte	sollte	konnte	musste	durfte
wir	wollten	sollten	konnten	mussten	durften
ihr	wolltet	solltet	konntet	musstet	durftet
sie/Sie	wollten	sollten	konnten	mussten	durften

Tipp
Lernen Sie die Verben immer mit Präteritum und Partizip II.
kommen – kam – gekommen

Plusquamperfekt

Der Wecker hatte schon dreimal geklingelt. Erst dann bin ich aufgestanden.
Nachdem man die Mauer gebaut hatte, war Berlin eine geteilte Stadt.

Das Plusquamperfekt bildet man mit dem Präteritum von *haben* oder *sein* und dem Partizip II. Man benutzt es, wenn man **in der Vergangenheit** sagen möchte, dass etwas **vorher** passiert ist.

Futur I

Sie wird im nächsten Jahr bestimmt studieren.

werden (Präsens) — Infinitiv

Das Futur I bildet man mit einer Form von *werden* im Präsens und dem Infinitiv, der am Ende steht.
Mit dem Futur I drückt man Vermutungen aus,

die sich auf die Gegenwart beziehen:	Warum ist Pavel nicht da? Er wird krank sein.
oder auf die Zukunft:	Er wird nächste Woche bestimmt wieder gesund sein.

Weitere Funktionen:

– *Pläne und Vorsätze:*	Ab morgen werde ich weniger fernsehen und mehr lernen.
– *Versprechungen:*	Wir werden dich nächstes Jahr öfters besuchen.
– *Prognosen:*	Im Jahr 2050 wird es weniger Autos geben.

Konjunktiv II

Mit dem Konjunktiv II kann man

1. *Wünsche und Unwirkliches äußern:*	Ich wäre gern Millionär, aber ich habe kein Geld. Ich würde gern ans Meer fahren. Ich wüsste gern mehr über dich.
2. *Ratschläge geben / Vorschläge machen:*	Du könntest doch mal eine neue Sprache lernen. Du solltest mal etwas Neues ausprobieren.
3. *höfliche Bitten äußern:*	Hätten Sie mal einen Moment Zeit für mich? Würden Sie uns bitte die Rechnung bringen? Könntest du mir deinen Stift leihen?

haben*, *sein* und *wissen

	haben	**sein**	**wissen**
ich	hätte	wäre	wüsste
du	hättest	wärst	wüsstest
er/sie/es	hätte	wäre	wüsste
wir	hätten	wären	wüssten
ihr	hättet	wärt	wüsstet
sie/Sie	hätten	wären	wüssten

Tipp

Fast wie im Präteritum, aber mit zwei Pünktchen:

hatte ➜ hätte
war/warst ➜ wäre/wärst
wusste ➜ wüsste

mit *würde* + Infinitiv

Die meisten Verben bilden den Konjunktiv mit *würde* + Infinitiv.

	werden	
Ich	würde	gern ins Kino gehen.
Du	würdest	gern in den Zoo gehen.
Er/Sie/Es	würde	gern ins Theater gehen.
Wir	würden	gern unsere Freunde treffen.
Ihr	würdet	gern ins Restaurant gehen.
Sie	würden	gern etwas zusammen machen.

von Modalverben

	sollen	**können**	**müssen**
ich	sollte	könnte	müsste
du	solltest	könntest	müsstest
er/sie/es	sollte	könnte	müsste
wir	sollten	könnten	müssten
ihr	solltet	könntet	müsstet
sie/Sie	sollten	könnten	müssten

Tipp

Im Konjunktiv bleibt der Vokal wie er ist, im Präteritum nicht:
Konntest du helfen?

Das *werden*-Passiv im Präsens und Präteritum

Aktiv

Die Bauern verkaufen ihre Hühner.
(ihre Hühner: Akkusativ)

Passiv

Die Hühner werden verkauft.
(Die Hühner: Nominativ; verkauft: Partizip II)

Das *werden*-Passiv bildet man mit einer Form von *werden* + Partizip II.
Man benutzt es, wenn es nicht so wichtig ist, **wer** etwas tut, aber man betonen möchte, **was** getan wird, zum Beispiel in Gebrauchsanweisungen, Zeitungsberichten etc.

Präteritum: Gestern wurden alle Hühner verkauft.

Im Präteritum Passiv ändert sich nur die Form von *werden*:
Ich wurde geweckt, weil du angerufen wurdest. Er wurde gestern angerufen, aber wir wurden nicht angerufen. Wurdet ihr angerufen? Sie wurden auch nicht angerufen.

Das *werden*-Passiv im Präsens mit Modalverben

	Modalverb	Partizip II	
Die Arbeitsbedigungen	müssen	verbessert	werden.

Bei Passivsätzen mit Modalverben steht *werden* am Ende und im Infinitv.
Davor steht ein Verb im Partizip II.

Diese Jacke **darf** nicht heiß **gewaschen werden**.
Neue Kleidung **soll** vor dem ersten Tragen **gewaschen werden**.
Unterwäsche **kann** nicht **umgetauscht werden**, wenn sie ausgepackt wurde.

Das *sein*-Passiv im Präsens

Das *sein*-Passiv wird mit einer Form von *sein* + Partizip II gebildet. Es beschreibt ein Ergebnis und drückt einen Zustand aus:

Die Tische sind gedeckt. Das Restaurant ist geöffnet.
Jetzt können die Gäste kommen.

Das Verb *lassen*

Ich schneide meine Haare nicht selbst.
Ich lasse meine Haare schneiden.

Mit dem Verb *lassen* + Infinitiv sagt man, dass man etwas nicht selbst macht.
Du lässt deine Fenster putzen. Er lässt seinen Garten machen. Wir lassen unser Auto reparieren. Ihr lasst das Haus streichen und die Kinder lassen ihre Fahrräder fertig machen.

Im Perfekt gibt es 1 x haben, 2 x Infinitiv und **kein** Partizip:
Ich habe mein Fahrrad reparieren lassen. Du hast dein Fahrrad reparieren lassen. Er hat ...

Sie kennen jetzt drei unpersönliche Formen:

– Sätze mit *man*: Man bezahlt die Rechnung.
– mit *lassen*: Ich lasse die Rechnung bezahlen.
– das Passiv: Die Rechnung wird bezahlt.

Pronominaladverbien

Woran? – daran, worauf? – darauf, worüber? – darüber, womit? – damit, ...

Denkst du an das Konzert morgen?	Natürlich denke ich daran.
Freust du dich auf das Konzert?	Ich freue mich sogar sehr darauf.
Ärgerst du dich über den Preis?	Nein, darüber ärgere ich mich nicht. Das ist es wert.
Wofür interessieren sich die Festspielbesucher?	Für Musik.
Worauf freuen sich diesen Sommer wieder viele Menschen?	Auf die vielen Festivals.
Wozu gehört die Berlinale?	Zu den wichtigsten Filmfestivals.

Bei Aussagen verbindet man da + (r) + Präposition. Bei Fragen wo + (r) + Präposition.

Tipp
Das r braucht man, wenn die Präposition mit einem Vokal anfängt: darauf – worüber aber: womit

Pronominaladverbien verwendet man bei **Sachen**. Bei **Personen** verwendet man die Präposition und das Pronomen oder die Präposition und das Fragewort:

Denkst du **an ihn**?	Natürlich denke ich an ihn.
An wen denkst du?	An dich.
Auf wen freust du dich?	Auf ihn.
Mit wem gehst du zu dem Konzert?	Mit dir.

Artikel und Nomen

Artikel im Genitiv

	der	*das*	*die*
best. Artikel	Die Hose des Mannes	des Kindes	der Frau ist zu klein.
unbest. Artikel	Die Länge eines Urlaubs	eines Tages	einer Reise ist wichtig.
Possessivartikel	Die Eltern meines Mannes	meines Enkelkindes	meiner Frau sind alt.
Plural	Das Haus der Eltern / meiner/seiner/unserer Eltern ist sehr groß.		

Die n-Deklination

Einige maskuline Nomen haben im Akkusativ, Dativ und Genitiv ein *-n* am Ende:

Nominativ:	Das ist	der Junge aus Köln.
Akkusativ:	Ich sehe	den Jungen.
Dativ:	Ich spiele mit	dem Jungen.
Genitiv:	Die Hose	des Jungen ist zu klein.

Tipp

Die n-Deklination immer nur bei maskulinen Nomen.
Ausnahme: das Herz *(im Dativ)*
► Was hast du auf dem Herzen?

Die Nomen der n-Deklination kann man in drei Gruppen einteilen:
- maskuline Nomen mit der Endung -e (Personen, Tiere, Nationalitäten)
  der Junge, der Kollege, der Affe, der Pole, ...
- maskuline Nomen mit einer griechischen oder lateinischen Endung: (-and/-ant, -ent, -ist, -oge, -at)
  der Doktorand, der Praktikant, der Patient, der Journalist, der Biologe, der Demokrat
- weitere maskuline Nomen: der Mensch, der Bauer, der Nachbar, der Herr ...

Diminutive von Nomen

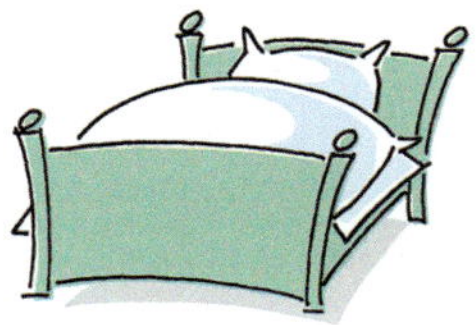

Die Endungen -chen und -lein machen große Sachen klein, der Artikel das *muss immer sein.*

Ich will von deinem Tellerlein essen und in deinem Bettchen schlafen.

Nomen aus Verben und Adjektiven

helfen – die Hilfe, drucken – der Drucker,
anstrengend – die Anstrengung, sauber – die Sauberkeit

Tipp

Wörter mit -heit, -keit und -ung immer die.

derselbe, dasselbe, dieselbe

Nominativ:	Das ist derselbe Mann / dasselbe Kind / dieselbe Frau wie gestern.
Akkusativ:	Sie trägt denselben Schal / dasselbe Kleid / dieselbe Hose wie letzte Woche.
Dativ:	Er fährt mit demselben Zug / demselben Auto / derselben Bahn wie ich.

Tipp

Der-/das-/dieselbe funktioniert vorn wie der bestimmte Artikel und hinten wie ein Adjektiv.

Pronomen

Indefinitpronomen mit *irgend-*

Mit *irgend-* verstärkt man das Unbestimmte. Man benutzt es, wenn niemand oder nichts Bestimmtes gemeint ist:

Irgendwer / Irgendjemand muss mir doch helfen können.
Irgendetwas / Irgendwas gibt es immer zu tun.

Man kann *irgend-* auch vor (andere) W-Wörter setzen:
Irgendwo / Irgendwie / Irgendwann feiern wir deinen Geburtstag.

Präpositionen im Überblick

Präpositionen mit Dativ

Nach diesen Präpositionen steht immer der Dativ:
nach, aus, bei, mit, seit, von, zu

Nach dem Mittagessen habe ich Urs angerufen.
Er kommt **aus der** Schweiz.
Er arbeitet jetzt **bei einer** Firma in München.
Er wohnt **mit einem** Freund zusammen.
Ich kenne ihn **seit einem** Monat.
Er erzählt viel **von seinem** Hobby – Fotografieren.
Er kommt **zu meiner** Geburtstagsparty!

Tipp
Lernen Sie auswendig:
Von **Ausbeimit nach vonseitzu** *gehst immer mit dem Dativ du.*

Präpositionen mit Akkusativ

Nach diesen Präpositionen steht immer der Akkusativ:
bis, durch, entlang, für, gegen, ohne, um ... (herum)

Die Veranstaltung geht **bis** Samstag, den 3. Mai.
Gehen Sie am besten hier **durch** den Park. Dann weiter immer die Straße **entlang**.
Ich habe **für** meine Tante ein Geschenk gekauft. Ich bin **für** drei Tage in Berlin.
Er ist **gegen** einen Baum gefahren. Der Staat tut zu wenig **gegen** die Arbeitslosigkeit.
Ohne meine Frau gehe ich nirgends hin. Ich fühle mich komisch **ohne** Uhr.
Das Gebäude ist da **um** die Ecke. Der Kurs beginnt **um** neun Uhr.
Gehen Sie **um** das Haus **herum**. Dann finden Sie den Eingang.
Gehen Sie diesen Weg **entlang**. Fahren Sie die Straße **entlang**.

Wechselpräpositionen

an • auf • hinter • in • neben • über • unter • vor • zwischen

Wohin? → + Akkusativ	Wo? ⊙ + Dativ
Anne hängt das Bild **an die** Wand.	Das Bild hängt **an der** Wand.
Stell die Vase **auf den** Tisch.	**Auf dem** Tisch steht die Vase gut.
Geh schnell **hinter das** Auto,	denn **hinter dem** Auto ist der Ball.
Ich gehe **ins** Kino.	**Im** Kino treffe ich meine Freunde.
Setzen Sie sich doch **neben mich.**	Er sitzt jetzt **neben mir.**
Häng die Jacke einfach **über den** Stuhl.	**Über dem** Stuhl hängt schon eine Jacke.
Bitte schau **unter das** Bett.	**Unter dem** Bett liegt vielleicht meine Kette.
Stell doch die Pflanze **vor den** Fleck.	**Vor dem** Fleck steht jetzt eine Pflanze.
Kann ich mich **zwischen euch** setzen?	Ich sitze so gern **zwischen euch.**

Temporale Präpositionen

Nach/Vor dem Kurs / der Arbeit / ... gehe ich ins Fitnessstudio.	+ Dativ	*vorher/nachher*
Während des Kurses / der Arbeit / ... muss ich mich konzentrieren.	+ Genitiv	*gleichzeitig*
Seit deinem Anruf / dem Essen / ... bin ich sehr nervös.	+ Dativ	*ab (Zeitpunkt)*

Die Präpositionen *trotz* und *wegen*

Trotz drückt einen Grund ohne Wirkung, *wegen* eine Begründung aus.
Nach beiden folgt der Genitiv:

Trotz	meines schlechten Tanzpartners	hatte ich viel Spaß.
	des hohen Preises	waren die Karten schnell weg.
	der späten Stunde	waren alle noch fröhlich.
	der vielen Leute	haben wir viel getanzt.
Wir sind wegen	der späten Stunde des schlechten Wetters deiner kranken Tochter der Kinder	zu Hause geblieben.

Der Satz

Irreale Bedingungssätze mit *wenn* und Konjunktiv II

Wenn ich Millionär wäre,	würde ich ein Schloss kaufen.
Wenn ich ein Flugzeug hätte,	würde ich nach Afrika fliegen.

Infinitivsätze mit *zu*

Ich habe Lust,	ins Kino zu gehen.
Ich habe vergessen,	mein Geld mit**zu**nehmen.
Es ist schön,	mit meiner Freundin den Film zu sehen.

Nach bestimmten Ausdrücken steht der Infinitiv mit *zu*. Dann steht der Infinitiv am Satzende. Vor dem Infinitiv steht ein *zu*.

Nomen:	Ich habe Angst/Zeit/(das) Glück/Lust/den Wunsch, ein Haus zu bauen.
Verben:	Ich habe vergessen/versucht/beschlossen, den Schlüssel mit**zu**nehmen.
	Ich hoffe, dich zu sehen. Ich lerne, mehr an mich zu denken.
	Ich muss anfangen/beginnen/aufhören, immer „nein“ zu sagen.
Adjektive:	Es ist wichtig/schön/schwierig/interessant, mit weniger Geld zu leben.
	Ich bin froh/glücklich/stolz, hier zu sein.

Nebensätze mit *um ... zu* + Infinitiv

Nebensatz	*Hauptsatz*
Um die Umwelt zu schützen,	fahre ich weniger Auto.
Um ein**zu**kaufen,	nehme ich das Fahrrad.
Hauptsatz	*Nebensatz*
Ich brauche das Auto,	um zur Arbeit zu fahren.

Damit-Sätze und **um ... zu**-*Sätze drücken einen Zweck aus. Man kann mit* **wozu?** *nach ihm fragen.*

Wenn ein Satz zwei verschiedene Subjekte hat, funktioniert nur *damit*.
Ich brauche das Auto, **damit** die Kinder in die Schule kommen.
aber: Ich brauche das Auto, damit ich zur Arbeit komme.
Ich brauche das Auto, um zur Arbeit zu kommen.

Nebensätze mit *anstatt*

mit *zu + Infinitiv*:

am Satzende:
Ich gehe lieber spazieren, anstatt Fenster zu putzen.

am Satzanfang:
Anstatt Fenster zu putzen, gehe ich lieber spazieren.

Indirekte Fragesätze mit W-Wörtern

Hauptsatz	*Nebensatz*	
Ich frage mich,	was	ich machen (soll).
Er/Sie fragt sich,	wer	heute (kocht).
Ich überlege,	wann	der Film (anfängt).
Mich interessiert,	wie	es dir (geht).
Wir überlegen,	wo	er (wohnt).
	warum	er ein zweites Haus (hat).

Dass-Sätze mit Pronominaladverbien

Pronominaladverbien können auch auf einen Nebensatz hinweisen.

Hauptsatz	*Nebensatz*
Ich **freue mich** wahnsinnig darauf,	**dass** ich am Samstag meinen alten Freund Frank (sehe).
Ich **ärgere mich** so darüber,	**dass** ich keine Karten mehr (bekommen habe).

Nebensätze mit *obwohl*

Hauptsatz	*Nebensatz*
Wir essen viel Fleisch,	obwohl Gemüse viel gesünder (ist).
Nebensatz	*Hauptsatz*
Obwohl ich keine Milch (vertrage),	esse ich oft Eis mit Sahne.

Obwohl *und* **trotzdem** *drücken einen Widerspruch aus:*
Obwohl es regnet, gehe ich spazieren.
Es regnet. Trotzdem gehe ich spazieren.
So kann man auswählen, was man betonen möchte: den Regen oder den Spaziergang.

Nebensätze mit *während* (einen Gegensatz ausdrücken)

Hauptsatz	*Nebensatz*
Frauen sprechen über Konflikte,	während Männer eher (schweigen.)
Nebensatz	*Hauptsatz*
Während du gern in die Berge (fährst,)	mache ich lieber Urlaub am Meer.

Temporale Nebensätze

Nebensatz	*Hauptsatz*
Bevor die Mauer fiel, (nachher)	war Berlin eine geteilte Stadt. (vorher)
Seit ich denken konnte, (Zeitpunkt: ab wann)	durften wir nicht in den Westen reisen.
Nachdem wir so lange mit der Mauer gelebt hatten, (vorher)	gingen wir jetzt einfach nach Westberlin. (nachher)
Während meine Nachbarn feierten,	lag ich im Bett und schlief.

gleichzeitig

Der Relativsatz

Relativsätze im Nominativ, Akkusativ und Dativ

Hauptsatz	*Nebensatz*	
Das ist der Mann,	der den Gletscher schützen will.	*Nominativ*
Das ist das Foto,	das den Gletscher vor 100 Jahren zeigt.	
Das ist die Frau,	die so gerne Ski fährt.	
Das sind die Forscher,	die den Gletscherrückgang beobachten.	
Ist das der Gletscher,	den die Folien schützen sollen?	*Akkusativ*
Das ist das Foto,	das wir vom Gletscher gemacht haben.	
Das ist die Umweltschützerin,	die ich letzte Woche interviewt habe.	
Das sind die Skifahrer,	die wir schon aus dem letzten Urlaub kennen.	
Das ist der Skifahrer,	dem die Gletscherabdeckung gar nicht gefällt.	*Dativ*
Das ist das Mädchen,	dem die Idee gefällt.	
Das ist die Mutter,	der die Gletscherabdeckung nicht reicht.	
Das sind die Bauern,	denen die Idee nicht gefällt.	

Relativsätze können am Satzende oder in der Satzmitte stehen:

Das Mädchen, dem die Idee gefällt, heißt Louisa.

Relativsätze mit Präposition (Akkusativ und Dativ)

Der Reporter,	mit dem wir gesprochen haben, ist vom Zürcher Tagblatt.
Ist das der Artikel,	für den du dich so interessierst?
Die Winterferien,	auf die er sich freut, verbringt er in Garmisch-Partenkirchen.
Er freut sich auf die Winterferien,	in denen er immer Ski fährt.

Bei Relativsätzen mit einem Verb mit Präposition steht die Präposition vor dem Relativpronomen. Das Relativpronomen steht im Akkusativ oder Dativ. Das hängt von dem Verb mit Präposition ab.

Satzverbindungen: doppelte Konjunktionen

Ich möchte weder an die Nordsee noch an die Ostsee fahren.	= *beides nicht*	– –
Ich möchte sowohl an die Nordsee als auch an die Ostsee fahren.	= *beides*	+ +
Ich möchte nicht an die Nordsee, sondern an die Ostsee fahren.	= *das andere*	– +
Ich möchte nicht nur an die Nordsee, sondern auch an die Ostsee fahren.	= *beides (betont)*	+ +
Ich möchte entweder an die Nordsee oder an die Ostsee fahren.	= *eins von beiden*	a/b

Hörtexte

Hier finden Sie alle Hörtexte, die nicht in den Einheiten und Übungen abgedruckt sind.

Kursbuch-CD

8 Der liebe Haushalt

2

Das bisschen Haushalt macht sich von allein
sagt mein Mann.
Das bisschen Haushalt kann so schlimm nicht sein
sagt mein Mann.
Wie eine Frau sich überhaupt beklagen kann,
ist unbegreiflich – sagt mein Mann.

Das bisschen Kochen ist doch halb so wild
sagt mein Mann.
Was für den Abwasch ganz genauso gilt
sagt mein Mann.
Wie eine Frau von heut' darüber stöhnen kann,
ist ihm ein Rätsel – sagt mein Mann.

Und was mein Mann sagt, stimmt haargenau.
Ich muss das wissen, ich bin ja seine Frau!
Das bisschen Wäsche ist doch kein Problem
sagt mein Mann.
Und auch das Bügeln schafft man ganz bequem
sagt mein Mann.
Wie eine Frau von heut' da gleich verzweifeln kann,
ist nicht zu fassen – sagt mein Mann.
Und was mein Mann sagt, stimmt haargenau.
Ich muss das wissen, ich bin ja seine Frau!

10 c)

Fleck, Sofa, bügeln, Müll, putzen, Wäsche, Fenster, Herd, Besen, wischen, gießen, Schrank, Wasser, Wohnung, Kuchen

15

Mutter: Hast du an Papas Brille gedacht?
Jonas: Ja, Mama.
Mutter: Und an das Päckchen für Oma?
Jonas: Jaha.
Mutter: Und an das Hundefutter?
Jonas: Sicher.
Mutter: Und hast du auch an Max gedacht? Wo sind denn ...
Jonas: Oh nein, ich wusste, ich hab' was vergessen!

16 b)

Text 1: Bald sind wieder Ferien. Ich habe drei Kinder und kaufe immer einen Ferienpass. Damit können die Kinder umsonst ins Freibad und es werden auch viele Aktionen angeboten. Irgendwas ist immer dabei, was meinen Kleinen Spaß macht.

Text 2: Seit einem Unfall habe ich Probleme mit dem Rücken. Das sieht man mir auf den ersten Blick nicht an, aber ich bin schon sehr eingeschränkt. Ich kann auch nicht mehr in meinem Beruf arbeiten. Irgendjemand hat mir jetzt gesagt, dass ich einen Behindertenausweis beantragen soll. Damit bekomme ich bei vielen Veranstaltungen ermäßigten Eintritt und muss vor allem nicht anstehen.

Text 3: Ich bin Studentin und habe ein Semesterticket. Das ist toll, denn ich kann alle Verkehrsmittel benutzen und irgendwo ist in der Stadt immer etwas los: Theater, Konzerte ... und meistens bekomme ich die Tickets auch billiger.

9 Reisen und arbeiten

2

Text 1: Ich weiß manche Dinge über unsere Gäste, die ich lieber nicht erzählen möchte. Warum? Ich muss jeden Tag ihre Kabinen sauber machen: das Bad putzen, die Handtücher wechseln, die Betten machen, alles muss tiptop sein. Manchmal muss ich sogar richtig lange aufräumen, obwohl ich eigentlich nur 15 Minuten Zeit für jede Kabine habe. Aber es gibt auch viele nette Passagiere, die legen mir auch mal ein gutes Trinkgeld auf ihren Nachttisch.

Text 2: Morgens um sieben kommen die ersten Gäste. Das sind die Sportlichen, die schon vor dem Frühstück trainieren und aufs Fahrrad oder Laufband steigen oder mit dem Krafttraining anfangen. Vormittags biete ich auch einen Laufkurs an. Denn auf unserem Schiff haben wir sogar die Möglichkeit, an Deck zu joggen. Das ist mein Lieblingskurs, weil ich da an der frischen Luft bin und mir der Wind um die Nase weht. Nachmittags gibt es vor allem Wassergymnastik im Pool – und Spiele wie z. B. Tischtennis. Da machen dann alle Altersgruppen mit.

Text 3: Manchmal werden unsere Passagiere auch krank. Viele vertragen die Wellen am Anfang nicht so gut. Dann untersuche ich den Patienten und verschreibe Medikamente gegen Seekrankheit. Bei den vielen Freizeitaktivitäten auf dem Schiff kommt es auch manchmal zu Sportverletzungen. Hin und wieder muss ich einen Gips oder Verbände anlegen. Oft haben wir auch ältere Gäste, die sind froh, dass an Bord jemand ist, der immer für sie da ist, wenn sie Gesundheitsprobleme haben. Ich liebe den Job als Schiffsarzt. Man sieht viel von der Welt.

Text 4: Viele Länder der Welt zu sehen und berühmte Sehenswürdigkeiten zu besichtigen – das ist das Wunderbare an meinem Beruf. Ich organisiere die Ausflüge an Land und ich sorge dafür, dass alle Passagiere auch an Bord zufrieden sind. Bei mir buchen die Gäste ihre Landausflüge und oft begleite ich sie auch und erzähle ihnen etwas über die Sehenswürdigkeiten. Natürlich mache ich diesen Job nicht alleine, denn auf einem Kreuzfahrtschiff gibt es schnell mal mehr als 1000 Passagiere. Früher habe ich in einem Hotel gearbeitet, aber der Job auf einem Kreuzfahrtschiff ist viel spannender.

16 a)

Hanne und Anne laufen aus dem Hotel, sie haben Hunger. Sie gehen durch die Straßen hin und her und dann in ein Haus. Hier sind alle Lichter aus, also gehen sie wieder raus. Vor dem Haus sitzt ein Hund, der muss mal eben sein Bein heben. Hungrig laufen sie weiter und sehen ein helles Haus mit einem Schild: Hier gibt es Hamburger! Da gehen sie hin und essen, die Besitzer aber sind Hessen.

10 Männer und Frauen

3 b)

Frau 1: Ich suche jetzt schon seit einiger Zeit einen Mann über eine Kontaktbörse im Internet. Aber das geht ganz schön ins Geld. 48,– Euro muss ich dafür jeden Monat bezahlen und mein Portal ist noch nicht einmal das teuerste im Netz.

Frau 2: Als ich mich entschieden habe, über eine Internetbörse einen Mann zu suchen, war ich sehr erstaunt, was die alles von mir wissen wollten. Ich musste zum Beispiel einen richtigen Psychotest machen. Das hat Stunden gedauert.

Mann 1: Bei diesen Agenturen wollen sie sogar wissen, in welcher Gehaltsgruppe man ist. Als Mann ist es Pflicht, diese Frage zu beantworten. Wenn man das Feld nicht ausfüllt, geht es nicht weiter. Als Frau kann man hier Angaben machen, muss es aber nicht. Das ist ja mal wieder typisch.

Frau 3: Was mir ein bisschen Angst macht, ist, dass ein Computer über mein Leben entscheiden soll. Ich gebe da alle möglichen Daten ein und dann errechnet er, welches die passenden Kandidaten für mich sind. Und nur die lerne ich kennen und soll mich dann „auf Bestellung“ verlieben? Ich weiß nicht ...

Frau 4: Ich bin jetzt schon seit zwei Jahren bei einer Kontaktbörse Mitglied. Aber romantisch ist das nicht. Man bekommt diese Vorschläge, dann mailt man eine Weile, bis man sich das erste Mal trifft. Und dann geht es plötzlich ganz schnell, denn man sagt sich sofort „Ja, passt“ oder „Nein, passt nicht“. Man gibt sich und dem anderen keine Zeit, auch weil oft mehrere Flirts gleichzeitig laufen und man das Gefühl hat, alles schon zu kennen. Früher oder später fühlt sich das alles schal an.

Mann 2: Ich finde es sehr praktisch, dass man sich trifft und genau weiß, worum es geht. In der Regel entscheidet man doch sehr schnell, ob man jemanden interessant findet. Aber wenn ich eine Frau im „normalen“ Leben spannend finde, dauert es manchmal Wochen, bis ich weiß, ob sich die Frau mit mir nur aus freundschaftlichen Gründen unterhält oder ob da mehr ist.

13

Dialog 1:
- Es ist immer dasselbe. Du könntest ruhig auch mal den Geschirrspüler ausräumen.
- Habe ich doch gerade erst.
- Ach ja, wann denn? Vor vier Wochen?

Dialog 2: ◖ Wir geben zu viel Geld aus. Wir sollten im nächsten Monat weniger einkaufen.
▮ Was willst du denn damit sagen? Dass ICH weniger Geld ausgeben soll? Ich schufte hier den ganzen Tag, damit alle zufrieden sind, und dann muss ich mir so etwas anhören!
◖ Jetzt nimm es doch nicht gleich so persönlich. Ich habe lediglich gesagt, dass ...

Dialog 3: ◖ Wo warst du?
▮ Was soll die Frage? In der Firma, was denkst du denn?
◖ Warum kommst du dann erst jetzt nach Hause?
▮ Willst du mich kontrollieren?
◖ Beantworte mir doch einfach meine Frage.
▮ Nee, das ist mir zu doof.

Dialog 4: ◖ Schatz, wie wäre es, wenn wir dieses Jahr mal in Deutschland Urlaub machen würden? An der Nordsee soll es doch sehr schön sein.
▮ Oh nein, bitte nicht. Das ist doch kein Urlaub. Ich brauche eine andere Sprache, ein anderes Klima und vor allem die Sicherheit, dass die Sonne scheint.
◖ Ich habe aber keine Lust, schon wieder in den Süden zu fahren.
▮ Warum denn nicht? Es hat dir doch sonst auch immer so gut gefallen.
◖ Dir hat es gefallen und ich bin halt mitgekommen.
▮ Willst du damit sagen, dass du das immer nur meinetwegen machst? Wie konntest du ...

Dialog 5: ◖ Hallo Schatz. Fällt dir etwas an mir auf?
▮ Du hast eine neue Hose?
◖ Die hab' ich doch schon ewig.
▮ Die Kette ist neu.
◖ Die hast du mir selbst letztes Jahr gekauft.
▮ Ach ja, stimmt. Ähh ..., dann weiß ich es nicht.
◖ Ich war beim Frisör. Wozu eigentlich?
▮ Ja! Sieht toll aus.
◖ Na, super. Sieht toll aus. Du schaust mich gar nicht mehr an. Ich glaube, ich ...

17

1. weder – 2. Bar – 3. wahr – 4. Wald – 5. bald – 6. wie – 7. Bett – 8. Wunsch – 9. Wert – 10. Bildung

11 Lebenslinien

3 + 4

Studentin 1: Äh – Ja klar. Hier bitte. ... Was war das denn?
Studentin 2: Hast du das noch nie gesehen? Das machen immer mehr, warum auch nicht? Schließlich ist Pfand auf den Flaschen ...
Reporterin: Ja, diese Studentin, die noch neu in Berlin ist, wundert sich. Eine ältere, ganz normal gekleidete Frau hat sie gerade gefragt, ob sie ihr die leere Bierflasche gibt. Die Frau hat sie in ihre Plastiktüte gesteckt und ist zufrieden weitergegangen.

Studentin 1: Warum macht sie das? Sie sieht nicht so aus wie jemand, der auf der Straße lebt, oder?
Studentin 2: Ich denke, sie ist Rentnerin und hat am Ende des Monats einfach zu wenig Geld.
Studentin 1: Die Leute, die das machen müssen, tun mir leid. Das ist ihnen bestimmt unangenehm ... so alte Flaschen sammeln ... also nein!
Studentin 2: Aber so kann sie sich ein paar Euro dazuverdienen. Und viele stellen ja ihre Flaschen oft schon extra neben den Mülleimer, damit niemand da drin rumwühlen muss.
Studentin 1: Ah, deshalb sehe ich so oft Flaschen, die auf ...
Reporterin: Freitagmorgen auf dem Kudamm. Erna Holt durchsucht Abfallbehälter nach Flaschen. Aber ihre Kleidung ist sauber. Sie sieht gepflegt aus. Eine nette alte Dame ...
E. Holt: Das Flaschensammeln habe ich vor ungefähr acht Jahren angefangen. Warum auch nicht? Das Geld liegt ja auf der Straße.

Reporterin: Erna Holt kennt sich aus. Sie weiß, wo die besten Plätze sind und wann die Tonnen geleert werden. Sie geht von Mülltonne zu Mülltonne. Auf die Frage, ob es nicht total eklig sei, mit ihren Händen in den Abfall zu fassen, lacht sie.
E. Holt: Naja, man muss sich erst daran gewöhnen. Da können ja Tüten von den Hundehaltern drin sein und Reste von Ketchup und Mayo. Aber man kann ja alles wieder abwaschen.
Reporterin: Erna Holt hat ihr ganzes Leben gearbeitet. Zu DDR-Zeiten war sie Näherin, später Kellnerin. 41 Berufsjahre hat sie hinter sich und sie hat immer davon geträumt, als Rentnerin einmal viel reisen zu können. Jetzt ist sie froh, wenn sie sich eine gute Tasse Kaffee und ein Stück Kuchen im Kranzler, ihrem Lieblings-Café, leisten kann.

E. Holt: Ich hatte noch nie ein großes Gehalt und deshalb bekomme ich auch nicht so viel Rente. 625 Euro sind es. Das reicht einfach nicht. Wofür soll ich mich schämen? Ich kann für meine Situation ja nichts. Klar, manche gucken schon manchmal blöd, aber dann schau ich weg und denke mir: Lass die doch gucken. Da mach ich mir nichts draus. Unglücklich an sich bin ich nicht, aber finanziell ist es eben sehr eng.
Reporterin: Am Ende jeder Flaschentour steht für Erna Holt die große Abrechnung am Pfandflaschenautomaten.
E. Holt: Im Sommer sind es vier bis fünf Euro am Tag, heute ein bisschen weniger. Ist ja auch kein Wunder bei dem Wetter.

Reporterin: Die 72-Jährige hat es für heute geschafft. Sie sitzt auf ihrem Lieblingsplatz in der Ecke am Fenster, beobachtet die Leute und gönnt sich ihren schön heißen Kaffee.
E. Holt: Ich bin mit meinem Leben zufrieden. Mir geht's gut, ich bin gesund. Ich habe gelernt, mit wenig Geld klar zu kommen und ich mache das Beste daraus.
Reporterin: Erna Holt ist nur eine von vielen Rentnern, die sich mit Flaschensammeln etwas dazuverdienen. Denn da es immer mehr alte und immer weniger junge Menschen gibt, die die Rente finanzieren, nimmt auch die Altersarmut zu.

nach einer Reportage der ARD: Die Flaschensammler – 26.11.2011

12 Das Ende der Mauer

11

Stell dir vor du kommst nach Ostberlin
und da triffst du ein ganz heißes Mädchen.
So ein ganz heißes Mädchen aus Pankow.
Und du findest sie sehr bedeutend
und sie dich auch.
Dann ist es auch schon so weit. Ihr spürt, dass ihr gerne zusammen seid
und ihr träumt von einem Rockfestival auf dem Alexanderplatz
mit den Rolling Stones und 'ner Band aus Moskau.

Doch plötzlich ist es schon zehn nach elf
und sie sagt, ey du musst ja spätestens um zwölf wieder drüben sein,
sonst gibt's die größten Nerverein,
denn du hast ja nur 'n Tagesschein.
Mädchen aus Ostberlin,
das war wirklich schwer. Ich musste gehen, obwohl ich so gerne noch geblieben wär.
Ich komme wieder ... und vielleicht geht's auch irgendwann mal ohne Nerverein.
Da muss doch auf die Dauer was zu machen sein.

Ich hoffe, dass die Jungs das nun bald in Ordnung bringen,
denn wir wollen doch einfach nur zusammen sein.
Vielleicht auch mal etwas länger,
vielleicht auch mal etwas enger.
Wir wollen doch einfach nur zusammen sein ...

14

Reporter: Ja, hallo, ich stehe hier am Ausgang des Stage-Theaters am Potsdamer Platz und frage jetzt einfach mal ein paar Zuschauer, wie ihnen denn das Musical gefallen hat. Hallo, darf ich Sie kurz etwas fragen?
Mann 1: Ja klar.
Reporter: Wie fanden Sie das Lindenberg-Musical? Hat es Ihnen gefallen?
Mann 1: Es war der absolute Hammer, eine großartige Show! Kein Wunder, dass schon 'ne halbe Million Zuschauer in der Vorstellung waren. Ich bin mir auch sicher, dass ich nochmal kommen werde. Für Berlinbesucher ist dieses Musical ein absolutes Highlight. So, jetzt geh ich aber erstmal irgendwo 'ne Kleinigkeit essen.
Reporter: N'abend, darf ich Sie auch mal etwas fragen?
Frau 1: Sicher.
Reporter: Wie hat Ihnen denn die Show gefallen?
Frau 1: 'Ne super Show. Das Musical ist große Klasse! Die Songs und die Geschichte passen perfekt zusammen. Morgen geh ich gleich ins Mauermuseum am Checkpoint Charlie, um mehr über die Zeit zu erfahren. Ich war ja erst fünf, als die Mauer fiel, und in der Schule haben wir das nicht so genau gemacht.
Reporter: Ah – hier frag ich doch auch mal. Entschuldigung, wie hat Ihnen das Musical gefallen?

Frau 2: Na ja, ich weiß nicht. Ich fand es nicht so toll, zu viele Effekte, zu viele Klischees. Um sich zu amüsieren, ist es ganz in Ordnung, aber über die deutsche Geschichte erfährt man nicht viel. Da sollte man sich besser die verschiedenen Museen in Berlin anschauen: Da bekommt man wirklich einen Eindruck von dem Leben in der geteilten Stadt. Ich hatte vom Musical mehr erwartet. Außerdem war der Eintritt wirklich sehr teuer. Schade.

Reporter: Hallo, darf ich Ihnen kurz eine Frage stellen? Viele Zuschauer sind begeistert von „Hinterm Horizont", natürlich nicht alle. Wie hat es denn Ihnen gefallen?

Frau 3: Unterhaltsamer und emotionaler kann Geschichte nicht sein. Ich war damals ein sechzehnjähriges DDR-Mädchen und kann mich noch gut an 1989 erinnern. Während des Musicals kamen alle Erinnerungen wieder hoch und bei dem Song „Seid willkommen in Berlin" sind mir die Tränen gekommen. Aber da war ich nicht die einzige.

13 Produktwege

6 a)

Reporterin: Frau Stubbe, Sie sind Sprecherin der Kampagne für saubere Kleidung. Ihre Aktionen haben in letzter Zeit viel Aufmerksamkeit in den Medien bekommen. Was genau wollen Sie erreichen?

Stubbe: Es ist natürlich schön, dass wir hier Kleidung so billig einkaufen können, aber den Preis dafür zahlen oft andere. Wir wollen, dass sich die Arbeitsbedingungen in den Produktionsländern verbessern. Das klappt nur, wenn die Firmen mitmachen und sich dazu verpflichten, bestimmte Standards einzuhalten.

Reporterin: Was sind das für Standards?

Stubbe: Zum Beispiel muss eine Näherin von ihrer Arbeit auch leben können.
Wir fordern, dass die Löhne angemessen erhöht werden und dass Arbeit am Wochenende oder Überstunden extra bezahlt werden.

Reporterin: Wie hoch ist denn die Arbeitszeit pro Woche?

Stubbe: Das ist ganz unterschiedlich, aber besonders in asiatischen Ländern sind 50–60 Stunden nicht ungewöhnlich. Das muss auf weniger als 48 Stunden reduziert werden.

Reporterin: Man hört immer wieder von Kinderarbeit in den Ländern der sogenannten Dritten Welt. Betrifft das auch die Kleidungsindustrie?

Stubbe: Offiziell ist Kinderarbeit in den meisten Ländern, in denen Kleidung für den deutschen Markt produziert wird, verboten. Die Wirklichkeit sieht leider oft anders aus. Deshalb dürfen nach unserem Kodex Kinder unter 15 Jahren nicht beschäftigt werden.

Reporterin: Und wie sehen die Bedingungen in den Fabriken aus?

Stubbe: Es gibt international gültige Sicherheits- und Hygienevorschriften, die beachtet werden müssen. Aber natürlich ist gerade der Gesundheitsschutz oft ein Grund für eine gezielte Aktion. Denn es werden immer wieder Stoffe oder Techniken benutzt, die für die Arbeiter und Arbeiterinnen gefährlich sind.

14 Unter einem D A CH

6

1. Wir lass'n uns das Reden nicht verbiet'n und am liebsten red'n wa so, wie's uns aas der Gosch'n nausfallt. / 2. Mir lasse uns das Schwätze net verbiete und am liebste schwätze mer so, wie uns der Schnabel g'wachse isch. / 3. Mer lasse uns dat Redde net verbiede un' am liebsten redde mer so, wie uns de Schnabel gewachse iss. / 4. Wir laaden uns das Snaaken nit verbeten un' am liebsten snaaken wir so aas uns der Schnabel gewachse is. / 5. Mir lond uns s'Rede nid verbiete ond am liebschte reden me so wie uns de Schnaabel g'wachse nisch.

7

Moderator: Hallo, hier ist wieder *Radio Bodensee.* Wie jeden Mittwoch können Sie bei uns anrufen. Unser Thema heute: Welche Bedeutung haben Dialekte für Sie? Wann sprechen Sie Mundart und warum? Rufen Sie uns an unter 0800 dreimal die 2, dreimal die 4 ... Hallo, Anrufer Nummer 1!

Nr. 1: Na ja, hier am Bodensee wird ja noch viel Dialekt gesprochen. Das Schwäbische gefällt mir gut, es ist für mich so etwas wie meine Muttersprache. Mit meinen Eltern spreche ich immer Schwäbisch. Bei der Arbeit spreche ich eigentlich immer Hochdeutsch, weil viele meiner Kollegen nicht hier aus der Gegend sind. Aber es fällt mir immer noch ein wenig schwer.
Seit kurzem habe ich eine Freundin aus Norddeutschland. Als ich das erste Mal ihre Familie im Norden besucht hab', habe ich nichts verstanden. In ihrem Dorf in der Nähe von Lüneburg sprechen sie alle Plattdeutsch. Plattdeutsch und Schwäbisch – das sind zwei verschiedene Sprachen. Gut, dass wir dann alle zusammen Hochdeutsch sprechen konnten. Ein Land und so viele Dialekte, das ist doch irgendwie witzig, aber mir gefällt's.

Reporter: Danke schön. Anrufer Nummer 2?

Nr. 2: Wir in Österreich sprechen ja auch viele verschiedene Dialekte. Das finde ich immer besonders lustig, wenn ich nach Deutschland fahre. Für die Deutschen ist das alles ein Dialekt.
Aber eigentlich mag ich es nicht, dass man an meiner Sprache erkennt, dass ich aus Wien bin. Oft ist es einfacher, wenn man *nicht* weiß, woher einer kommt. Wenn man jemanden am Dialekt erkennt, haben viele Leute gleich Vorurteile. Das ist so ein Schubladendenken. Mich nervt's zum Beispiel, wenn jemand sagt: „Ach, Sie kommen aus Österreich, das ist ja interessant." Ich möchte, dass man sich einfach so für mich interessiert.

Reporter: Jetzt haben wir Anrufer Nummer 3 in der Leitung. Hallo!

Nr. 3: Schwiizertüütsch wird immer beliebter. Im Fernsehen und im Radio sprechen sie ja auch immer öfter Schwiizertüütsch, sogar in den Nachrichten. Das find ich super. Aber bei uns in der Schweiz ist es ja eh wichtig, dass man viele Sprachen spricht. Da ist es für uns eigentlich ganz normal, zwischen den Sprachen zu wechseln. Aber ehrlich gesagt ist es für mich schwierig, Hochdeutsch oder – wie wir sagen – Schriftdeutsch zu sprechen. Für mich ist es nicht natürlich, sondern eine Fremdsprache. Man sagt ja immer, dass die Sprache, in der man träumt, die Muttersprache ist. Dann muss ich sagen, meine Muttersprache ist Schwiizertüütsch.

Reporter: Und Anrufer Nummer 4, bitte.

Nr. 4: Also, ich mag Dialekte überhaupt nicht. In meiner Familie wird nur Hochdeutsch gesprochen. Dialekte sind unpraktisch, weil man sie nur in einer bestimmten Gegend versteht. Eigentlich sind wir ja auch alle mobiler als früher, da macht es keinen Sinn, einen Dialekt zu sprechen, den man nur in einer Gegend spricht. Es ist ja nicht nur die Aussprache, oft gibt es im Dialekt auch ganz andere Worte. In Berlin sagt man zum Beispiel „Schrippe“, in Freiburg „Wasserweckle“ und in vielen Gegenden in Deutschland „Brötchen“, das ist doch total unpraktisch.

Reporter: Hallo, Anrufer Nummer 5.

Nr. 5: Wir Rheinländer stehen zu unserem Dialekt. Für mich ist das ganz wichtig. Das Rheinische gibt es ja eigentlich so auch nicht. Wir Kölner sprechen ja auch schon anders als die Aachener oder Düsseldorfer. Aber wenn man Dialekt spricht, ist das ja nicht nur 'ne Frage der Sprache, sondern auch der Identität, der Gemeinsamkeiten. In Köln ist der Karneval ja sehr wichtig, aber Karneval oder – wie wir sagen – „Fastelovend“ ohne Kölsche Mundart, *dat kann isch mir nit vürstelle, nee dat jeht üwerhaupt nit* – Karneval und Kölscher Dialekt gehören zusammen.

Lerner-CD: Hörtexte der Übungen

Übungen 8

Zu 4

3) und 4)

1.

- Was ist denn passiert, warum kommst du so spät?
- Es tut mir wirklich leid, aber ich hatte auf dem Weg hierher einen Unfall. Ich habe nur eine Sekunde lang nicht aufgepasst, weil ich den Weg auf der Karte gesucht habe, und schon bin ich jemandem hinten ins Auto gefahren. Ach, ich ärgere mich so über mich selbst!
- Oh nein! So ein Pech! Aber mach dir nicht zu viele Sorgen, das kann doch jedem mal passieren. Dafür hat man doch eine Kfz-Versicherung. Die bezahlt das bestimmt!

2.

- Sabina ist so wild! Ständig macht sie was kaputt. Letzte Woche war es die teure Vase im Wohnzimmer und gestern hat sie beim Fußballspielen eine Schaufensterscheibe zerschossen.
- Kinder! Die sind ganz schön teuer! Aber die Scheibe bezahlt doch bestimmt eure Haftpflichtversicherung, oder?
- Ja, das will ich hoffen! Sonst gibt's eine Weile kein Taschengeld mehr ...

3.

- Was machst du denn hier? Ich dachte, du arbeitest um diese Zeit. Und was ist mit deinem Arm passiert?
- Ach, ich bin vor drei Wochen bei der Arbeit gestürzt und habe mir die Hand gebrochen. Leider ist der Bruch ziemlich kompliziert und es dauert noch mindestens drei Wochen, bis ich wieder arbeiten kann. Ich war eine Weile im Krankenhaus und muss jetzt jeden Tag zur Physiotherapie gehen, damit ich die Hand langsam wieder bewegen kann.

◖ Ach, du Arme! Bezahlt das denn wenigstens alles deine Krankenkasse?
▮ Nein, weil es ein Arbeitsunfall war, übernimmt das zum Glück die Berufsunfallversicherung.

4.
◖ Stell dir vor, was passiert ist! Vorgestern kam ich ins Bad und alles stand unter Wasser! Unsere Waschmaschine war kaputt. Und kurz nachdem ich den Schaden entdeckt hatte, stand natürlich auch schon unser Nachbar vor der Tür, um sich über den Wasserfleck an der Decke zu beschweren.
▮ Oh nein! Sowas ist bestimmt richtig teuer, oder?
◖ Ja, aber ich habe schon mit unserer Hausratversicherung gesprochen und ich denke, sie übernehmen das. Da weiß man wenigstens, warum man jahrelang seine Beiträge bezahlt hat.

Zu 13
2)
Das kannst du dir nicht leisten! / Du machst dir zu viele Sorgen! / Das hast du dir nur ausgedacht! / Das kannst du dir nie merken! / Du kaufst dir zu viele Sachen! / Das kannst du dir nicht vorstellen!

Übungen 9

Zu 1
1) und 2)

Moderatorin: Hallo, liebe Hörerinnen und Hörer. Sommerzeit ist Reisezeit. Unser Thema heute: Traumschiffe. Dazu haben wir Simone Rosendahl im Studio, die im letzten Sommer mehrere Monate auf einem der größten Kreuzfahrtschiffe der Welt gearbeitet hat. Simone, Schiffsreisen werden ja immer beliebter. Wie muss man sich denn so ein Traumschiff vorstellen?
Simone: Nun ja, eigentlich wie eine Kleinstadt oder ein gigantisches Luxushotel auf dem Wasser. An Bord gibt es fast alles: Kinos, Schwimmbäder, Bars, Restaurants, Geschäfte, Frisöre, ein Fitnessstudio, Kinderbetreuung und und und.
Moderatorin: Wie viele Menschen passen denn auf so ein großes Schiff?
Simone: Auf unserem Schiff waren es fast 5000, über 3800 Passagiere und mehr als 1100 Menschen, die an Bord gearbeitet haben.
Moderatorin: Wow, das ist ja Wahnsinn! Wie viele Kabinen hat das Schiff?
Simone: Mehr als 1550 Kabinen für die Passagiere plus die Kabinen für die Besatzung.
Moderatorin: Unglaublich, aber nun erzähl mal. Wenn so viele Menschen auf dem Schiff arbeiten, was für Berufe und Aufgaben haben die denn?
Simone: Na ja, also da gibt es natürlich die typischen Berufe auf einem Schiff, wie den Kapitän und die Schiffsingenieure und so, aber auch fast alle Berufe, die man auch sonst im Dienstleistungsbereich findet. Also Frisöre, Verkäuferinnen, Bäcker, Köche, Zimmermädchen, aber auch einen Arzt und eine Apothekerin. Und natürlich gibt es Leute, die sich um die Unterhaltung der Gäste kümmern: Musiker, Tänzer, Animateure usw. Ich selbst habe im Fitnessstudio gearbeitet, zusammen mit neun anderen.

	Wir haben ganz verschiedene Kurse angeboten. Das hat viel Spaß gemacht. Wir waren ein echt nettes Team und das ist wichtig, wenn man auf so engem Raum zusammenlebt und -arbeitet. Man kann ja nicht weg!
Moderatorin:	Hattest du denn auch Kontakt zu den anderen, die an Bord arbeiteten? Weißt du etwas über ihre Jobs?
Simone:	Hm, nicht zu so vielen, aber spannend war es trotzdem. Die Mitarbeiter an Bord kamen aus 60 verschiedenen Ländern. Und jeder teilt sich eine Kabine mit einem anderen Mitarbeiter. Ich habe zusammen mit einem Zimmermädchen aus der Ukraine gewohnt. Wir haben uns auf Englisch unterhalten. Sie hatte einen wirklich stressigen Job. Sie musste zweimal pro Tag die Kabinen der Gäste putzen und sie allein hat sich um 20 Kabinen gekümmert.
Moderatorin:	Sag mal, Simone, würdest du denn wieder auf so einem Kreuzfahrtschiff arbeiten?
Simone:	Och, eigentlich schon, aber das nächste Mal gehe ich lieber als Passagier an Bord. Ich möchte so ein Schiff nämlich auch mal im Urlaub erleben und nicht nur bei der Arbeit.
Moderatorin:	Simone, ganz herzlichen Dank für dein Kommen und deinen interessanten Bericht. Und nun, liebe Hörerinnen und Hörer, seid ihr gefragt. Habt ihr schon einmal Urlaub auf einem Traumschiff gemacht? Unter 0800 dreimal die 4, zweimal die 5 könnt ihr uns anrufen und uns eure Erlebnisse erzählen ...

Zu 10
1)

Rolle 1:	Hotel am Park, Lindner am Apparat, guten Tag.
Rolle 2:	Guten Tag, Neumann hier. Ich möchte gern ein Doppelzimmer bei Ihnen reservieren.
Rolle 1:	Gern, von wann bis wann möchten Sie denn bei uns wohnen?
Rolle 2:	Vom 28. Juli bis zum 5. August.
Rolle 1:	Ja, da haben wir noch etwas frei. Auf welchen Namen soll ich das Zimmer reservieren?
Rolle 2:	Gabriele Neumann.
Rolle 1:	Möchten Sie nur Frühstück, Halbpension oder Vollpension?
Rolle 2:	Halbpension, bitte.
Rolle 1:	Gern. Und wollen Sie ein Raucher- oder ein Nichtraucherzimmer?
Rolle 2:	Nichtraucher, bitte.
Rolle 1:	Gut, dann habe ich alles. Das sind dann 150 Euro pro Nacht. Ich würde Sie dann noch bitten, unser Anmeldeformular im Internet auszufüllen. Haben Sie sonst noch einen speziellen Wunsch?
Rolle 2:	Ja, hat das Zimmer einen Internetanschluss?
Rolle 1:	Ja, natürlich, kein Problem.
Rolle 2:	Sehr gut, vielen Dank.
Rolle 1:	Nichts zu danken, dann freuen wir uns auf Ihren Besuch. Auf Wiederhören.
Rolle 2:	Auf Wiederhören.

Zu 12

Wegen deiner Verspätung habe ich meinen Flug verpasst. / Wegen der Wellen ist mir schlecht. / Wegen des Lärms konnte ich nicht schlafen. / Wegen der Hitze haben wir nur faul in der Sonne gelegen. / Wegen der vielen Menschen war ich genervt. / Wegen der hohen Preise können wir uns keine Kreuzfahrt leisten.

Zu 16

1. Haus, 2. alt, 3. alle, 4. Hecke, 5. essen, 6. Hund, 7. Eis, 8. heben

Übungen 10

Zu 11
2)

1. Während ich sofort in den Supermarkt gehe, schreibt mein Mann zuerst eine Liste.
2. Während ich Kochen langweilig finde, probiert mein Mann gern neue Rezepte aus.
3. Während ich den Kindern abends vorlese, macht mein Mann mit ihnen eine Kissenschlacht.
4. Während ich nach dem Weg frage, programmiert mein Mann lieber das Navi.
5. Während ich auch mal Geld für einen Handwerker ausgebe, will mein Mann alles selber machen. Und dann wird es teuer!

Zu 15
2)

‹ Kennst du die Frau?
▮ Nein, aber es ist dieselbe, die wir gestern schon gesehen haben.
‹ Sie trägt auch wieder dasselbe Kleid.
▮ Bist du sicher? War es gestern nicht rot?
‹ Hatte sie gestern auch einen Hund dabei?
▮ Ja, aber es war nicht derselbe. Der von gestern war viel größer.
‹ Also, ich finde sie komisch.
▮ Es immer dasselbe mit dir: Du machst dir zu viele Gedanken.

Übungen 11

Zu 9
2)

‹ Was werden Sie in zehn Jahren machen?
▮ In zehn Jahren? Ich weiß noch nicht, ich habe keine festen Pläne.
‹ Und was ist für Sie am wichtigsten?
▮ Dass ich gesund bleibe. Das ist das Wichtigste. Aber erfolgreich möchte ich auch sein.
‹ Haben Sie noch Träume?
▮ Ja, sicher. Mein größter Traum ist es, irgendwann eine Weltreise zu machen.

◖ Was wollen Sie unbedingt noch erleben?
▮ Ich will auf jeden Fall noch Vater werden. Erfolg im Büro ist ja ganz schön, aber ich will auch eine Familie haben.

Zu 11

Wann kommt denn endlich der Zug?
Ich möchte Nadja gerne einladen.
Ich habe bei ihr angerufen, aber sie geht nicht ran.
Die Prüfung ist viel zu schwer.

Prüfungsvorbereitung

Hörverstehen, Teil 4
Sie hören vier Aussagen zu einem Thema. Welcher der Sätze a–f passt zu den Aussagen 1–4? Markieren Sie Ihre Lösungen für die Aufgaben 1–4 auf dem Antwortbogen.
Lesen Sie jetzt die Sätze a–f. Dazu haben Sie eine Minute Zeit.

Reporter/in: Keine Autos mehr in Innenstädten. Das soll in 30 Jahren Realität sein. Wir haben für Sie eine Umfrage gemacht: Wäre das in Ordnung? Was sind die Vorteile? Was sind die Nachteile? Hören Sie jetzt die Aussagen.

Aussage 1
Wenn in den Innenstädten gar keine Autos mehr fahren dürften, wäre das ganz schön komisch. Es wäre dann auf einmal sehr ruhig und man müsste immer zu Fuß gehen oder mit der Bahn fahren. Ich weiß nicht, ob mir das so gut gefallen würde, denn ich mag das Tempo in den Städten und der Verkehr ist doch typisch für das Stadtleben.

Aussage 2
Ich wohne auf dem Land und mein Arbeitsplatz ist im Zentrum. Wenn ich immer mit der Bahn fahren müsste, würde ich bestimmt länger brauchen. Außerdem liebe ich die ruhige Stunde im Auto: Ich höre Musik oder denke über meinen Tag nach. Jeden Tag mit vielen anderen Leuten in der Bahn – eine schreckliche Vorstellung!

Aussage 3
Die Stadt ohne Autos? Eine tolle Vorstellung! Ich fahre schon jetzt sehr gerne mit dem Fahrrad ins Zentrum, weil man da ja sowieso schlecht einen Parkplatz bekommt. Ohne Autos wäre es viel schöner, man hätte mehr Platz für Fahrradwege, für Parks und Spielplätze und die Leute wären bestimmt entspannter. Ich glaube, die Lebensqualität in den Städten würde enorm steigen.

Aussage 4
Das ist eine schwierige Frage. Auf der einen Seite wäre es natürlich sehr schön, so ganz ohne Autos in der Innenstadt. Auf der anderen Seite muss ich an die vielen Menschen denken, die in der Autoindustrie arbeiten und dann wahrscheinlich keine Arbeit mehr hätten. Für die Wirtschaft wäre das ein großer Verlust und damit sicher auch für das ganze Land.

Übungen 12

Zu 8

Seit einer Woche bin ich krank. / Während des Essens höre ich Radio. / Nach meiner Prüfung mache ich erst einmal Urlaub. / Seit meinem Deutschkurs kann ich sogar auf Deutsch telefonieren. / Während der Arbeit darf ich nicht im Internet surfen.

Zu 14
1)

Rolle 1: Ticketagentur Event. Mein Name ist Tatjana Gienow. Was kann ich für Sie tun?
Rolle 2: Ja, guten Tag. Ich würde gern Karten für das Musical „Hinterm Horizont" kaufen. Gibt es noch Tickets für den 26. März?
Rolle 1: Einen Moment bitte, ich schaue nach. Ja, da gibt es noch Tickets. Wir haben fünf Kategorien, die teuersten Karten kosten 93 Euro und die günstigsten Karten 36 Euro.
Rolle 2: Haben Sie noch Karten zum mittleren Preis? Und gibt es da noch Plätze in der Mitte?
Rolle 1: Ja, ich habe hier noch wunderbare Plätze zum Preis von 65 Euro. Wie viele Karten brauchen Sie denn?
Rolle 2: Die nehme ich gerne. Ich brauche vier Karten.
Rolle 1: Gut. Dann reserviere ich Ihnen jetzt die Karten, dann brauche ich allerdings noch Ihren Namen und Ihre Kreditkartennummer.
Rolle 2: Mein Name ist Vilani. Meine Kreditkartennummer ist die 85 67 43 56 307 und ich habe eine Visa-Karte.
Rolle 1: Wie lange ist Ihre Kreditkarte noch gültig?
Rolle 2: Noch bis August 2015. Können Sie mir die Karten zuschicken oder muss ich sie an der Kasse abholen?
Rolle 1: Die können wir Ihnen gern schicken, da brauche ich dann nur noch ...

Übungen 13

Zu 5
2) und 3)

Reporterin: Radio N – Eins zu eins – das Gespräch. Heute mit Beate Hübner, Designerin und Teamleiterin der Produktionsabteilung bei der Firma Reuter, die für Discounter Kleidung herstellt. Guten Abend, Frau Hübner.
Hübner: Guten Abend.
Reporterin: Frau Hübner, im Moment hört und liest man viel in den Medien über die „Klamotten-Discounter". Und oft nichts Gutes: Kinderarbeit, schreckliche Arbeitsbedingungen und niedrige Löhne. Aber es wird auch über Kampagnen und Zertifikate berichtet, die die Situation verbessern sollen ...
Hübner: Ja ... und am Ende weiß man nicht mehr, was man eigentlich glauben soll. Das stimmt.

Reporterin: Damit sich unsere Zuhörer ein besseres Bild machen können, wäre es vielleicht ganz gut, wenn Sie uns erzählen könnten, wie so ein Produkt überhaupt entsteht. Wie muss ich mir den Produktionsweg vorstellen?

Hübner: Nun, als Erstes brauchen wir von unserem Kunden ein Thema für das Produkt – also z. B. „sportliche Kinder-T-Shirts im Doppelpack". Dann beginnt die Recherchephase: Was ist im Moment im Trend? Welche Farben sind aktuell? usw. Danach machen die Grafiker am Computer Vorschläge für das Design. Wir entscheiden dann, wie das Produkt aussehen soll und welche Materialien wir brauchen. Danach rede ich mit den Einkäufern darüber, wo das Produkt hergestellt werden soll.

Reporterin: Und warum ist das im Moment in der Textilbranche so oft Bangladesch?

Hübner: Weil sie einfach das billigste Produkt liefern. Der Staat dort unterstützt die Textilfabriken und die Löhne sind extrem niedrig. Und die Discounter wollen das billigste Produkt, damit sie es günstig verkaufen können.

Reporterin: Und wie finden Sie in Bangladesch die richtige Fabrik? Wonach entscheiden Sie?

Hübner: Wir arbeiten mit einer großen Agentur zusammen, die die passende Fabrik für unser Produkt sucht. Diese Firma muss ein Zertifikat haben, das heißt, es gibt bestimmte Bedingungen, die erfüllt sein müssen: Mindestlohn, genug Licht und frische Luft, Pausenzeiten, etc. etc.

Reporterin: Das heißt, in einer Fabrik mit einem Zertifikat sind die Arbeitsbedingungen okay und der Verbraucher kann sich darauf auch verlassen?

Hübner: Das ist genau das Problem. Leider gibt es – und das nicht nur in Bangladesch – viel Korruption. Für Geld bekommt man fast alles. Außerdem werden die Kontrollen oft angekündigt und dann sind die Kinder eben an diesem Tag gerade mal nicht auf der Arbeit.

Reporterin: Kinderarbeit ist also normal?

Hübner: Offiziell darf man in Bangladesch schon mit zwölf Jahren anfangen zu arbeiten. Aber viele sind jünger, ja. Das Schlimme ist, eigentlich ist es sogar noch gut, wenn die Kinder in den zertifizierten Fabriken arbeiten, denn in den lokalen Fabriken sind die Bedingungen sehr viel schlechter und arbeiten gehen sie sowieso. Denn auch wenn es zwei Vollbeschäftigte in der Familie gibt, reicht das Geld oft nicht zum Leben.

Reporterin: Können Kampagnen wie „Saubere Kleidung" etwas daran ändern?

Hübner: Auf jeden Fall. Denn für die Discounter ist es sehr wichtig, wie über sie in den Medien berichtet wird. Sie wollen ein gutes Image und so wird die öffentliche Meinung sehr ernst genommen. Durch diese Kampagnen hat sich auch schon einiges verbessert, aber in vielen Fabriken, in denen ich war, fand ich es immer noch schrecklich heiß, dunkel, staubig und laut. Die Leute arbeiten immer sechs Tage die Woche und sehr oft 14 bis 15 Stunden am Tag.

Reporterin: Was können wir als Verbraucher tun?

Hübner: Die Kunden müssen noch mehr über die Arbeitsbedingungen erfahren. Vielleicht wollen sie dann nicht immer das billigste Produkt kaufen. Denn – und dass muss jedem klar sein – billig heißt auch billige Arbeitskräfte, denn der Baumwollpreis ist stabil.

Reporterin: Vielen Dank, Frau Hübner, für das interessante Gespräch. Ja, liebe Hörerinnen und Hörer, wie denken Sie ...

Übungen 14

Zu 3
1) und 2)

Liebe Kursteilnehmer, heute möchte ich über die Schweiz sprechen. Zuerst gebe ich einige allgemeine Informationen zum Land, dann möchte ich einige Schweizer Spezialitäten vorstellen und schließlich etwas zum Tourismus sagen.

Bern – und nicht Zürich – ist die Hauptstadt der Schweiz. Die Schweiz hat 26 Kantone und 7,87 Millionen Einwohner. In der Schweiz gibt es vier Landessprachen: Deutsch, Italienisch, Französisch und Rätoromanisch. Was davon als Amtssprache oder Amtssprachen gilt, bestimmen die Kantone. Nachbarländer der Schweiz sind Deutschland, Österreich, Liechtenstein, Frankreich und Italien.
Einige Schweizer Spezialiäten sind weltbekannt. Dazu gehört nicht nur die feine Schokolade, sondern auch der Käse. Besonders gut hat mir persönlich Raclette geschmeckt. Beim Raclette werden zuerst Kartoffeln gekocht, diese werden in kleinen Pfännchen mit einem bestimmten Käse überbacken. Dazu benutzt man ein besonderes Gerät, das in der Mitte auf dem Tisch steht – das Raclette. Alle sitzen also zusammen am Tisch und machen sich ihre Pfännchen. Das hat mir sehr gut gefallen. Aber auch die Kuchen und Torten sollte man unbedingt probieren.

Als letztes möchte ich euch noch einige Informationen zu den Reisemöglichkeiten geben. Wenn man in die Schweiz fährt, kann man viele verschiedene Dinge machen. Die Schweizer Städte haben oft sehr schöne Altstädte. Ich war zum Beispiel in Zürich, wo es viele alte Häuser und Kirchen gibt. Aber auch die Natur ist ein Erlebnis. Die Schweizer Seen sind wunderschön und im Sommer kann man dort richtigen Badeurlaub machen. Wer gerne wandert oder Ski fährt, der wird von den Bergen in der Schweiz begeistert sein. Wer nicht so sportlich ist, kann auch mit der Jungfraubahn durch das Berner Oberland fahren. Die elektrische Bahn führt zum höchsten Bahnhof in Europa und dort, auf 3 454 Metern Höhe, hat man eine super Aussicht.

Wenn ihr die Möglichkeit habt, in die Schweiz zu reisen, solltet ihr das unbedingt tun, denn die Schweiz ist ein kleines, aber sehr interessantes Land mit vielen Unterschieden. Leider ist es ziemlich teuer. Besonders interessant fand ich, dass in der Schweiz so viele Sprachen gesprochen werden und dass es ganz viele Möglichkeiten gibt, dort Urlaub zu machen.
Vielen Dank für eure Aufmerksamkeit.

Zu 7

Rolle 1: Na, wie gefällt es dir in deiner neuen Heimat? Die Leute sprechen ein bisschen komisch, oder?
Rolle 2: Ja, das stimmt. Ich dachte, ich kann schon ganz gut Deutsch. Aber hier in Frankfurt verstehe ich die Menschen manchmal nicht.
Rolle 1: Ja, vieles hört sich dort ganz anders an.
Rolle 2: Ja, genau! Und nicht nur das, manchmal werden auch ganz andere Wörter benutzt.
Rolle 1: Ach ja? Das ist mir ja noch gar nicht aufgefallen, was denn zum Beispiel?
Rolle 2: Die sagen hier nicht „sprechen“, sondern „babbele“.
Rolle 1: Wirklich? Was für ein lustiges Wort! Wirst du denn gut verstanden?

Rolle 2: Das ist ja das Tolle, mich verstehen immer alle ... Nur leider verstehe ich oft nichts.

Rolle 1: Ja, es dauert ein bisschen, bis man sich an den Dialekt gewöhnt hat. Aber bestimmt verstehst du die Leute bald besser.

Rolle 2: Ja, das hoffe ich auch!

Zu 9

4)

Ich spreche nicht nur Deutsch, sondern auch Englisch und Chinesisch.
Ich kann weder Französisch noch Italienisch.
Ich liebe sowohl das Land als auch Großstädte.
Ich möchte nicht in die Schweiz, sondern nach Österreich.
Ich liebe sowohl Rockmusik als auch Klassik.
Ich trinke weder Bier noch Wein.
Ich lese nicht nur Krimis, sondern auch Zeitung.
Ich fahre nicht nach Bern, sondern nach Zürich.

Die offene Rechnung

Die Auflösung

„Was will denn schon wieder die liebe Teresa von mir?" Katja Seidel öffnet die Tür ihres Einfamilienhauses, vor dem Teresa und Ulli Hartmann mit einem Zettel in der Hand stehen.
„Sie sollten nicht so viele Witze machen, Frau Seidel." Ulli Hartmann schaut sie böse an. „Wir sind hier, weil wir Sie verhaften müssen. Wir sind uns nämlich sicher, dass Sie am 2. Oktober 1989 Herrn Hans Meier mit einem Stein im Schillerpark erschlagen haben."
Teresa und Katja schauen sich an. Teresa sieht in Katjas Augen, wie sie begreift, dass es aus ist, und sie sieht auch auch, dass Katja damals genau wusste, was sie tat.
„Warum, Katja, warum?"
„Ich konnte nicht anders. Micha war in Gefahr. Hans war kurz davor, ihn festzunehmen und Micha hätte ins Gefängnis gehen müssen. Ich wollte ihn nicht verlieren. Ich musste ihm helfen!"
„Gab es keine andere Möglichkeit?"
„Nein, es war die einzige und es war auch richtig. Nachdem du dann auch noch weg warst, hatten Micha und ich eine wunderschöne Zeit."
„Hattest du nie ein schlechtes Gewissen?"
„Nein."
„Und Gesine? Hat es hat dich nicht einmal gestört, dass sie für dich ins Gefängnis musste – all die Jahre?"
„Sie war doch deine Freundin. Sie wusste, dass du in Michael verliebt warst. Sie hat euch geholfen. Da musste sie eben mit den Konsequenzen leben."
„Und Tim? Er hat mit fünf Jahren seine Mutter verloren, seine Zukunft, alles. Ist dir das auch egal?"
„Aus dem Kind wäre auch so nichts geworden bei der Mutter."
„Er hätte sicher nicht deinen Mann getötet."
„Er war es?"
„Ja und irgendwie bist du schuld daran. Ohne deine Eifersucht und deinen Hass wäre das alles nicht passiert."
Katja Seidel bricht zusammen. „Ich wollte doch nur geliebt werden. Mein ganzes Leben gab es niemanden, der mich mochte. Meinen Eltern war ich egal und ihr, ihr habt euch lustig über mich gemacht. Michael war der einzige, der mir sagte, dass er mich liebt. Dieses Gefühl wollte ich einfach nicht verlieren."

Alphabetische Wörterliste

Die alphabetische Liste enthält den neuen Wortschatz der Einheiten und der Übungen der Bände B1/1 und B1/2. Namen, Zahlen und grammatische Begriffe sind in der Liste nicht enthalten. Wörter in *kursiv* müssen Sie nicht lernen.

Ein · oder ein – unter dem Wort zeigt den Wortakzent:
ạ = kurzer Vokal   a̲ = langer Vokal

Nationale Varietäten. Die deutsche Standardsprache ist u. a. in Deutschland (D), in Österreich (A) und in der Schweiz (CH) zu Hause. Aber manche Wörter benutzt man nicht in allen Ländern. Beispiel: *Sahne* (D), *die*, *: in Deutschland; *Schlag* (A), *der*, *: in Österreich; *Rahm* (CH), *der*, *: in der Schweiz.

Nach den Nomen finden Sie immer den Artikel und die Pluralform.
Zum Beispiel: Antrag, der, "-e = der Antrag, die Anträge
" = Umlaut im Plural
* = Es gibt dieses Wort nur im Singular.

Die Zahlen geben an, wo das Wort zum ersten Mal vorkommt (z. B. 8/15 bedeutet Einheit 8, Aufgabe 15 oder Ü8/5 Übungsteil der Einheit 8, Übung zu 5).

A

ạbbrechen, brach ạb, ạbgebrochen 12/Extra
ạbdecken, deckte ạb, ạbgedeckt 4/10b
Abenteuer, das, - 9/8a
ạbhaken, hakte ạb, ạbgehakt 8/20
ạbkratzen, kratzte ạb, ạbgekratzt 8/6d
ạblehnen, lehnte ab, ạbgelehnt 6/7d
Ạblehnung, die, -en 3/0
ạblenken, lenkte ạb, ạbgelenkt 9/10c
ạbräumen, räumte ạb, ạbgeräumt 7/10
ạbreiben, rieb ạb, ạbgerieben 8/6d
Ạbsatz, der, "-e 13/Extra
ạbschalten, schaltete ạb, ạbgeschaltet 1/7a
ạbschließen (D, CH), schloss ạb, ạbgeschlossen 7/10
Ạbschlussparty, die, -s 14/15
Ạbschnitt, der, -e 1/7a
Ạbsprache, die, -n Ü8/2
ạbsuchen, suchte ạb, ạbgesucht 7/S. 75
Abteilung, die, -en 7/6c
ạbtrocknen, trocknete ạb, ạbgetrocknet 8/19
Ạbwasser, das, Abwässer 4/Extra
ạbwechselnd 12/16c
ạbwerfen, warf ạb, ạbgeworfen 12/Extra
ạbziehen, zog ạb, ạbgezogen 11/2
Ạctionfilm, der, -e 2/12
Ạffe, der, -n 9/10c
ahnen 8/S. 15
Aktion, die, -en 2/Extra
Aktivịst/in, der/die, -en/-nen 5/S. 55
aktuẹll 5/0
akzeptieren 13/7a
al dẹnte 6/14b
Alliierte/r, der/die, -n 12/Extra
Ạltkleider, die, nur Pl. 13/3a
Ạlpen, die, Pl. 4/1a
Also bịtte! 7/1b
Alufolie, die, -n 8/6d
Amen, das, * 10/4
Ạmtssprache, die, -n 1/Extra
an Bọrd 9/3
An- und Vẹrkauf, der, "-e Ü8/P
analysieren 4/3b
ạnbraten, briet ạn, ạngebraten 6/17
ạnfassen, fasste ạn, ạngefasst 1/4a
ạnfühlen (sich), fühlte (sich) ạn, ạngefühlt 6/1a
ạngeben, gab ạn, ạngegeben 11/2
Ạngebot, das, -e 3/3a
Ạngeln, das, * 11/Extra
ạngestellt (sein) 11/8b
ạngewiesen (sein + auf) 11/2
ạngreifen, griff ạn, ạngegriffen: sich angegrifffen fühlen 10/10a
Animateur/in, der/die, -e/-nen Ü9/2
ạnkündigen Ü13/5
Ạnkunft, die, * 9/10c
Ạnliegen, das, - 7/4a
ạnlegen, legte ạn, ạngelegt 9/2
Ạnrede, die, -n 7/7
Ạnsage, die, -n 10/10a

ansprechen, sprach an, angesprochen 10/6c
anspruchsvoll Ü8/P
anstatt 8/0
anstellen (sich), stellte (sich) an, angestellt 7/3
Anstrengung, die, -en 8/6d
Antrag, der, "-e 7/10
antrocknen, trocknete an, ist angetrocknet 8/6d
anwachsen, wuchs an, ist angewachsen 12/3b
Anweisung, die, -en 7/10
Anwohner/in, der/die, -/-nen 3/14
anziehen (2), zog an, *angezogen* 9/5
Apfelschorle, die, -n 7/S. 75
Apfelstrudel, der, - 6/14b
Apotheker/in, der/die, -/-nen 9/2
Aprikosenkonfitüre, die, -n 14/Extra
Arbeitgeber/in, der/die, -/-nen 9/4
Arbeitnehmer/in, der/die, -/-nen 13/5a
Arbeitsbedingung, die, -en 13/3a
Arbeitsbelastung, die, -en 9/5
Arbeitskraft, die, "-e 9/5
arbeitslos 11/2
Arbeitsmarkt, der, "-e 9/5
Arbeitssuchende, der/die, -n 9/4
ärgerlich 7/1b
Argument, das, -e 3/19b
Armbruch, der, "-e 8/4a
Armut, die, * 11/2
Aroma, das, Aromen 6/4a
Art, die, -en 9/14
artig 8/Extra
Artikel, der, - 13/16b
Aschenbecher, der, - 7/10
Assistent/in, der/die, -en/-nen 14/11
Atlantik, der, * 9/Extra
Atomkraft, die, * 3/2
Aua! 7/1b
Aufbau, der, -bauten 12/S. 55
auffordern, forderte auf, aufgefordert 13/7a
Aufforderung, die 7/0
aufgeben, gab auf, aufgegeben 14/8a
aufhalten, hielt auf, aufgehalten 10/S. 35
aufkommen für, kam auf, aufgekommen 7/6c
auflegen, legte auf, aufgelegt 7/4a
Aufmerksamkeit, die, -en 10/13a
aufnehmen (1), nahm auf, aufgenommen 1/1a
aufnehmen (2) (CH), nahm auf, aufgenommen 8/19
aufschließen (D, CH), schloss auf, aufgeschlossen 7/10
aufschneiden, schnitt auf, aufgeschnitten Ü11/8
aufteilen, teilte auf, aufgeteilt 11/2
Auftraggeber/in, der/die, -/-nen Ü13/3
aufsperren (A),sperrte auf, aufgesperrt 7/10
Augenblick, der, -e 5/4a
ausdenken, dachte aus, ausgedacht 1/14
ausdrücken, drückte aus, ausgedrückt 10/10b
ausfragen, fragte aus, ausgefragt 11/S. 45
Ausführung, die, -en 7/10
ausgeschlossen (sein) 13/16b
aushalten, hielt aus, ausgehalten 13/Extra
Ausländerfeindlichkeit, die, * 12/12
ausländisch 11/4a
ausleeren, leerte aus, ausgeleert 7/10
ausmachen (1), machte aus, ausgemacht 3/11c
ausmachen (2), machte aus, ausgemacht 9/5
Ausnahme, die, -n 13/14
ausprobieren, probierte aus, ausprobiert 1/7b
ausreisen, reiste aus, ist ausgereist 12/3b
ausruhen, ruhte aus, ausgeruht 14/S. 75
aussagen, sagte aus, ausgesagt 10/S. 35
ausschalten, schaltete aus, ausgeschaltet 4/3b
ausschlafen, schlief aus, ausgeschlafen 3/14
Außenminister/in, der/die, -/-nen 12/3b
außerdem Ü2/7
äußern 1/0
Aussicht, die, -en 5/14b
aussortieren, sortierte aus, aussortiert 1/7a
ausstellen, stellte aus, ausgestellt 7/Extra
australisch 13/7a
Auswahl, die, * 13/11
auswaschen, wusch aus, ausgewaschen 8/6d
Ausweis, der, -e 8/17
autofrei 11/14b
automatisch 1/1a
Autor/in, der/die, -en/-nen 10/10a

B

Babynahrung, die, * 4/Extra
Backpulver, das, - 14/Extra
Backware, die, -n 6/Extra
Badehose, die, -n Ü13/1
Bakterie, die, -n 6/4a
Ball, der, "-e 14/11
Ballkleid, das, -er 14/11
Band (Musik), die, -s 5/4a
Bangladesch 13/3a
Bar, die, -s 9/9
bar (zahlen) 10/17
Bargeld, das, * Ü8/5
Basar, der, -e Ü9/11
basteln 8/4a

Baumwolle, die, -n 13/3a
beachten 13/6c
beantragen 8/17
bearbeiten 13/7a
bedanken (sich ... bei) 5/9a
Bedingung, die, -en 9/0
beenden 9/13
befragen 3/S. 35
befreien 8/16
Begegnung, die, -en 9/8
begeistern (für) 4/16c
begründen 9/0
Begründung, die, -en 8/20
Behindertenausweis, der, -e 8/17
beibringen, brachte bei, beigebracht 14/15
Beichtstuhl, der, "-e 4/3b
Beitrag, der, "-e 7/4a
Beitritt, der, -e 12/3b
*Bekämpfung, die, ** 2/Extra
bekleben 1/14
Bekleidung, die, -en 13/5a
Bekleidungshändler/in, der/die, -/-nen 13/7a
belächeln 6/7d
belastbar Ü9/5
belegen 3/3a
beobachten Ü9/11
beraten, beriet, beraten 12/3b
Bereich, der, -e Ü9/5
bereuen 11/8b
berichten 3/S. 35
berufstätig (sein) Ü8/2
Berufsunfallversicherung, die, -en Ü8/4
beruhigen (sich) 7/7
beschädigen 8/6d
beschäftigen 13/6b
beschließen, beschloss, beschlossen 3/5b
Beschwerde, die, -n 7/6b
beschweren (sich) 7/0
Besen, der, - 8/19
besetzt (sein) 3/S. 35
Besitz, der, * 3/5b
besitzen, besaß, besessen 8/16
Besitzer/ in, der/die, -/-nen 11/Extra
besonderer, besonderes, besondere 4/3b
besorgen 8/11
Besorgung, die, -en 8/0
besprühen 8/6d
Bestellung, die, -en 6/13a
bestimmter, bestimmtes, bestimmte 3/3a
Bestimmtes: etwas Bestimmtes 9/4
Besucher/in, der/die, -/-nen 5/4a
beteiligen 13/7a
betonen 3/Extra
betroffen (sein) 11/2
betten (CH) 8/19
Bevölkerung, die, -en 11/13c
bevor 7/0
bewegungslos 10/S. 35
bewerten 7/20b
Bewertung, die, -en 7/20b
beziehen (sich auf), bezog, bezogen 9/8b
Beziehung, die, -en 9/S. 25
Bibliothekar/in, der/die, -e/-nen Ü2/7
Biene, die, -n 14/14b
Bikini, der, -s 13/11
Bildung, die, * 3/1a
binden, band, gebunden 4/3b
bio 6/4a
Biologe/Biologin, der/die, -n/-nen 9/10c
blättern 11/16
Blind Date, das, -s 10/18c
blinken 11/14b
blöd 8/S. 15
Blog, der (das), -s 9/10
blond 7/Extra
Blut, das, * 1/7a
böse 2/5
boomen 9/5
Botschaft, die, -en 12/3b
Branche, die, -n 9/5
braten, briet, gebraten 6/17a
Bratkartoffel, die, -n 6/15
Brausepulver, das, - 9/Extra
brav 8/Extra
BRD (Bundesrepublik Deutschland), die, * 12/3
breit 4/10b
Breite, die, -n 4/Extra
brennen, brannte, gebrannt 6/18
Briefkasten, der, "-en 7/4a
Bruch, der, "-e 11/0
Brücke, die, -n 3/Extra
brummen 5/0
brünett 7/Extra
Brunnen, der, - 2/4
Brust, die, "-e 1/13b
Buchhändler/ in, der/die, -/-nen 11/Extra
Bundesland, das, "-er 14/2
Bundesstaat, der, -en 14/2
Bürger/in, der/die, -/-nen 12/3b
Bürokrat, der, -en 12/12
Butterbrot, das, -e 6/Extra

C

campen 5/4a
Camping, das Ü5/4
Cappuccino, der, -s (-ccini) 14/11
Champion, der, -s 12/16a
Chance, die, -n 9/5
Charakter, der, - 10/18a
charmant 14/11
Chauvi, der, -s 10/6c
Chiffre, die, -n Ü8/P
circa 4/3b
Clown, der, -s 11/8b
computergesteuert 11/14b
Container, der, - 13/3a
cool 12/S. 55
Creme, die, -s 14/Extra

D

dafür 4/11a
dagegen 4/11a
Dame, die, -n 14/11

Damenspende, die, -n 14/11
Dampf, der, "-e 8/6d
daneben 10/6c
dänisch 13/7a
darauf (auch: darauf) 5/6
darin (auch: darin) 10/10a
Darsteller/in, der/die, -/-nen 2/6
darüber (auch: darüber) 5/8
Daten, die, *nur Pl.* 13/14
Dattel, die, -n Ü9/11
Daumen, der, - 11/14b
davon (auch: davon) 5/6
dazugehören, gehört dazu, dazugehört 8/1b
dazukommen, kam dazu, ist dazugekommen 8/4a
DDR (Deutsche Demokratische Republik), die, * 12/3
Debütant/in, der/die, -en/-nen 14/11
Deck (an Deck), das, -s Ü9/11
Deckel, der, - 4/3b
decken 7/10
Dekoration, die, -en 14/15
Delfin, der, -e Ü9/11
Demokratie, die, -n 3/1a
Demonstrant/in, der/die, -en/-nen 12/3b
Demonstration, die, -en 12/3b
demonstrieren 3/2
derselbe, dasselbe, dieselbe 10/0
Design, das, -s 9/3a
Designer/in, der/die, -/-nen 10/6c
Dessert, das, -s 6/14b
Detail, das, -s 11/S. 45
deutlich 10/10a
Diagramm, das, -e 7/20b
Dialekt, der, -e 14/0
Dienstleistung, die, -en 7/0
diktieren 9/16c
Diplomat/in, der/die, -en/-nen Ü9/11
dippen 3/17a
Discounter, der, - 13/10
Diskretionszone, die 7/4a
Diskussion, die, -en 1/5a
Display, das, -s 11/14b
D-Mark, die, - 12/Extra
Doppelbett, das, -en Ü9/10
Dosenöffner, der, - Ü14/8
Drache, der, -n 11/14b
dran (sein) 7/4
drängen 14/11
drauf: gut drauf sein 3/Extra
Dreck, der, * Ü11/4
dreckig 9/9
drehen 1/17a
Drei-Gänge-Menü, das, -s Ü9/P
dringend 8/4a
drinnen 11/S. 45
Dritte-Welt-Projekt, das, -e 12/12
Droge, die, -n 13/S. 65
Druck, der, * 12/3b
Duft, der, "-e 11/14b
dumm, dümmer, am dümmsten 10/1
düngen 8/6d
Dünger, der, - 8/6d
durcharbeiten, arbeitete durch, durchgearbeitet 9/5
durchatmen, atmete durch, durchgeatmet 8/S. 15
durchführen, führte durch, durchgeführt 13/5a

E

eben 9/16a
Effekt, der, -e 13/7a
egal 10/6c
eh 3/19b
eher 10/11
Ehrgeiz, der, * 14/11
Eiche, die, -n 4/3b
Eidotter, der, - 8/6d
Eierlikör, der, -e 12/12
Eifersucht, die, * 10/13a
Eigenschaft, die, -en 9/4
Eilaktion, die, -en 13/7a
eilen 8/S. 15
eimerweise 6/6
Einbruch, der, "-e Ü8/5
eines Tages 2/5
Einfahrt, die, -en 8/Extra
einfallen, fiel ein, eingefallen 1/14
Einführung, die, -en 12/Extra
Eingang, der, "-e 7/S. 75
Einhaltung, die, * 13/6a
einig (sein) 10/Extra
Einkommen, das, - 11/8b
einlassen (sich), ließ ein, eingelassen 10/4
Einleitung, die, -en 12/S. 55
Einnahme, die, -n 11/2
einpacken, packte ein, eingepackt 8/4a
einräumen, räumte ein, eingeräumt 8/4a
einreißen, riss ein, eingerissen 12/12
Einrichtung, die, -en Ü8/5
einsammeln, sammelte ein, eingesammelt 9/15
Einsatzmöglichkeit, die, -en 8/6d
einschätzen 4/Extra
Einstiegschance, die, -n 9/5
Eintrag, der, "-e 8/4a
Eintritt, der, -e 8/16
einweichen, weichte ein, eingeweicht 8/6d
Einzelhandel, der, - 13/11
einzeln 1/8b
Einzelzimmer, das, - Ü9/10
Einzelzimmerzuschlag, der, "-e 10/4
einziger, einziges, einzige 1/Extra
Einzug, der, * 14/11
Eisbär, der, -en Ü2/7
Eiweiß, das, -e 14/Extra
eklig 6/4
elegant 10/14a
elektronisch 11/14b
Elektrorasierer, der, - 4/3b
Element, das, -e 2/17a
Emanzipation, die, -en 10/4

Emanzipationsbewegung, die, -en 10/6c
emotional 10/10a
empfinden, empfand, empfunden 10/10a
entstehen, entstand, ist entstanden 4/3b
Ente, die, -n 13/11
entfernen 8/6d
entlang 12/3b
entschlüsseln 8/Extra
entweder ... oder 10/0
entwerfen, entwarf, entworfen 13/3b
entwickeln Ü13/5
Entwicklung, die, -en 9/5
erben 5/10
Ereignis, das, -se 12/0
erfahren, erfuhr, erfahren 7/S. 75
erfüllen 2/Extra
erhöhen 13/6c
erholen (sich) Ü9/8
Erholung, die, * 9/14
erkennen, erkannte, erkannt 13/14
Erlaubnis, die, -se 11/14b
erledigen 8/4a
erleichtert 12/S.55
Ermäßigung, die, -en 8/0
ermöglichen 14/11
*Ernährung, die, ** 6/0
Erneuerung, die, -en 10/Extra
ernst 10/6c
Eröffnung, die, -en 5/4a
erraten, erriet, erraten 9/3
erreichbar, 3/S. 35
erstaunt (sein) Ü12/7
erst einmal 7/6c
erwachen 14/11
erwarten 9/5
Erwartung, die, -en 10/4
erstechen, erstach, erstochen 2/S. 25
Eselsbrücke, die, -n 12/Extra
etwa 1/Extra
EU (Europäische Union), die, * 14/2
Europa, das * 9/10c
europäisch 3/3a
exakt 4/3b
exklusiv 3/5a
Experte/Expertin, der/die, -n/-nen 1/13b
Export (Export), der, -e 13/3a
exportieren Ü14/8
extrem 4/1a

F

Fabrik (Fabrik), die, -en 13/3a
Fachgeschäft, das, -e 13/10
Fachkraft, die, "-e 9/4
Faden, der, "- 13/3a
fair 10/10a
Fakten, die, *meistens* Pl. 14/3
Fall (auf keinen Fall), der, "-e 9/7
Fallschirm, der, -e 12/Extra
falsch machen 7/17a
falten 12/17
fälschen 7/S. 75
fantastisch 2/13
Fantasy-Film, der, -e 2/12
Farbstoff, der, -e 6/4a
faxen Ü7/7
Fee, die, -n 2/4
Fels, der, -en 9/10c
fegen (D) 7/19a
*Fenchel, der, ** 6/14
Ferienpass, der, "-e 8/16
fern 9/18
Fernreise, die, -n 11/14b
Festival, das, -s 5/4a
Festkomitee, das, -s 14/15
Festspiel, das, -e 5/4a
feststellen, stellte fest, festgestellt 6/5
fett 6/3
feudeln (A, D-nord) 8/19
Figur, die, -en 12/12
Filiale, die, -n 7/4
Finale, das, -/-s 5/10
finanzieren 3/5a
Fingerabruck, der, "-e 8/S.15
fischen 9/Extra
Fitnesstrainer/in, der/die, -/-nen 9/2
Fläche (Wohnfläche), die, -n 3/5b
Fleck, der, -en 8/6d
fliehen, floh, ist geflohen 12/3b
fließen, floss, ist geflossen 1/7a
fließend 14/11
flirten 9/S. 25
Flucht, die, -en 12/3b
Flüchtling, der, -e 11/8b
Flüssigkeit, die, -en 4/Extra
Flut, die, -en 4/3b
Folge, die, -n 10/6c
folgender, folgendes, folgende 4/16c
Folie, die, -n 4/10b
fordern 4/14
Forderung, die, -en 10/4
fördern 1/14
*Formel 1, die, ** 5/12
*Formfleisch, das, ** 6/4a
formulieren 13/0
Forscher/in, der/die, -/-nen 1/8b
fortschrittlich 10/6c
Frack, der, "-e 14/11
Fremdsprache, die, -n 1/Extra
Freundschaft, die, -en 3/1a
Frieden, der, * 3/1a
Friedensgebet, das, -e 12/3b
friedlich 12/3b
frieren, fror, gefroren 4/5b
Frosch, der, "-e 2/4
Frucht, die, "-e 6/4a
führen 9/13
Führungsebene, die, -n 10/10a
Führungsposition, die, -en 10/10a
Führungsstil, der, -e 10/10a
*Funk (per Funk), der, ** 4/3b
funkgesteuert 4/9b
furchtbar 9/10c
Fußabdruck, der, "-e 4/3b
Fußsohle, die, -n 13/Extra
Futter, das, * 6/7a

G

Gabe, die, -n 2/Extra
Galerie, die, -n 14/15
Gangster, der, - 10/14a
*Gänsehaut, die, ** 9/S. 25
Gebäudereiniger/in, der/die, -/-nen 7/14
Gebet, das, -e 12/3b
Gebiet, das, -e 7/6c
gebürtig (sein) 14/11
Gedanke, der, -n 9/S. 25
gefährlich 13/7a
gefragt (sein) 14/11
Gefrierfach, das, "-er 8/6d
gegen 8/4a
Gegensatz, der, "-e 1/14
gegenseitig 4/9c
Gegenstand, der, "-e Ü8/5
Gegenteil (im Gegenteil), das, -e 3/5a
geheim 6/4
Geheimsprache, die, -n 1/Extra
Geheimzahl, die, -en 8/15
gehen um (es geht um), ging, ist gegangen 2/14
Gehirn, das, -e 1/1a
geizig 10/6c
gelackt 13/Extra
Gelegenheit, die, -en 5/4a
Gelenk, das, -e 11/14b
Gemeindehaus, das, "-er 7/Extra
Generation, die, -en 14/11
*Geografische, das, ** 14/2
Gepäckregal, das, -e 10/6c
gepflegt (sein) 11/4a
Gerechtigkeit, die, * 3/1a
Gericht, das, -e 6/13b
Geschäftswelt, die, -en 10/10a
gesellschaftlich 14/11
Gespräch, das, -e 9/13
*Gespür, das, ** 8/Extra
gestylt 12/S. 55
Getränk, das, -e 6/2a
gewaltig 14/Extra
Gewinn, der, -e 6/7d
Gewissen, das, * 4/3b
gewöhnen (sich ... an) Ü11/4
Gewürz, das, -e Ü9/11
glänzen 8/6d
Glasur, die, -en 14/Extra
Glatze, die, -n 7/Extra
gleich Ü1/14
Gleiche, das, * 1/7a
gleichzeitig 12/7b
Gletscher, der, - 4/1a
global 13/7a
GmbH, die, -s 4/3b
Gnocci, die, - 6/14b
golden 1/14
gönnen 3/17a
Grashalm, der, -e 9/Extra
Grenze, die, -n 12/2
Grenzübergang, der, "-e Ü12/9
Großeinkauf, der, "-e 4/3b
Großfamilie, die, -n 8/4a
Großteil, der, -e 13/3a
Großveranstaltung, die, -en 11/2
Grund, der, "-e 3/5d
gründen 3/5a
*Gründerzeit, die, ** 11/S. 45
*Grundreinigung, die, ** Ü8/P
*Grundwasser, das, ** 4/Extra
günstig 9/14
grüßen 4/S. 45
Guss, der, "-e 14/Extra
Gutschein, die, -e 7/7
*Gymnastik, die, ** 11/0

H

Haarspray, das, -s 8/6d
Hafen, der, "- 9/10c
Haftpflichtversicherung, die, -en Ü8/4
*Hagel, der, ** Ü8/5
Halle, die, -n Ü9/16
halt Ü9/16
halten (von), hielt, gehalten 3/4a
halten, hielt, gehalten (einen Vortrag) 12/14c
Hamburger, der, 9/16a
handeln 10/11
Handtasche, die, -n 8/14
hartnäckig 8/6d
*Hartz-IV (D), das, ** 8/16
Hasten, das 2/Extra
Hausdame/-herr, die/der, -n/-en 8/19
Hausratversicherung, die, -en Ü8/4
heben, hob, gehoben 10/6c
Hecke, die, -n 2/4
heiter 1/Extra
heizen 4/5
Hektik, die, * 9/14
Held/in, der/die, -en/-nen 4/3
hereinkommen, kam herein, hereingekommen 2/9
Herrlichkeit, die, -en 13/Extra
herstellen, stellte her, hergestellt 6/4a
Hersteller/in, der/die, -/-nen 13/7a
herumlaufen, lief herum, ist herumgelaufen 1/4c
herzlich 6/12b
Hesse/Hessin, der/die, -n/-nen 9/16a
heuer (A) 14/11
Hexe, die, - 2/4
Hi! 1/8b
Hier und Jetzt, das 10/6c
Highlight, das, -s 5/10
Himbeere, die, -n 6/4a
hin und her 9/16a
hin- und hergerissen sein Ü11/8
hinausgehen, ging hinaus, ist hinausgegangen 3/14
Hindernis, das, -se 10/10a
hinein 7/S. 75
hinschauen, schaute hin, hingeschaut 13/3a
hintereinander 1/7a
hinunter 4/Extra
hinweisen (auf), wies hin, hingewiesen 4/16c
historisch 12/0
Hit, der, -s 12/12
Hitparade, die, -n 14/15

Hochdeutsch, das, * 14/7
hochkommen, kam hoch, ist hochgekommen 2/5
Hochwasser, das, - 4/Extra
Höhe, die, -n 11/5
Holz, das, "-er 6/4a
Honig, der, *(*-sorten*)* 6/1a
hörbar 5/1
Horizont, der, -e 12/11
Hotelfachleute, die, nur Pl. 9/5
hübsch 1/14
Hubschrauber, der, - 3/5a
*Hygiene, die, ** 13/6c
hygienisch 8/6d

I

Igitt! 7/1b
Immobilie, die, -n 5/10
Implant-Chip, der, -s 11/14b
importieren 13/2a
Impressum, das, Impressen 13/14
Impuls, der, -e 1/7a
Infektion, die, -en Ü2/7
informieren 7/10
Infostand, der, "-e 4/16c
Ingenieur/in, der/die, -e/-nen 5/S. 55
Insekt, das, -en 6/7d
Insel, die, -n 9/Extra
Instrument, das, -e 1/1a
intensiv 13/Extra
Interesse, das, -n 4/10b
international 3/3a
interpretieren 10/10a
inzwischen 9/5
irgend- 8/0
Italienisch 14/2

J

jagen 11/12b
Jäger/in, der/die, -/-nen 11/12b
Jaguar, der, -e 11/12b
jäh 14/Extra
Jahrhundert, das, -e 1/Extra
jährlich 4/16c
Joker, der, - 2/17a
Journalist/in, der/die, -en/-nen 3/16a
Jubiläum, das, Jubileen 6/12b
Jugendherberge, die, -n 9/17a
Jungs, die, nur Pl. 10/6c

K

Kabine, die, -n 9/1
Kalk, der, -e 8/6d
Kalorie, die, -n 1/7a
Kampagne, die, -n 13/5a
Kanton, der, -e 14/2
Katastrophe, die, -n 5/10a
Kategorie, die, -n 5/4a
kaum 12/9
kehren (A) 7/19a
Keller, der, - 4/3b
Kenntnis, die, -se 9/5
Kerl (= Mann), der, -e 10/10a
Ketchup, der (das), -s 11/4b
Kfz-Versicherung, die, -en Ü8/4
*Kilowatt, das, ** 11/14b
kinderfeindlich 3/14
Kinderwagen, der, - 10/6c
Kita (D), die, -s 3/14
klar werden 14/8a
klassisch 5/4a
klauen Ü9/11
Klavier, das, -e 1/1a
kleben 6/4a
Kleinkredit, der, -e 3/5d
Klima, das, -ta 4/0
*Klimawandel, der, ** 4/1a
klingeln 2/11
Klischee, das, -s 10/0
Kloß (D), der, "-e 6/14b
Knopf, der, "-e 1/17a
Kohlendioxid, das, -e 4/3b
Kombination, die, -en 8/20
komfortabel Ü9/P
Kommentar, der, -e 13/14
kommentieren 1/1b
Kommissariat, das, -e 2/S. 25
Komödie, die, -n 2/12
Kompromiss, der, -e 3/14
Konferenz, die, -en 5/13c
konkret 1/14
konsequent 4/3b
konservativ 9/S. 25
konsumieren 4/Extra
Kontaktbörse, die, -n 10/3a
Kontinent, der, -e Ü9/8
Kontra, das, * 3/19b
kontrollieren Ü12/9
Konzentration, die, * 1/1a
Kopfgeldjäger/in, der/die, -/-nen 7/Extra
Kraftwerk, das, -e 3/2
Kratzer, der, - Ü8/7
Kreuzfahrt, die, -en 9/5
Krieger/in (kalte Krieger), der/die, -/-nen 12/12
*Kriminalität, die, ** Ü9/P
Krise, die, -n 13/11
Kriterium, das, Kriterien 3/3a
Kritik (Kritik), die, -en 13/7a
kritisieren 10/11
Krone, die, -n 2/6
krümmen 7/Extra
Kubikmeter, der, - 4/Extra
Kugellager, das, - 14/12
Kugelschreiber, der, - 8/6d
Kultur, die, -en 5/2
kulturell 5/0
kündigen 11/8b
Kunstleder, das, - 13/1a
künstlich 6/4a
Kunststoff, der, -e 11/13b
kursiv 7/6c
Kurzvortrag, der, "-e 12/0
kuscheln 8/4a

L

lächeln 10/4
Labor, das, -e 6/4a
Laib, der, -e 6/Extra
Lamm, das, "-er 6/7d
landen 6/Extra
Landessprache, die, -n 14/2
Landung, die, -en 12/Extra

M

N

Nationalfeiertag, der, -e 12/3b
Nationalpark, der, -s 9/17a
*Naturschutz, der, ** 4/9b
nebenbei 8/2
Nebenjob, der, -s 11/2
Nelke, die, -n 14/Extra
Neuigkeit, die, -en 8/S. 15
*Neutralität, die, ** 14/2
Newsticker, die, -(s) 5/10b
nicht nur ... sondern auch ... 14/0
nicht ..., sondern ... 13/0
Niederlage, die, -n 11/8b
Niederlande, die, nur Pl. 13/5a
Nonne, die, -n 11/12b
*Normalität, die, ** 11/Extra
Not, die, "-e 6/Extra
notwendig Ü8/5
nummerieren 7/20c
nun 7/6c
nur mehr 14/Extra
nützen 2/Extra
nützlich 1/2b

O

Oberbegriff, der, -e 1/14
Objekt, das, -e 6/Extra
objektiv 10/10a
obwohl 6/0
Ofen, der, "- 8/10a
öffnen 2/5
öffentlich 13/5a
offiziell 12/3b
öfters 11/2
Oh Gott! 7/S. 75
ökologisch 6/4a
Olive, die, -n 10/8
Omelette, das, -s 6/14b
Operette, die, -n 11/Extra
operieren 11/8b
Optiker/in, der/die, -/-nen 8/11
orange 1/6a
Organisation, die, -en 4/16c
Ort, der, -e 9/14
Ostdeutsche, der/die, -n 12/3b
*Ostsee, die, ** 9/Extra

P

Panik, die, * 4/1a
Panne, die, -n 5/13c
Panorama, das, Panoramen 11/14b
Parkplatz, der, "-e Ü11/13
parlamentarisch 14/2
Passagier/in, der/die, -e/-nen 9/1
*Pazifik, der, ** 9/Extra
Pension, die, -en 9/17a
Personal, das, * 9/5
persönlich 9/5
Pfand, das, "-er 11/5
Pflegefamilie, die, -n 11/8b
*Photovoltaik, die, ** 5/S. 55
Picknick, das, -e oder -s Ü4/14
Plakat, das, -e 1/15
*Plattdeutsch, das, ** 14/7
Plattenbau, der, -bauten 11/S. 45
Plattfuß, der, "-e 13/11
plus 6/7d
Podcast, der, -s 11/5
Polen, * 9/10c
Polizeipräsidium, das, -präsidien 1/S. 15
Poloshirt, das, -s 12/S. 55
Portal, das, -e 7/4
Postbote/-botin, der/die, -n/-nen 7/4a
Postfach, das, "-er 10/3
präsentieren 14/0
Präsident/in, der/die, -en/-nen 12/2
preiswert 13/2a
Presse, die, * 3/5b
Pressekonferenz, die, -en 12/3b
pressen Ü6/1
prickeln 9/Extra
Prinz/Prinzessin, der/die, -en/-nen 2/4
Prinzip, das, -ien 3/Extra
Prise, die, -n 14/Extra
*Privatleben, das, ** 3/S. 35
Privatsphäre, die, -n 9/5
Pro, das, * 3/19b
Produkt, das, -e 6/4a
Produktion, die, -en 13/0
produzieren 6/4a
professionell 13/S. 65
profitieren 13/11
Professor/in, der/die, -en/-nen Ü2/7
Profi, der, -s 2/S. 25
Prognose, die, -n 11/13b
Prominente, der/die, -n 14/11
Protest, der, -e 12/3b
Protestwelle, die, -n 13/7a
Puderzucker, der, - 14/Extra
Publikum, das, * 5/4a
Puls, der, -e 13/15
Putzdienst, der, -e 10/6c
Putzfrau/-mann, die/der, -en/"-er 7/14

Q

Qualifikation, die, -en 9/5
Qualität, die, -en 13/4

R

Rahm (CH), der, * 6/15
Rappen, der, - 2/Extra
Rasen, der, - 7/15
rasen 10/S. 35
Ratgeber, der, - Ü8/P
ratlos 14/8a
*Rätoromanisch, das, ** 14/2
Ratschlag, der, "-e 1/9a
Raucher/in, der/die, -/-nen Ü9/10
Raumfähre, die, -n 5/13c
rauschen 4/Extra
rausgehen, ging raus, rausgegangen 8/6d
Reaktion, die, -en 7/1
realistisch 1/1a
Realität, die, -en Ü9/P

Rebell/in, der/die, -en/-nen 12/12
Rechaudkerze (CH), die, -n 8/6d
recherchieren 2/14
recht (sein) 6/13c
Rechtsradikalismus, der, -radikalismen 12/12
Reduzierung, die, -en 13/6a
Reederei, die, -en 9/5
Regel, die, -n 1/14
Regelung, die, -en Ü12/9
Regierung, die, -en 3/3a
Region, die, -en 14/6
Regisseur/in, der/die, -e/-nen 12/12
reichlich 6/17
reif 6/3
Reihenfolge, die, -n 1/5a
reingehen, ging rein, ist reingegangen 8/Extra
Reiseleiter/in, der/die, -/-nen 9/2
Reklamation, die, -en 13/17
reklamieren 13/16a
rekonstruieren 12/S. 55
Rennen, das, - 2/Extra
rennen, rannte, ist gerannt 3/Extra
Reportage, die, -n 2/13
Reporter/in, der/die, -/-nen 11/4a
republikanisch 14/2
Requisite, die, -n 2/5a
reservieren Ü9/10
Rest, der, -e 6/4a
retten 2/5
Retter/in, der/die, -en/-nen 4/3a
Revier, das, -e 11/2
Revierverhalten, das, - 10/10a
Revolution, die, -en 12/2
Richtung, die, -en 6/7c
Riesen- (+Nomen) 12/12
Rind, das, -er 6/7d
Risiko, das, Risiken Ü9/P
Rock (Musik), der, * 5/4a
Rockpoet/in, der/die, -en/-nen 12/12
roh 6/3
Rohstoff, der, -e 13/3b
Rolle (eine Rolle spielen), die, -n 9/14
Rollenspiel, das, -e 1/4b
Romanfigur, die, -en 7/14
romantisch 9/5
*Rost, der, ** 8/6d
rothaarig 7/Extra
Rotwein, der, -e 6/18
*Rückgaberecht, das, ** 13/14
Rückgang, der, "-e 4/10b
Rückseite, die, -n 5/5b
Rüebli (CH), das, -s 14/Extra
rufen, rief, gerufen 2/5
*Rundfunk, der, ** 8/16
rundum Ü9/P
Rütteln, das 11/14b

S

Sachbearbeiter/in, der/die, -/-nen 11/2
sachlich 10/10a
Säge, die, -n Ü14/8
sägen 9/Extra
Sahne (D), die, * 6/15
Salzschaum, der, "-e 9/Extra
Salzwasser, das, - 8/6d
Sand, der, * 13/7a
Sandstrahl, der, -en 13/7a
satt 3/5a
sauber 8/6d
Sauberkeit, die, -en 8/6d
Saugkraft, die, "-e Ü8/P
schade 4/S. 45
Schaden, der, "- 7/6c
Schaf, das, -e 6/7d
Schale, die, -n 14/Extra
schalten (auf) 1/1a
schämen (sich ... für) 11/4c
scharf, schärfer, am schärfsten 6/3
schätzen (jdn) 9/5
schätzen 13/2a
Scheibe, die, -n 6/2a
scheinen, schien, geschienen 13/11
scheitern 12/12
Schere, die, -n Ü14/8
schick (D) 13/7a
schieben, schob, geschoben 10/6c
Schiedsrichter/in, der/die, -/-nen 8/1b
Schild, das, -er 7/4a
Schiff, das, -e 9/1
schlachten 6/7b
Schlag (A), der, * 6/15
Schlagzeile, die, -n 5/S. 55
Schlange, die, -n 7/4a
schließlich 2/17a
*Schlurfen, das, ** 9/Extra
Schlüsselbein, das, -e 8/Extra
Schlüsselloch, das, "-er 8/Extra
Schlüsselqualifikation, die, -en 9/4
schmelzen, schmolz, geschmolzen 4/10b
*Schmelzwasser, das, ** 4/Extra
schmieren 8/4a
schneiden, schnitt, geschnitten 2/9
schönschreiben, schrieb schön, schöngeschrieben 8/Extra
schriftlich 7/7
Schriftsteller/in, der/die, -/-nen 12/12
Schulkamerad/in, der/die, -en/-nen 10/S. 35
Schutz, der, * (*Technik:* -e) 4/10b
schützen 4/1c
*Schwäbisch, das, ** 14/7
Schwalbe, die, -n 11/12b
schweigen, schwieg, geschwiegen 9/Extra
*Schwiizertüütsch, das, ** 14/8a
Seemannsknoten, der, - 9/Extra
segeln 9/14
Sektor, der, -en 12/3a
selber 14/Extra
selbst 7/12
Selbstversuch, der, -e 4/3b
*Selbstverwirklichung, die, **

10/4
Semesterticket, das, -s 8/16
senken Ü13/6
seriös 13/14
Service, der, -s 7/4b
Servicecenter, das, - 7/4a
Servogelenk, das, -e 11/14b
sich befinden 4/Extra
Sicherheit, die, -en 3/1a
Sieger/in, der/die, -/-nen 5/14b
Signal, das, -e 10/10a
Silberteil, das, -e 8/6d
sinken, sank, ist gesunken Ü9/P
Sinn (mit allen Sinnen), der, -e 11/S. 16
skeptisch (sein) 11/S. 45
Skipiste, die, -n 11/13b
sogar 1/14
Solarfenster, das, - 6/S. 65
Solaranlage, die, -n 11/14b
sommerfest 4/10b
Sondererlaubnis, die, -se 11/14b
sonst 5/13b
sorgen (für) 3/2
sortieren 8/4a
Soße, die, -n 6/14
Souvenir, das, -s Ü9/P
sowjetisch 12/3a
sowohl ... als auch 10/0
spätestens 6/7d
Speise, die, -n 14/15
Speisekarte, die, -n 6/7c
Spende, die, -n 2/Extra
spenden 7/Extra
sperren 12/Extra
Spezialität, die, -en 14/15
Spielkamerad/in, der/die, -en/-nen 2/5
Spielplan, der, "-e 5/4a
Spion/in, der/die, -e/-nen 12/Extra
Spitzname, der, -n 12/Extra
spontan 10/11
Sportsachen, die, *nur Pl.* 8/4a
spöttisch 6/Extra
Sprichwort, das, "-er 12/Extra
Springform, die, -en 14/Extra
Spruch, der, "-e 12/S. 55
Sprungbrett, das, -er 9/5
Spur, die, -en 4/S. 45
spüren 11/8b
Stabkerze, die, -n 8/6d
Staat, der, -en 3/2
Stall, der, "-e 6/7c
Stand-by, *, * 4/3b
ständig 10/4
Stapel, der, - 12/16c
Star, der, -s 12/12
Start, der, -s 3/Extra
starten 6/7d
Statistik, die, -en 13/1b
Staub saugen 8/4a
Staubsauger, der, - Ü8/P
Steak, das, -s 6/14b
stecken 8/6d
stehen (es steht mir), stand, gestanden 7/17a
steigen, stieg, ist gestiegen 4/10b
stehlen, stahl, gestohlen 9/10c
Stern, der, -e 2/12
Steuererklärung, die, -en 7/12
Steuerklasse, die, -n 10/4
steuern 4/3b
Stiefel, der, - Ü13/1
stinken, stank, gestunken 4/5
Stirn, die, -en 14/S. 75
Stoff, der, -e 8/6d
Stockkampf, der, "-e 3/Extra
stören 10/4
Story, die, -s 12/12
Strahl (CH), *der, -e* 14/8a
Strähnchen, das, - 7/17a
Strategie, die, -n 1/0
Strauch, der, "-er 13/3a
Strecke, die, -n 13/Extra
streicheln 9/10c
Streit, der, -e 10/0
Stromausfall, der, "-e 4/7
Stromfresser, der, - 4/3a
Strumpfhose, die, -n 13/11
Studentenwohnheim, das, -e 8/S. 15
Studie, die, -n 3/3a
Stufe, die, -n 8/6d
stundenlang 5/4a
Sturm, der, "-e Ü8/5
stürmisch 9/10c
stürzen 4/Extra
*Südsee, die, ** 9/Extra
Suite, die, -n 12/12
Suppe, die, -n 6/13b
*Süßwasser, das, ** 4/Extra
Symbol, das, -e 13/14
Szene, die, -n 12/S. 55

T

Tagesablauf, der, "-e 4/8
Tal, das, "-er 13/15
tanken 3/17a
Tanzmeister/in, der/die, -/-nen 14/11
Tanzschule, die, -n 14/11
Taschentuch, das, "-er 8/S. 15
täuschen 1/14
Tat, die, -en 13/15
tatsächlich 10/S. 35
Tatwaffe, die, -n 8/S.15
tauchen 9/Extra
Taxi, das, Taxen 9/10c
Team, das, -s 5/14e
Teamfähigkeit, die, * 9/5
technisch 9/5
Technik, die, -en 5/10a
Teebeutel, der, - 8/6d
Teelicht (A, D), das, -er 8/6d
Teig, der, -e 14/Extra
Textilfabrik, die, -en 13/3a
Thema, das, Themen 9/13
Tinte, die, -n 8/6d
tippen 2/S. 25
tischen (CH) 8/19
Titel, der, - 14/15
tja 7/1b
Toast, der, -s, 6/1a
toasten 4/3b
Tod, der, -e 13/7a
Todesfall, der, "-e 12/3b
Todesstreifen, der, - 12/12
tödlich 12/S. 55
töten 3/S. 35

Toilettenspülung, die, -en 4/Extra
tolerant 10/6c
Ton, der, "-e 1/12
Top 10 3/3a
Tour, die, -en 3/5a
touren 11/8b
Tournee, die, -n 12/12
Tradition, die, -en 14/11
Trainer/in, der/die, -/-nen 9/2
transparent 7/Extra
Transparent, das, -e Ü13/6
Traubenzucker, der, - 1/1a
Treffer, der, - 10/S. 35
trefflich 10/Extra
Trend, der, -s 6/7d
trennen 4/3b
treten (an), trat, getreten 7/4a
Trick, der, -s 1/18a
*Trinkwasser, das, ** 4/Extra
trocknen 8/19
trotz 14/0
trotzig 13/S. 65
Tsunami, der, -s 12/3
*Turnen, das, ** 11/Extra

U

Überfall, der, "-e 10/14a
überfallen, überfiel, überfallen 10/14a
überfliegen, überflog, überflogen 5/4a
überhaupt 3/4a
überlegen (sich) 1/14
Übernachtung, die, -en 9/17a
Übersetzer/in, der/die, -/-nen 10/6c
umdrehen, drehte um, umgedreht 8/S. 15
*Umgangssprache, die, ** 1/Extra
umkehren, kehrte um, ist umgekehrt Ü8/2
Umkleidekabine, die, -n 13/16a
Umsatz, der, "-e 13/11
umsonst 8/16
Umwelt, die, -en 4/0
Umweltschutz, der, * 4/3b
Umweltwissenschaft, die, -en 4/S. 45
undenkbar 6/7d
ungarisch 12/3b
ungeduldig 2/S. 25
ungefähr (ungefähr) 11/13b
ungeöffnet 13/14
ungewöhnlich 7/Extra
unglaublich 4/3b
Unsinn, der, * 3/4a
Unternehmen, das, - 3/3a
Unternehmensberater/ in, der/die, -/-nen 10/10a
unterschiedlich 1/7a
Unterschriftensammlung, die, -en 4/16c
unterstützen 13/5a
Unterstützung, die, -en 11/2
untersuchen 13/1a
unverschämt Ü5/6
Urlaub (A, D), der, -e 9/0
Ursache, die, -n 10/10a
Urteil, das, -e 10/10a
usw. (und so weiter) 8/4a
utopisch 12/12

V

*Vanille, die, ** 6/14b
Veganer/in, der/die, -/-nen 6/7b
Vegetarier/in, der/die, -/-nen 6/7d
verantwortlich (sein) 14/11
verärgert (sein) 7/7
Verband, der, "-e 9/2
verbessern 13/5a
verbieten, verbot, verboten 3/19a
verbinden, verband, verbunden 11/8b
Verbrennung, die, -en 4/3b
Verbot, das, -e 13/6a
Verbraucher, der, - 13/5a
Verdammt! 7/1b
verdoppeln 8/6d
vereinbaren 6/S. 65
vereinen 12/12
vereinigen 12/3b
vergleichbar 13/2a
*Verhalten, das, ** 3/Extra
Verhältnis, das, -se 12/0
Verkehrsmittel, das, - 8/17
verlassen, verließ, verlassen 11/8b
verlaufen, verlief, ist verlaufen 12/3b
verlosen 3/5b
*Vermischtes, *, ** 5/10a
vermuten 11/1
Vermutung, die, -en 3/5a
vernünftig 10/6c
verpacken 8/6d
Verpackung, die, -en 6/2
verpassen 7/6c
Verpflichtung, die, -en 8/16
verrühren 14/Extra
verrückt (sein) 7/6c
Versandkosten, die, *nur Pl.* 13/11
verschwinden, verschwand, ist verschwunden 7/4a
Versicherung, die, -en Ü8/4
versorgen 12/Extra
Versuch, der, -e 12/3b
*Versorgung, die, ** 1/7a
Versprechen, das, - 2/5
versprechen, versprach, versprochen 2/5
Verstehensinsel, die, -n 7/21
verstopft (sein) 7/6c
vertragen, vertrug, vertragen 6/15
Verunsicherung, die, -en 10/10a
Verwaltung, die, -en 11/14b
verwandeln (sich) 2/4
verwöhnen 5/10
verzichten 4/4
vielfältig 9/5
Villa, die, Villen 3/6b
vietnamesisch 11/8b
völlig 5/S. 55
Vollkornbrot, das, -e 6/1a
vollständig 13/14

vorankommen, kam voran, ist vorangekommen 11/S. 45
Vorderseite, die, -n 5/5b
Vorfall, der, "-e Ü7/7
vorgehen, ging vor, ist vorgegangen 11/Extra
vorhaben (etwas), hat vor, vorgehabt 6/12b
Vorsatz, der, "-e 11/13c
Vorschrift, die, -en 13/6c
Vorspeise, die, -n 6/13c
vorsprechen, sprach vor, vorgesprochen 1/13c
Vortrag, *der*, "-e 12/14c
vortragen, trug vor, vorgetragen 14/15
Vorurteil, das, -e 10/1

W

Wagen, der, - 8/3
Wahnsinn, der, * 12/9
wahr (sein) 7/4a
während 10/0
wahrscheinlich 11/1
Walzer, der, - 14/11
Wäsche, die, * 8/3
Watt, das, -en 9/14
Wattenmeer, das, -e 9/Extra
weder ... noch 10/0
weg (sein) 7/4a
wegbringen, brachte weg, weggebracht 8/4a
wegen (+ Gen) 9/0
weglaufen, lief weg, ist weggelaufen 2/5
wegräumen, räumte weg, weggeräumt 7/10
wegrennen, rannte weg, ist weggerannt 10/S. 35
Weichei, das, -er 10/6c
*Weile, die, ** 4/S. 45
weise 11/Extra
weiterer, weiteres, weitere 12/12
weitergehen, ging weiter, ist weitergegangen 11/8b
weiterhelfen, half weiter, weitergeholfen 7/6a
weiterleiten, leitete weiter, weitergeleitet 7/6c
Welle, die, -n 9/Extra
Weltkrieg, der, -e 12/3a
Weltmeisterschaft, die, -en 5/9c
Weltsprache, die, -n 1/Extra
weltweit 1/Extra
wenigstens 5/4a
Werbeplakat, das, -e 9/17a
Wert, der, -e 3/0
Wespenlarve, die, -n 6/7d
westlich 6/7d
wiederfinden, fand wieder, wiedergefunden 1/Extra
wiedergeben, gab wieder, wiedergegeben 5/0
wiederkommen, kam wieder, wiedergekommen 3/S. 35
*Wiedervereinigung, die, ** 12/3b
*Wintersport, der, ** 4/9b
Wirkung, die, -en 13/7a
wirtschaftlich 3/3a
wischen (CH) 7/19a
Witz, der, -e 10/14a
WLAN-Router, der, - 4/3b
wochenlang 9/5
wöchentlich 4/16c
wofür 5/4a
wovon 5/8
Wunder (Wunder wirken), das, - 1/14
wundern (sich) 8/S. 15
Wunderwerk, das, -e 14/Extra
Wunsch, der, "-e 1/0
wünschen (sich + etwas) 8/11
würdevoll 11/Extra
Würstel (A), das, - 14/11
Wurzel, die, -n 11/8b
Wüste, die, -n 4/1a
*Wut, die, ** 13/15

Z

zählen 7/10
zahlreich 5/4a
Zauber, der, - 14/14c
Zeh, der, -en 14/14c
Zeichen, die, - 1/Extra
Zeichentrickfilm, der, -e 2/12
Zeichnung, die, -en 1/4b
Zeitdieb, der, -e 3/19a
*Zeitgeist, der, ** 13/11
zeitlich 12/0
Zeitpunkt, der, -e 12/7b
zerkratzen 8/6d
Zertifikat, das, -e Ü13/5
Ziege, die, -n 6/7d
Ziegenhirte/Ziegenhirtin, der/die, -n/nen 14/11
Ziel, das, -e 9/17a
ziemlich 2/S. 25
Zimmermädchen, das, - 9/2
Zimt, der, -e 14/Extra
Zirkus, der, -se 11/8b
zögern 11/S. 45
Zone, die, -en 12/3a
zu Berge stehen 7/Extra
Zubereitung, die, -en 14/Extra
züchten 11/14b
zu dritt 7/1
Zufall, der, "-e 8/S. 15
Zugbegleiter/ in, der/die, -/-nen 11/ Extra
zugeben, gab zu, zugegeben 4/3b
zugehen (dem Ende zugehen), ging zu, zugegangen 4/10b
*Zugspitze, die, ** 4/9b
Zuhause, das, * 3/5b
zukommen (auf jdn), kam zu, ist zugekommen 10/ S. 35
Zum Wohl! 2/Extra
zumachen, machte zu, zugemacht 1/12a
zunächst 12/S. 55
zurückkommen, kam zurück, zurückgekommen 3/5a
zurzeit 13/11
Zusage, die, -n 11/ Extra

Unregelmäßige Verben

Infinitiv	Präteritum	Perfekt
abhauen	sie haute ab	sie ist abgehauen
anbieten	er bot an	er hat angeboten
anfangen	sie fing an	sie hat angefangen
angreifen	er griff an	er hat angegriffen
backen	sie buk/backte	sie hat gebacken
beginnen	er begann	er hat begonnen
bekommen	sie bekam	sie hat bekommen
beraten	er beriet	er hat beraten
beschließen	sie beschloss	sie hat beschlossen
beschreiben	er beschrieb	er hat beschrieben
besitzen	sie besaß	sie hat besessen
bewerben (sich)	er bewarb sich	er hat sich beworben
binden	sie band	sie hat gebunden
bieten	er bot	er hat geboten
bleiben	sie blieb	sie ist geblieben
braten	er briet	er hat gebraten
brechen (sich etw.)	sie brach sich das Bein	sie hat sich das Bein gebrochen
brennen	es brannte	es hat gebrannt
bringen	er brachte	er hat gebracht
denken	sie dachte	sie hat gedacht
einladen	er lud ein	er hat eingeladen
empfinden	sie empfand	sie hat empfunden
entscheiden (sich für) (+ Akk.)	er entschied sich für	er hat sich entschieden für
entstehen	es entstand	es ist entstanden
erfahren	er erfuhr	er hat erfahren
erraten	sie erriet	sie hat erraten
erschrecken	er erschrak	er ist erschrocken
essen	sie aß	sie hat gegessen
fahren	er fuhr	er ist gefahren
fallen	sie fiel	sie ist gefallen
finden	sie fand	sie hat gefunden
fliegen	er flog	er ist geflogen
fliehen	sie floh	sie ist geflohen
fließen	es floss	es ist geflossen
frieren	er fror	er hat gefroren
geben	sie gab	sie hat gegeben
gehen	er ging	er ist gegangen
genießen	sie genoss	sie hat genossen
gewinnen	er gewann	er hat gewonnen
hängen	es hing	es hat gehangen
halten	sie hielt	sie hat gehalten
heben	er hob	er hat gehoben
helfen	sie half	sie hat geholfen
hinweisen auf	er wies auf etwas hin	er hat auf etwas hingewiesen
kennen	sie kannte	sie hat gekannt
kommen	er kam	er ist gekommen

Infinitiv	Präteritum	Perfekt
können	sie konnte	sie hat gekonnt
lassen	er ließ es ...	er hat es ... lassen
laufen	sie lief	sie ist gelaufen
leihen	er lieh	er hat geliehen
lesen	sie las	sie hat gelesen
liegen	er lag	er hat gelegen (D) er ist gelegen (DSüd A CH)
lügen	sie log	sie hat gelogen
messen	er maß	er hat gemessen
nehmen	sie nahm	sie hat genommen
pfeifen	er pfiff	er hat gepfiffen
rennen	sie rannte	sie ist gerannt
riechen	er roch	er hat gerochen
rufen	sie rief	sie hat gerufen
scheinen	er schien	er hat geschienen
schieben	sie schob	sie hat geschoben
schlafen	er schlief	er hat geschlafen
schließen	sie schloss	sie hat geschlossen
schneiden	er schnitt	er hat geschnitten
schreiben	sie schrieb	sie hat geschrieben
schreien	er schrie	er hat geschrien
schwimmen	sie schwamm	sie hat geschwommen
sehen	er sah	er hat gesehen
sein	sie war	sie ist gewesen
singen	er sang	er hat gesungen
sitzen	sie saß	sie hat gesessen (D) sie ist gesessen (DSüd A CH)
Sport treiben	er trieb Sport	er hat Sport getrieben
sprechen	sie sprach	sie hat gesprochen
springen	er sprang	er ist gesprungen
stattfinden	es fand statt	es hat stattgefunden
stehen	sie stand	sie hat gestanden (D) sie ist gestanden (DSüd A CH)
stehlen	er stahl	er hat gestohlen
steigen	es stieg	es ist gestiegen
sterben	sie starb	sie ist gestorben
stinken	es stank	es hat gestunken
streichen	sie strich	sie hat gestrichen
streiten	er stritt	er hat gestritten
tragen	sie trug	sie hat getragen
treffen	er traf	er hat getroffen
trinken	sie trank	sie hat getrunken
tun	er tat	er hat getan
überweisen	sie überwies	sie hat überwiesen
überziehen	er überzog	er hat überzogen
unterhalten (sich)	sie unterhielt sich	sie hat sich unterhalten

Unregelmäßige Verben

Infinitiv	Präteritum	Perfekt
unterstreichen	er unterstrich	er hat unterstrichen
verbieten	sie verbot	sie hat verboten
verbinden	er verband	er hat verbunden
verbringen	sie verbrachte	sie hat verbracht
vergessen	er vergaß	er hat vergessen
vergleichen	sie verglich	sie hat verglichen
verlassen	er verließ	er hat verlassen
verlieren	sie verlor	sie hat verloren
vermeiden	er vermied	er hat vermieden
verschwinden	sie verschwand	sie ist verschwunden
versprechen	er versprach	er hat versprochen
verstehen	sie verstand	sie hat verstanden
vertragen	er vertrug	er hat vertragen
wachsen	sie wuchs	sie ist gewachsen
waschen	er wusch	er hat gewaschen
werden	sie wurde	sie ist geworden
werfen	er warf	er hat geworfen
wiegen	sie wog	sie hat gewogen
wissen	er wusste	er hat gewusst
ziehen	sie zog	sie hat gezogen

Verben mit Präpositionen

mit Akkusativ:

achten	auf	Bitte achten Sie auf die Zeit.
arbeiten	an	Sie arbeitet an ihren Schwächen.
ärgern (sich)	über	Er ärgert sich über die Verspätung.
aufpassen	auf	Pass bitte auf das Baby auf.
bedanken (sich)	für	Bedank dich für das Geschenk!
begeistern	für	Er begeisterte die Kinder für die Natur.
denken	an	Ich denke den ganzen Tag an dich.
diskutieren	über	Wir diskutieren immer über das gleiche Thema.
engagieren (sich)	für	Sie engagiert sich für das Projekt.
entscheiden (sich)	für	Ich habe mich für die Spaghetti entschieden.
einigen (sich)	auf	Sie einigen sich auf einen Preis.
erinnern (sich)	an	Erinnerst du dich an deine Kindheit?
freuen (sich)	auf	Lukas freut sich auf seinen Geburtstag.
freuen (sich)	über	Wir freuen uns über die Einladung.
gewöhnen (sich)	an	Ich habe mich an den Dreck gewöhnt.
hinweisen	auf	Wir haben Sie auf die Öffnungszeiten hingewiesen.
hoffen	auf	Ich hoffe auf deine Hilfe.
hören	auf	Er hört nicht auf mich.
interessieren (sich)	für	Ich interessiere mich nicht für Sport.
konzentrieren (sich)	auf	Ich konzentriere mich auf die Prüfung.
reagieren	auf	Hast du schon auf das Problem reagiert?
schämen (sich)	für	Er schämt sich für sein altes Auto.
schalten	auf	Ich schalte jetzt auf das zweite Programm.
sprechen	über	Wir müssen über das Problem sprechen.
sorgen	für	Er sorgt für seine kranke Mutter.
unterhalten (sich)	über	Wir unterhalten uns über die Reise.
verlieben (sich)	in	Sie hat sich gleich in Paul verliebt.
warten	auf	Ich warte schon seit 20 Minuten auf den Bus.

mit Dativ:

abhängen	von	Das hängt von Ihrem Gehalt ab.
auftreten	auf	Er tritt auf dem Fest auf.
bedanken (sich)	bei	Ich bedanke mich bei meinem Onkel.
berichten	von	Sie berichteten von dem Unfall auf der A1.
fragen	nach	Ich habe nach dem Termin gefragt.
gehören	zu	Du gehörst zu mir.
halten	von	Was hältst du von dem Plan?
passen	zu	Das Sofa passt nicht zum Tisch.
studieren	an	Meine Schwester studiert an der Freien Universität.
träumen	von	Ich träume von einer langen Reise.
treffen (sich)	mit	Mit wem triffst du dich am Samstag?
unterhalten (sich)	mit	Ich habe mich mit meinem Onkel unterhalten.
verabreden (sich)	mit	Ich habe mich mit deiner Mutter verabredet.
verstehen (sich)	mit	Ich verstehe mich gut mit ihr.

Deutschland, Österreich und die Schweiz

1 = Basel-Stadt
2 = Basel-Landschaft
3 = Aargau
4 = Schaffhausen
5 = Thurgau
6 = St. Gallen
7 = Appenzell-Ausserrhoden
8 = Appenzell-Innerrhoden
9 = Unterwalden
10 = Nidwalden
11 = Glarus

Bildquellenverzeichnis

S. 6: © Cornelsen Verlag, Hugo Herold | S. 7: © Cornelsen Verlag, Hugo Herold | S. 8: © Shutterstock (RF) Kai Hecker (a) – © Cornelsen Verlag, Nicola Späth (b) – © Shutterstock (RF), Michael Bodmann (c) – © iStockphoto (RF), Leah Anna Thompson (d) | S. 10: © Cornelsen Verlag, Hugo Herold | S. 11: © Cornelsen Verlag, Nicole Simone Abt (a) – © Fotolia (RF), Gabriele Rohde (b) | S. 13: © iStockphoto (RF), Kimberly Cubero | S. 16: © iStockphoto (RF), Kenneth Wiedemann | S. 18: © Fotolia (RF), c.shock (a) – © iStockphoto (RF), John Gomez (b) – Alberto Pomares (c) – © Shutterstock (RF), Monkey Business Images (d) – © iStockphoto (RF), oneclearvision (e) – © Fotolia (RF), spotshot (f) | S. 19: © Shutterstock (RF), Johan W. Elzenga (oben) – © Fotolia (RF), Irina Evremova (Mitte) | S. 20: © Fotolia (RF), fotografiedk (a) – Sadik Ucok (b) | S. 22: © iStockphoto (RF), Jim Jurica | S. 23: © Fotolia (RF), Malbert (oben) – fakegraphic (unten links) | S. 28: © iStockphoto (RF), Cliff Parnell (oben) – Juanmonino (Mitte) – Jaap Hart (unten) | S. 30: © iStockphoto (RF), Adam Bennie | S. 33: © Harry Stabno, Kontakt: h.stabno@gmx.de (oben) | S. 36: © Picture Alliance, dpa-Zentralbild/Martin Schutt | S. 38: © Fotolia (RF), T. Tulic (oben) – Zlatan Durakovic (unten) | S. 39: © Fotolia (RF), Moritz Wussow (links) – Helix2012 (rechts) | S. 40: © Shutterstock (RF), Max Krasnov (Raum) – © iStockphoto (RF), largeformat4x5 (Sessel) | S. 42: © Cornelsen Verlag, Hugo Herold (oben) – Fotolia (RF), fotopro (unten) | S. 43: © Cornelsen Verlag, Michael Miethe/Hugo Herold (oben) – © Karsten Thormaelen (unten) | S. 46: © iStockphoto (RF), Knud Nielsen | S. 47: © Ullsteinbild, AP (a) – © Ullsteinbild, Sven Simon (b) – © Picture Alliance, dpa-Zentralbild, Waltraud Grubitzsch (c) – © Picture Alliance, dpa-Zentralbild, Reinhard Kaufhold (d) – © Bundesarchiv, Hanns-Peter Lochmann (e) – © Bundesarchiv, Peer Grimm (f) | S. 49: © Bundesarchiv, Hanns-Peter Lochmann | S. 53: © Fotolia (RF), Bernd Kröger (oben) – Marco2811 (Mitte) – © Ullsteinbild, CARO/Stefan Trappe (unten) | S. 56: © Cornelsen Verlag, Hugo Herold | S. 58: © Shutterstock (RF), Ragne Kabanova (oben rechts) | S. 63: © Fotolia (RF), MP2 (oben links) – Djama (Mitte rechts) – RRF (unten) | S. 66: © Fotolia (RF), Felix Pergande (alle) | S. 69: © Fotolia (RF), Elxeneize | S. 70: © Picture Alliance, www.picturedesk.com, Herbert Neubauer (a) – © imago/blickwinkel (c) – © Picture Alliance, APA/Pool, epa apa Techt/Pool (d) | S. 72: © imago/Unimedia Images (unten) | S. 73: © Fotolia (RF), Marina Lohrbach (oben links) – © iStockphoto (RF), Christian Martínez Kempin (oben rechts) – © Fotolia (RF), Kristina Rütten (Rüblitorte Mitte) – im Uhrzeigersinn (Mitte): © Shutterstock (RF), Gresei – © Cornelsen Verlag, Nicola Späth – © Shutterstock (RF), Marylin Barbone – © Shutterstock (RF), Peter Zijlstra – © Pixelio (RF), Segovax – © Shutterstock (RF), joingate (unten) | S. 82: © iStockphoto (RF), Miodrag Gajic (oben) – © Shutterstock (RF), Christian Knospe (unten) | S. 83: © iStockphoto (RF), SeanPavonePhoto (oben) – vm (unten) | S. 85: © Shutterstock (RF), Michal Ninger (oben links) – Kjersti Joergensen (oben rechts) – Carolina (Mitte links) – © iStockphoto (RF), Garret Bautista (Mitte rechts) | S. 89: © Shutterstock (RF), StockLite (oben) – Andre Blais (Mitte) – © iStockphoto (RF), Daniel Laflor (Mitte) – © Shutterstock (RF), Goodluz (unten) | S. 91: © iStockphoto (RF), Chris Pecoraro | S. 92: © Fotolia (RF), Stephi | S. 95: © Shutterstock (RF), Monkey Business Images | S. 100: © iStockphoto, Yulia Saponova | S. 101: © Fotolia (RF), Robert Kneschke (oben) – © Picture Alliance, dpa/DB (unten) | S. 103: © imago/Hoffmann (oben) – © imago/Steinach (unten) | S. 104: © Fotolia (RF), jiortola | S. 107: © Shutterstock (RF), AISPIX by Imagesource | S. 109: © iStockphoto (RF), Nancy Nehring (oben) – © Shutterstock (RF), Paulo Resende | S. 113: © Shutterstock (RF), margouillat photo | S. 114: © Fotolia (RF), Joerg Lantelme (1) – © iStockphoto (RF), Tamara Murray (2) – largeformat 4x5 (3) – MaxBaumann (4) | S. 123: © Cornelsen Verlag, Hugo Herold | S. 126: © Ullsteinbild – AP | S. 127: © Corbis, Hulton-Deutsch Collection | S. 129: © Fotolia (RF), steschum (oben) – Julien Rousset (unten) | S. 131: © Fotolia (RF), Harald Lange (oben) – © Pixelio (RF), Isabell Richter (1.) – © Fotolia (RF), steschum (3.) – Wikipedia, Gemeinfrei, © Elias Gottlob Haussmann | S. 140: © Fotolia (RF), C. Schiller | S. 141: © Fotolia (RF), Moritz Wussow | S. 143: © Fotolia (RF), Sven Weber | S. 151: © Fotolia (RF), fotografiedk

Mit freundlicher Genehmigung von
S. 11: © Gebühreneinzugszentrale (GEZ) (c) – © Super-Ferien-Pass 2012/2013, JugendKulturService gGmbH, Gestaltung: Rebecca Haupt, Rebs-Design.de (d) – © Raiffaisen Bankengruppe Österreich (e) – © Universität Potsdam (f) | S. 23: © Katjes Fassin GmbH & Co. KG (unten rechts) | S. 50: © Stage Entertainment GmbH | S. 58: © Kampagne für saubere Kleidung (CCC) (oben links) | S. 68: © Wachholtz Verlag GmbH | S. 70: © Berndorf Besteck-Tafelgeräte Ges.m.b.H. (b) | S. 131: © Leipziger Messe GmbH, Norman Rembarz (4)

Textquellen
S. 12: © Omikron Publishing GmbH (oben) – © AMA-Verlag Detlef Kessler bei Verlag Neue Musik GmbH | S. 23: © Erich Fried, Warngedichte © Carl Hanser Verlag München 1979 | S. 33: © Elite Partner, EliteMedianet GmbH (unten) | S. 43: © Karsten Thormaelen (unten) | S. 70: © Niederösterreichische Nachrichten (unten) | S. 73: © Eugen Roth (unten)

Karten
© Cornelsen Verlag, Dr. Volkhard Binder

Inhalt Lerner-CD – Hörtexte für die Übungen und der Krimi

Nr.	Übung zu	Titel	Seite	Laufzeit
1		Rechtsbelehrung		0:52
		Übungen 8		
2	4–3) + 4)	Kleine Katastrophen	77	2:17
3	13–2)	Sprachschatten	79	0:49
		Übungen 9		
4	1–1)	Arbeiten auf einem Traumschiff	82	3:12
5	10–1) + 2)	Karaoke: eine Hotelreservierung	83	1:19
6	12	Sprachschatten: *Wegen des ...*	85	1:00
7	16	Was hören Sie: *h* oder nicht?	85	0:33
		Übungen 10		
8	11–2)	Mein Mann macht alles anders ...	91	0:49
9	15–2)	*Derselbe, dasselbe* oder *dieselbe*?	92	0:32
		Übungen 11		
10	9–2)	Fragen zur Zukunft	97	0:44
11	11	Sie sind sich fast sicher.	97	0:49
12		Prüfungsvorbereitung DTZ, Hören, Teil 4	98	3:31
		Übungen 12		
13	8	Sprachschatten	101	0:55
14	14–1)	Karaoke: Eintrittskarten reservieren	103	1:36
		Übungen 13		
15	5–2)	Ein Gespräch mit einer Textil-Designerin	107	3:55
16	5–3)	Das Gespräch: Abschnitt 1	108	0:51
17	5–3)	Das Gespräch: Abschnitt 2	108	0:48
18	5–3)	Das Gespräch: Abschnitt 3	108	1:07
19	5–3)	Das Gespräch: Abschnitt 4	108	0:35
20	5–3)	Das Gespräch: Abschnitt 5	108	1:05
		Übungen 14		
21	3–1)	Kurzpräsentation Schweiz – 3 Texte	113	3:05
22	3–2)	Kurzpräsentation Schweiz	113	3:03
23	7–1)	Karaoke: Verstehst du sie?	113	1:00
24	9–4)	Sprachschatten: *weder ... noch ...*	115	1:25
		Die offene Rechnung		
25		Teil 1	15	3:33
26		Teil 2	25	3:42
27		Teil 3	35	3:45
28		Teil 4	45	4:01
29		Teil 5	55	4:00
30		Teil 6	65	4:01
31		Teil 7	75	3:37
32		Die Auflösung	171	2:14

Ja! genau!

Deutsch als Fremdsprache

Lösungen

B1

Band 2

Cornelsen

8 Der liebe Haushalt

2

a) 1b – 2a – 3b

4

a) *morgens:* Um fünf steht Anja auf, geht ins Bad, dann weckt sie den Sohn; vor dem Bad wird Schlange gestanden. Es wird hektisch: Hemden werden gebügelt, Jacken werden gesucht, Sportsachen eingepackt, Mathearbeiten unterschrieben, Brote geschmiert und Haare gekämmt. Die Kleinen räumen den Geschirrspüler ein, die Großen sind zur Schule gegangen. Anja macht die Wäsche. Montags Großeinkauf.
mittags: Mittagessen, alle helfen, den Tisch zu decken und abzuräumen. Am Nachmittag Hausaufgaben, die Großen helfen den Kleinen, Kinder müssen zu ihrem Freizeitprogramm, Anja spielt Taxifahrerin
abends: Essen, danach: singen, spielen, basteln, streiten, weinen, backen, lesen, baden, kuscheln und um elf geht Anja ins Bett.

c)
1. Jeden Tag vier Waschmaschinen
2. drei Badezimmer
3. pro Tag zwei Brote
4. drei Einkaufswagen

6

a) *gelb:* Bild C – *blau:* Bild D – *rot:* Bild B – *grün:* Bild A

b) *gelb:* Kerzen ins Gefrierfach legen, damit sie länger brennen. / Kugelschreiberflecken mit Haarspray besprühen und dann abreiben.
blau: Eidotterflecken zuerst vorsichtig abkratzen, dann einweichen und auswaschen. / Mit Zahnpasta kann man Tintenflecken und Kalk entfernen und Silber zum Glänzen bringen.
rot: Nach dem Streichen Farbflecken sofort entfernen. Wenn sie angetrocknet sind, den Boden mit Zuckerwassser wischen. / Alufolie aufheben, denn man kann mit ihr Rost entfernen, den Herd saubermachen und Pinsel frisch halten.
grün: Die Mikrowelle kann man ganz leicht saubermachen, wenn man eine Schale mit Wasser und Zitronenscheiben drei Minuten bei höchster Stufe hineinstellt. / Teebeutel nicht wegwerfen, besser als Dünger für Zimmerpflanzen benutzen.

c) *gelb:* Anstatt Kerzen gleich anzuzünden, sollte man sie vorher ins Gefrierfach legen.
blau: Anstatt es sofort in die Waschmaschine zu stecken, sollte Sie den Fleck vorher abkratzen.
rot: Anstatt Alufolie wegzuwerfen, sollte man über ihre vielen Einsatzmöglichkeiten im Haushalt nachdenken.
grün: Anstatt gebrauchte Teebeutel in den Müll zu werfen, benutzt man sie besser als Dünger für die Zimmerpflanzen.

10

a) … sieben Zimmer und vier Tiere.
… einen Topf im Ofen.
b) … fünf Bücherschränke.
… hundert Putzlappen
c) … acht Radios und zwanzig Lampen.
… zehn Wecker.

12

Wenn ich **mir** schon mal etwas Hilfe wünsche, dann könntest du **dir** wirklich ein bisschen mehr Mühe geben. / Wir können es **uns** eigentlich nicht leisten …
Mama, das kann ich **mir** unmöglich alles merken. / Na, dann kannst du **dir** ja vorstellen … / Mach **dir** am besten eine Liste. / Kann ich **mir** auch etwas kaufen, …

13

sich etwas wünschen, sich Mühe geben, sich etwas leisten können, sich etwas merken, sich etwas vorstellen, sich eine Liste machen, sich etwas kaufen, …

15

a) *Die Tabletten fehlen.*

16

a) 1. D – 2. F – 3. B– 4. E – 5. A – 6. C

b) der Ferienpass, der Behindertenausweis, das Semesterticket

17

a) 1. Irgend**was** – 2. Irgend**jemand** – 3. irgend**wo**

b) *Z. 2:* irgendwas passiert immer – *Z. 5:* … kann immer irgendwer irgendwas erledigen – *Z. 15:* … irgendjemand hat eigentlich immer Socken an, die … – *Z. 21:* Alle meine Kinder machen irgendeinen Sport …

c) *Vorschläge:*
Irgendwer muss mir doch helfen. Ich habe mit irgendwem vom Amt gesprochen, aber er konnte mir nicht helfen. Hast du gestern irgendjemanden kennengelernt? Ich habe da irgendwas gesehen/gehört, das sehr seltsam war.

19
Station 3
- in der Küche / Spüle ist noch schmutziges Geschirr
- der Mülleimer ist voll
- auf dem Sessel liegt ein Handtuch
- unter dem Tisch liegt eine alte Zeitung
- die Blumen auf dem Tisch sind alt
- auf dem Regal über dem Bett steht noch ein Glas
- unter dem Bett liegt noch Müll / liegen ein Joghurtbecher und Papier

9 Arbeiten und reisen

1
Antworten auf die Fragen s. Übungen: Zu 1

2
a) Arzt 3 – Zimmermädchen 1 – Fitnesstrainer 2 – Reiseleiterin 4 – Apothekerin X

b) *das Zimmermädchen:* ... das Bad putzen, die Handtücher wechseln, die Betten machen, aufräumen
der Arzt: Patienten untersuchen, Medikament (gegen Seekrankheit) verschreiben, Sportverletzungen behandeln, einen Gips oder Verbände anlegen
der Fitnesstrainer: Krafttraining betreuen, Laufkurse und Wassergymnastik anbieten, Spiele (Tischtennis) anbieten
die Reiseleiterin: Landausflüge organisieren, die Gäste buchen sie bei ihr, sie begleitet die Gäste und erzählt etwas über die Sehenswürdigkeiten, dafür sorgen, dass die Passagiere an Bord zufrieden sind

4
1d – 2a – 3b – 4c

5
1. *Zeile 11–14* – 2. *Zeile 20–24* – 3. *Zeile 26–34*

6
a) der/die Jobsuchende, die Fachkraft, die Branche, der Traumjob, Geld verdienen, der Arbeitsmarkt, das Personal, das Zimmermädchen, der Fitnesstrainer, der Arzt, der Ingenieur, die Agentur für Arbeit, die Messe, der/die Arbeitssuchende, die Arbeitskraft, die Hotelbranche, das Jobangebot, die Einstiegschancen, die Hotelfachleute, die Berufsausbildung, die Berufserfahrung, die Englischkenntnisse, die Teamfähigkeit, die Schlüsselqualifikation, die Mitarbeiter, die Arbeitsbelastung, die Herausforderung, der Arbeitgeber, der Lebenslauf, die Karriere

b) *Vorschläge:*
Was für Arbeitskräfte werden gesucht? / Braucht man eine abgeschlossene Berufsausbildung? / Wie hoch ist die Arbeitsbelastung? / Welche Arbeitsbelastung erwartet mich? / Was für Schlüsselqualifikationen muss man haben? / Was sind die Schlüsselqualifiktionen, die man für diese Arbeit braucht?

8
a) 1. Foto E – 2. Foto B – 3. Foto F – 4. Foto C – 5. Foto D – 6. Foto A

b) 1. der Reise – 2. des Urlaubs – 3. meines Bruders – 4. unserer Gruppe – 5. des Landes – 6. der Touristen

c)

des Urlaubs	**des** Landes	**der** Reise
meines Bruders		**unserer** Gruppe
der Touristen		

10
a) A: Maria ist in Gibraltar. Sie spricht von einem englischen Polizisten und einem Jungen, der einen Affen gestreichelt hat. Das Wetter ist gut.
B: Maria ist (wieder) auf dem Schiff. Sie spricht von einem polnischen Studenten und einem französischen Journalisten. Das Wetter ist stürmisch.

b) A: Wegen des guten Wetters.
B: ... und wegen seiner Arbeit hat er schon viel von der Welt gesehen.

c) A: einen Polizisten, die Affen, einen Jungen, einen Affen
B: Menschen, Studenten, Franzosen, Biologe, Polen, Franzose, die Affen, Journalist, des Journalisten

11
b) *Regel:* Mit *wegen* + **Genitiv** gibt man einen Grund an.

c) *vgl. 10c)*
Ich sprach mit dem **polnischen Studenten** / **Polen** / **Franzosen**.
Der Artikel des **Journalisten**.
Was fällt auf: Alle Endungen habe ein *n*.

12 *Vorschläge:*
1. Wegen des schlechten Wetters haben wir keinen Ausflug gemacht.
2. Wegen deiner Verspätung haben wir nichts von der Stadt gesehen. / ... habe ich mich aufgeregt.
3. Wegen des schlechten Lichts haben wir nichts gesehen / keine Fotos gemacht.

16

a) **Ha**nne und **A**nne laufen aus dem **Ho**tel, sie haben **Hu**nger. Sie gehen durch die Straßen **hi**n und **he**r und dann in ein **Ha**us. **Hi**er sind alle Lichter **au**s, also gehen sie wieder raus. Vor dem **Ha**us sitzt ein **Hu**nd, der muss mal **e**ben sein Bein **he**ben. **Hu**ngrig laufen sie weiter und sehen ein **he**lles **Ha**us mit einem Schild: **Hi**er gibt es **Ha**mburger! Da gehen sie **hi**n und **e**ssen, die Besitzer aber sind **He**ssen.

10 Männer und Frauen

3

b) *Vorschläge:*
Person 2: wollen sehr viel wissen / Psychotest
Person 3: ungerecht: vom Mann wollen sie das Gehalt wissen
Person 4: Computer soll über Leben entscheiden?
Person 5: nicht romantisch / man nimmt sich keine Zeit / sagt sofort „passt" oder „passt nicht".
Person 6: sehr praktisch, man weiß, worum es geht

4

1. oben = M; unten = F
2. oben = F; unten = M
3. oben = F, unten = M

6

a) *roter Text:* Ein kubanischer Mann würde nie getrennt bezahlen.
gelber Text: Ein polnischer Mann würde die Wohnung nicht selber putzen. / würde eine Frau nicht alleine den Koffer ins Gepäckregal heben lassen.
blauer Text: Griechische Männer würden keinen Kinderwagen schieben.

b) *roter Text:*
Im Urlaub sind sie locker, lachen viel und genießen das Leben, aber zu Hause sind sie ernst, sehr vernünftig, manchmal auch geizig.
Sie machen sich oft Sorgen über die Zukunft: arbeiten für die Rente oder für ein Haus.
Sie sind sehr schüchtern, wissen nicht, wie sie eine Frau ansprechen sollen.
Sie wollen keine Fehler machen.
gelber Text:
Sind keine Muttersöhnchen, würden nicht die Mutter rufen, putzen selbst.
Sind selbstständiger.
Helfen einer Frau nicht, unhöflich.
blauer Text:
Ist ordentlich, er trägt Hemden und die Haare sind gekämmt.
Möchte tolerant und fortschrittlich sein.
Mag es nicht, wenn Frau mehr verdient / mehr Erfolg hat. Sagt es aber nicht laut (will kein Chauvi sein).
Ihm ist sehr wichtig, was andere von ihm denken.
Väter spielen mit ihren Kindern, auch allein.

7

c) Sie arbeiten <u>entweder</u> (a) für die Rente <u>oder</u> (b) für ein Haus.
... und es war ihnen <u>weder</u> peinlich (–) <u>noch</u> unangenehm (-).
Er möchte <u>sowohl</u> tolerant (+) <u>als auch</u> fortschrittlich (+) sein, ...

8 *Vorschläge:*

a) Meine Frau braucht / kauft sowohl Lippenstift als auch Parfum / weder Lippenstift noch Parfum.
Meine Tochter isst weder Kartoffeln noch Reis. / ... entweder Kartoffeln oder Reis.
Mein Freund hat weder Zeit noch Geld. / ... braucht sowohl mehr Zeit als auch mehr Geld.
Mein Vater isst sowohl Schokolade als auch Oliven gern.
Meine Mutter trägt weder Röcke noch Kleider. / ... entweder Röcke oder Kleider.
Mein Sohn liest weder Zeitschriften noch Bücher.

10

b) *Richtig:* 1, 2, 5
Falsch: 3, 4

11 *Vorschläge:*
Während Männer/Frauen etwas fordern, machen Männer/Frauen Vorschläge.
Während Männer/Frauen eher loben, kritisieren Männer/Frauen eher.
Während Männer/Frauen diskutieren, handeln Männer/Frauen lieber.
Während Männer/Frauen vorher überlegen, handeln Männer/Frauen spontan.

13

Geld: 2 – Eifersucht: 3 – Haushalt: 1 – Aufmerksamkeit: 5 – Urlaub: 4

15

1. dasselbe – 2. derselbe – 3. dieselbe

17

1. w – 2. b – 3. w – 4. w – 5. b – 6. w – 7. b – 8. w – 9. w – 10. b

11 Lebenslinien

2
A3 – B2 – C1

3 *Vorschlag:*
Es geht um eine alte Frau, Erna Holt, die im Abfall nach Flaschen sucht. Sie braucht das Pfandgeld, weil ihre Rente zu klein ist.

4
a) 1c – 2a – 3b, b) 1c – 2b, c) *richtig:* 1, 4; *falsch:* 2, 5; *nicht im Text:* 3, d) *B ist richtig.*

5
Alter: 72; *Wohnort:* Berlin, *Berufe früher:* Näherin und Kellnerin, *Träume:* wollte als Rentnerin immer viel reisen, *Höhe der Rente:* 625 Euro, *Pfandeinnahmen:* vier bis 5 Euro pro Tag (im Sommer), *Fazit:* Sie ist zufrieden, weil sie gesund ist und das Beste aus ihrer Situation macht.

8
b) *Vorschlag:*
Albert: Schließlich kündigte er – und wurde Clown. Nachdem er ... geheiratet hatte, machte er sich selbstständig und sie tourten zusammen durch Europa ... Doch dann wurde Albert krank ... er kann für lange Zeit nicht mehr als Pieto auftreten und es kommt kein Geld in die Kasse.
Hoa: Mit acht Jahren wird sie in ein Boot gesetzt, um hoffentlich in einem besseren Leben anzukommen. Sie kommt in eine österreichische Pflegefamile ... Doch inzwischen ist ihre vietnamesische Familie nach Hamburg gezogen und sie zieht zu ihnen ... Mit 18 geht sie zurück nach Österreich ... Erst seit sie ein kleines vietnamesisches Restaurant eröffnet hat ...

10
a) Das Futur I bildet man mit einer Form von **werden** im Präsens und dem **Infinitiv**, der am Ende steht.

b)
1. Er wird im Restaurant arbeiten.
2. Sie werden schon zu Hause sein.
3. Sie wird noch auf den Bus warten.

11 *Vorschläge:*
- Ich habe Hunger.
- Pedro wird sicher ein gutes Essen machen. Er kocht doch so gut.
- Wirklich?
- Ja, bestimmt.

- Meine Eltern werden bald noch ein Kind bekommen.
- Ist das wahr?
- Ja, ich bekomme noch ein kleines Schwesterchen.

- Meine Freunde werden vielleicht bald heiraten.
- Stimmt das? Oder glaubst du das nur?
- Ich bin mir fast sicher.

13
c)
1. Gesundheit: Die 70-Jährigen werden im Jahr 2050 so fit sein wie die 60-Jährigen heute.
2. Klima: Damit wird man jederzeit Skifahren können – auch im Sommer.
3. Verkehr: Es wird nur noch 250 Autos pro 1000 Einwohner geben.
4. Bevölkerungswachstum: Bis zum Jahr 2050 wird Deutschland zwischen acht und zehn Millionen Einwohner weniger haben.
5. Energie: Fast jedes Gebäude wird eine Photovoltaikanlage haben.

14
a) *Reihenfolge der Zeichnungen von oben nach unten:* C – E – A – B – D

b) *Gesundheit:* Massagematratze – Servogelenktechnik – Ärzte können alles reparieren, wenn man genug Geld hat. – Es gibt im Haus ein Gesundheitszentrum.
Wohnen/Haushalt: Er/Sie wohnt im 15. Stock eines Hochhauses mit Panoramafenster. – Die Häuser sind wie kleine Städte organisiert, es gibt z. B. Hühner, für die das Futter (Mais) im Haus produziert wird. Es gibt einen Kindergarten im Haus. Man hat viele elektronische Geräte (Kaffee kocht automatisch, Kühlschrank meldet, was fehlt). Man bezahlt mit einem Chip im Daumen.
Arbeit: Man arbeitet noch mit über 70. Aber alle arbeiten nur 30 Stunden die Woche, die man sich flexibel einteilen kann. Er/Sie arbeitet in der Stadtverwaltung.
Verkehr: Es gibt viele autofreie Stadtteile, deshalb fährt er/sie mit dem Fahrrad zur Arbeit.
Für ein Auto braucht man eine Sondererlaubnis. Sie sind viel langsamer und verbrauchen weniger. Es gibt fast keine Fernreisen mehr, weil das Fliegen sehr teuer ist. Den Urlaub verbringt man in „Holiday-Centers“, die wie ein anderes Land / wie Florida aussehen.
Energie: Über jedem Haus hängen Energiedrachen und auf jedem Dach gibt es Solaranlagen. Jeder Haushalt verbraucht nur noch

2000 Kilowatt/h (dreimal weniger als 2012). Die Autos verbrauchen weniger Energie und es gibt viel weniger.

12 Das Ende der Mauer

3

a) 1. *falsch* – 2. *richtig* – 3. *falsch*

b) 1d – 2b – 3a – 4f – 5e – 6c
Foto a: 13.8.1961 – Foto b: Sommer 1989 – Foto c: 4.9.1989 – Foto d: 5.11.1989 – Foto e: 9.11.1989 – Foto f: 3. Oktober 1990

6

1c – 2d – 3a – 4b – 5f – 6e

7

a)
Satz 2:
ab (Zeitpunkt): Gründung BRD + DDR 1949
Satz 3:
vorher: die Mauer wurde gebaut
nachher: Berlin war eine geteilte Stadt
Satz 4:
ab (Zeitpunkt): Ungarn hatte seine Grenzen geöffnet
Satz 6:
gleichzeitig: Feiern in der Nacht vom 9. Nov. + Begegnungen zw. Ost und West

b)
Wenn etwas vorher passiert ist, benutzt man **nach** oder **nachdem**.
Wenn etwas gleichzeitig passiert, benutzt man **während**.
Wenn etwas ab einem Zeitpunkt passiert, benutzt man **seit**.

c)

Nebensatzverbindung	*Präposition*
Satz 3	Satz 2
Satz 4	Satz 6
Satz 5	

8 *Vorschläge:*
Während der Ferien lese ich jeden Tag die Zeitung.
Nach dem Deutschkurs gehe ich ins Fitnessstudio.
Während des Essens schreibe ich schon die Einkaufliste.
Seit dem Kinobesuch träume ich von meinem nächsten Urlaub.
Seit dem Anruf kann ich mich nicht mehr konzentrieren.

9

1: als – 2: Während – 3: Bevor – 4: Seit – 5: Nachdem

11

A *ist richtig*

12

ein Riesenerfolg – Was?: Zeilen 1–4 und 11–13
sich verlieben – Wer?: Zeilen 17–20
Udo Lindenbergs Ziel – Was?: Zeilen 10–11 und 23–25
Seine Arbeit – Welche?: Zeilen 43–48

14

Person 1: *falsch* – Person 2: *falsch* – Person 3: *richtig* – Person 4: *richtig*

15

b) *Vorschlag:*
Das Fußballspiel von Bayern München enttäuschte die Fans.
Das Fußballspiel von Bayern München am letzten Samstag enttäuschte die Fans.
Das Fußballspiel von Bayern München am letzten Samstag im Olympia-Stadion enttäuschte die Fans.
Das Fußballspiel von Bayern München am letzten Samstag im Olympia-Stadion mit müden Spielern enttäuschte die Fans.
Das Fußballspiel von Bayern München am letzten Samstag im Olympia-Stadion mit müden Spielern und schlechtem Ergebnis enttäuschte die Fans.

13 Produktwege

2

a) 98 Prozent: Fast alle Schuhe werden nicht im eigenen Land produziert. Sie werden in anderen Ländern gemacht.
200 Millionen: So viele Paar Schuhe verkauft man jedes Jahr nur in Deutschland.

3

a) C

b) 1. In Europa. – 2. Aus Afrika/Kenia. – 3. 20–60 Menschen. – 4. In zehn Minuten. – 5. 10 Cent.

c) *Vorschlag:*
Erfunden in Europa, geboren in Afrika, aufgewachsen in Bangladesch, gearbeitet/getragen in Deutschland und dann vielleicht nach Afrika gereist oder in einer Mülltonne gestorben.

SCHON FERTIG

Seine Eltern in Deutschland haben sich schon vor seiner Geburt ein schönes Design für sein Aussehen ausgedacht. Sie haben viele Skizzen gezeichnet und sich dann mit anderen Designern in Europa geeinigt. Damit es überhaupt hergestellt werden konnte, musste Baumwolle in Kenia bestellt werden. Da hat es also seine Wurzeln – an einem Baumwollstrauch unter der Sonne von Afrika. Die Baumwolle wurde dann nach China geliefert und zu einem Faden gemacht. Ein paar hundert Kilometer weiter wurde es dann endlich „richtig" geboren – in einer Textilfabrik in Bangladesch.
In diesem Land hat es sehr viele Geschwister – fast eine Milliarde kommen jedes Jahr dazu. Denn der Staat fördert die Textilbranche. Sie macht einen Großteil des Exports von Bangladesch aus und ist für die Wirtschaft sehr wichtig. Deshalb schaut niemand genau hin, wie es den Menschen in den Fabriken geht. Die Näherinnen, die es hergestellt haben, müssen immer wieder um einen gerechten Lohn und bessere Arbeitsbedingungen kämpfen, obwohl sie nur zehn Minuten brauchen, bis es fertig ist. Trotzdem bekommen sie dafür weniger als zehn Cent. Insgesamt 20 bis 60 Menschen kümmern sich um es, bis es endlich nach Hause zu seinen Eltern darf und natürlich wollen alle bezahlt werden.
Insgesamt 20.000 km legt es zurück, bis es endlich in den Armen seiner Eltern liegt und die verkaufen es dann gleich wieder – für nur 4,95 Euro. Wenn es Glück hat, bekommt es einen guten Menschen, der es gern lange trägt. Oder aber es geht wieder auf Reisen, weil man es in einen Altkleidercontainer wirft und es danach auf irgendeinem Markt in Afrika landet. Im Moment ist es aber noch unterwegs und gespannt auf sein neues Leben.

5

a) Das Ziel der Kampagne ist die Verbesserung der Arbeitsbedingungen in der Bekleidungs- und Sportartikelindustrie.

b) Dafür <u>wird viel getan</u>: Verbraucher <u>werden informiert</u>, mit Unternehmen <u>wird verhandelt</u>, die Organisationen zum Schutz der Arbeitnehmer/innen im Land <u>werden unterstützt</u> und regelmäßig <u>werden öffentliche Kampagnen durchgeführt</u>.

6

a) Lohnerhöhung – bezahlte Mehrarbeit – Reduzierung der Arbeitszeit – Verbot von Kinderarbeit – Einhaltung des Gesundheitsschutzes

b) Kinder unter 15 Jahren dürfen nicht beschäftigt werden.

c) 1. Die Löhne müssen erhöht werden. – 2. Mehrarbeit muss bezahlt werden. – 3. Pro Woche darf nicht mehr als 48 Stunden gearbeitet werden. – 4. Die Sicherheits- und Hygienevorschriften müssen beachtet werden.

8

1. Dafür wird eine Sandstrahltechnik benutzt, die ...
2. Das kann nicht akzeptiert werden!
3. Für diesen Effekt lassen die Firmen die Jeans mit Sand bearbeiten.
4. Von dem Sandstaub kann man die Lungenkrankheit Silikose bekommen, ...

9 *Vorschlag:*
Ein Kunde lässt den Anzug ändern. Man packt Kleidung aus und räumt sie in die Regale.
An der Kasse wird bezahlt und etwas eingepackt. Einem Kunden wird eine Krawatte gezeigt, ein Kleid wird vor dem Spiegel angeschaut.

11 *Vorschläge:*
Kaufhaus:
pro:
- man kann anprobieren
- shoppen gehen macht Spaß
- anprobieren, bezahlen, rausgehen – fertig

contra:
- Öffnungszeiten

Internet:
pro:
- man kann die Preise in Ruhe vergleichen und Bewertungen lesen
- man kann auch nachts bestellen
- größere Auswahl / billiger, weil es auch Produkte aus dem Ausland gibt

contra:
- man kann nichts anprobieren und muss es zurückschicken, das ist kompliziert und teuer
- man bekommt viel Werbung / das nervt
- bei Medikamenten unsicher, ob Qualität stimmt

13

1. Er geht nicht ins Kino, sondern sieht sich Filme im Internet an.
2. Sie geht nicht ins Reisebüro, sondern bucht ihren Urlaub im Netz.
3. Wir gehen nicht in die Bibliothek, sondern googeln.
4. Meine Mutter speichert ihre Fotos nicht, sondern druckt sie sofort aus.

15

im Anlaut	*im Inlaut*	*im Auslaut*
1. Wand	1. Hose	1. Lauf
2. Wut	2. Tour	2. Los
3. Kopf	3. Puls	3. Haut
4. Hasen	4. Tasse	4. Tal

14 Unter einem DACH

2

Deutschland:
Hauptstadt: Berlin
Landessprache(n): Deutsch
Einwohnerzahl: 81,77 Mio
Geografisches: Donau, Zugspitze
Nachbarländer: Belgien, Tschechische Republik, Polen, Dänemark, Luxemburg, Frankreich
Geld: Euro
Politisches: EU-Mitglied, 16 Bundesländer, parlamentarische Bundesrepublik
bekannte Namen: Sebastian Vettel, Goethe, Albert Einstein
Produkte: Adidas, Siemens, BMW, Bionade
Sonstiges: individuell

Österreich:
Hauptstadt: Wien
Landessprache(n): Deutsch
Einwohnerzahl: 8,43 Mio
Geografisches: Donau, Zugspitze
Nachbarländer: Tschechische Republik, Ungarn, Italien
Geld: Euro
Politisches: EU-Mitglied, 9 Bundesländer, parlamentarische Bundesrepublik
bekannte Namen: Arnold Schwarzenegger, Albert Einstein, Mozart
Produkte: Red Bull, Swarowski
Sonstiges: individuell

Schweiz:
Hauptstadt: Bern
Landessprache(n): Deutsch, Französisch, Rätoromanisch, Italienisch
Einwohnerzahl: 7,87 Mio
Geografisches: Matterhorn
Nachbarländer: Frankreich, Italien
Geld: Franken
Politisches: Neutralität, 26 Kantone, republikanischer Bundesstaat
bekannte Namen: Wilhelm Tell, Albert Einstein, DJ Bobo
Produkte: Ricola, Swatch
Sonstiges: individuell

4
1. In Österreich
2. In (Süd-)Deutschland und in der Schweiz.
3. Deutschland und Österreich
4. Die Schweiz und Österreich
5. In der Schweiz.

5 *Vorschläge:*
Dieser Berg ist sowohl in Österreich wie auch in Deutschland. (die Zugspitze)
Das ist ein Getränk, das weder in Deutschland noch in Österreich produziert wird. (Rivela)
Dieses Land hat weder den Euro noch ist es Mitglied der euopäischen Union. (die Schweiz)
Das ist ein Sänger, der nicht nur in seinem Heimatland, sondern auch in D sehr bekannt ist. (DJ Bobo)
Das ist ein Wissenschaftler, der sowohl Schweizer, Deutscher als auch Österreicher war. (A. Einstein)
...

6
a5 – b3 – c4 – d2 – e1

7
Richtig: 1, 5 – *falsch:* 2, 3, 4

8
a) 2. s Fänschter – 3. d Blueme – 4. es Zältli
b) 1. c – 2. c – 3. b – 4. c

9
1: sowohl – 2: als auch – 3: weder – 4: noch – 5: nicht nur – 6: sondern auch – 7: sowohl – 8: als auch

11
Text A: Fotos B, D und E
Text B: Fotos A und C

13
a) a2 – b1
b) Trotz der hohen Preise sind die Karten schnell weg.
Wegen der tollen Ballkleider sehen die Frauen sehr gut aus.
Wegen der vielen Prominenten berichtet man vom Opernball.
Trotz der vielen Leute tanzten wir die ganze Nacht.
Wegen des schwierigen Walzers machen wir einen Tanzkurs.

14

a) legen Regen	Reise leise	führen fühlen
b) liegen lügen	Biene Bühne	Tier Tür
c) so Zoo	sehen Zehen	Zauber sauber

Lösungen zu den Übungen

Übungen 8

Zu 2

Jana:
Berufstätig? nein
Kinder? 1
Wie viel macht er/sie selbst? 90 %
Wie viel macht der/die Partner/in? 10 %

Wolfgang:
Berufstätig? ja
Kinder? ?
Wie viel macht er/sie selbst? ca. 40 %
Wie viel macht der/die Partner/in? 60 %

Mama x 3:
Berufstätig? nein
Kinder? 3
Wie viel macht er/sie selbst? 50 %
Wie viel macht der/die Partner/in? 50 %

Heike:
Berufstätig? ja
Kinder? ja, > 1
Wie viel macht er/sie selbst? ca. 90 %
Wie viel macht der/die Partner/in? 10 %

Simon:
Berufstätig? nein
Kinder? nein
Wie viel macht er/sie selbst? 100 %
Wie viel macht der/die Partner/in? 0 %

Zu 4

1) 1b – 2e – 3f – 4a – 5g – 6c – 7d

2)
1. Ab 7 Uhr wird Schlange gestanden.
2. Mathearbeiten werden noch schnell unterschrieben...
3. ... und Haare werden gekämmt.
4. Nach den Hausaufgaben wird das Freizeitprogramm organisiert.

3) A4 – B2 – C1 – D3

4) Berufsunfallversicherung: D
Haftpflichtversicherung: B
Kfz-Versicherung: C
Hausratversicherung: A

5) 1: Wohnung – 2: hilft – 3: bezahlt – 4: Feuer – 6: Kleidung – 7: Euro – 8: elektrische – 9: Sachen – 10: Neukauf
1. Bei Schäden durch Einbruch, Wasser, Feuer, Sturm und Hagel.
2. Zur Einrichtung gehören auch Haustiere, Kleidung, Bargeld, Teppiche, geliehene Sachen und Gartengeräte.
3. Den Wert, der für den Neukauf notwendig ist. = Die Summe, die das neue Teil kostet.

Zu 6

1. das Gefrierfach – 2. das Haarspray – 3. der Stoff – 4. der Fleck – 5. der Dampf

Zu 7

1)
2. Anstatt den ganzen Tag zu telefonieren, könntest du mir beim Putzen helfen.
3. Anstatt nur deinen Teller abzuräumen, könntest du auch die anderen mitnehmen.
4. Anstatt fernzusehen, könntest du den Geschirrspüler einräumen.
5. Anstatt so lange zu schlafen, könntest du auch mal einkaufen gehen.

2) 1, waschen – 2. vorbereiten – 3. wecken – 4. beschädigen – 5. verpacken – 6. zerkratzen – 7. sicher – 8. trinken

Zu 9

1: um – 2: Bevor – 3: als – 4: Anstatt – 5: Obwohl

Zu 11

1)
- Mixer bei Hofer kaufen
- Hundefutter kaufen
- Papas Brille vom Optiker abholen
- Päckchen von Oma zur Post bringen
- Max' Tabletten von der Apotheke holen

2) *Vorschlag:*
... Könntest du bitte meine Schuhe abholen? Und geh doch bitte zur Apotheke und hole meine Medikamente, hier ist das Rezept. Ach, dann bring doch bitte auch das Päckchen zur Post. Und es wäre sehr nett, wenn du die Pflanzen gießen könntest und mit dem Hund rausgehen/spazierengehen würdest. Vielen Dank!

Zu 13

1) *du:* Du wünscht dir so sehr, dass ich mir mehr Mühe gebe,
dir mal etwas kaufe, auch wenn ich es mir nicht leisten kann.
Mir etwas ausdenke, was dir Freude macht.
Mir Sorgen mache, wenn du nicht da bist. Dass ich einfach ... an dich denke.
er: Ich wünsche mir so sehr, dass er sich mehr Mühe gibt,
mir mal etwas kauft, auch wenn er es sich nicht leisten kann.

Sich etwas ausdenkt, was mir Freude macht.
Sich Sorgen macht, wenn ich nicht da bin. Dass er einfach ... an mich denkt.
wir: Wir wünschen uns so sehr, dass ihr euch mehr Mühe gebt,
uns mal etwas kauft, auch wenn ihr es euch nicht leisten könnt.
Euch etwas ausdenkt, was uns Freude macht.
Euch Sorgen macht, wenn wir nicht da sind.
Dass ihr einfach ... an uns denkt.

3) 1: dir/vorstellen – 2: uns/leisten – 3: euch/gekauft – 4: wünsche/mir – 5: geben/sich/Mühe

Zu 18
Individuelle Lösung

Prüfungsvorbereitung
1D – 2F – 3X – 4C – 5A

Übungen 9

Zu 1
1) 1. *Richtig:* 1, 3, 4, 7, 8
Falsch: 2, 5, 6, 7

2) *Wie viele Kabinen hat es?* – Das Schiff hat mehr als 1550 Kabinen für die Passagiere plus die Kabinen für die Besatzung.
Wie viele Leute passen auf so ein Schiff? – Auf das Schiff passen fast 5000 Personen.
Wie viele Menschen arbeiten auf dem Schiff? – Mehr als 1100 Menschen.
Welche Angebote gibt es für die Passagiere? – Kinos, Schwimmbäder, Bars, Restaurants, Geschäfte, Frisöre, ein Fitnessstudio, Kinderbetreuung usw.

Zu 2
der Fitnesstrainer, die Fitnesstrainerin – der Reiseleiter, die Reiseleiterin – die Kellnerin, der Kellner – der Frisör, die Frisörin – der Mechaniker, die Mechanikerin – der Animateur, die Animateurin – der Musiker, die Musikerin – die Putzfrau, der Putzmann – die Ärztin, der Arzt – die Ingenieurin, der Ingenieur – die Verkäuferin, der Verkäufer

Zu 6
1. Ich habe zwei Jahre als Kellnerin in verschiedenen Restaurants gearbeitet und ein Praktikum in einem Hotel gemacht.
2. Nein, noch nicht, aber ich möchte im nächsten Jahr eine Ausbildung als Hotelfachfrau beginnen, weil ich mich sehr für die Hotelbranche interessiere.
3. Ja, ich bin teamfähig, zuverlässig und belastbar und arbeite sehr gern mit anderen zusammen.

Zu 8
1. Ihrer Träume – 2. unserer Reederei – 4. des Mittelmeers –5. des afrikanischen Kontinents – 6. unserer internationalen Köche – 7. Ihres Lebens

Zu 11
2)
maskuline Nomen von Personen mit der Endung -e
der Junge
der Neffe

maskuline Nomen mit den Endungen -and/-ant, -ent, -ist, -oge, -at
der Biologe
der Diplomat
der Sportstudent

weitere maskuline Nomen
der Fotograf
der Mensch
der Bauer
der Nachbar
der Herr

Ausnahmen
der Name
das Herz

3) 1: keine Endung – 2: n – 3: n – 4: n – 5: keine Endung – 6: keine Endung – 7: n – 8: en

4) *individuelle Lösung*

Zu 14
Mustertext
Liebe Lisa,
viele Grüße von meiner Mittelmeer-Kreuzfahrt. Die Reise ist wunderschön. Ich wollte schon immer mal eine Kreuzfahrt machen, weil ich das Meer und die schönen Städte am Mittelmeer so liebe. Stell dir vor, gestern haben wir Delfine gesehen!
Das Schiff ist riesig! Ich habe schon ein paar nette Leute kennengelernt: Mit Jean, einem Studenten aus Frankreich jogge ich jeden Morgen. Man kann hier fast alles machen: im Pool schwimmen, Tennis spielen, ins Fitnessstudio gehen, abends in der Disko tanzen und natürlich toll essen. Gestern waren wir in Gibraltar, wo ich mindestens 30 Fotos von den Affen gemacht habe, die es dort gibt. Ich freue mich schon darauf, sie dir zu zeigen.
Viele Grüße,
Jan

Zu 16

1. Haus – 2. alt – 3. alle – 4. Hecke – 5. essen – 6. Hund – 7. Eis – 8. heben

Prüfungsvorbereitung

Leseverstehen, Teil 2
1. b – 2. c – 3. b – 4. a – 5. c

Übungen 10

Zu 2

1) *Nein*

2) *Richtig:* 2, 3, 5, 6

3) 1. Das traditionelle Rollenbild wird mindestens seit den 70er-Jahren in Frage gestellt.
4. 2009 interessieren sich 30 Prozent der Männer und nur 14 Prozent der Frauen für Politik.
7. Ob das aber auch heißt, dass sich die Rollen von Männern und Frauen kaum geändert haben, kann man sicher nicht so einfach beantworten.

Zu 4

1) *Beschreibung Nr. 2*

2) Der dritte Mann passt am besten zum Profil.

3) lacht viel, aktiv, ehrlich, lustig, ernst, gemütlich, nett, flexibel, ...

Zu 6

1 und 4: Mariola – 2 und 6: Esmeralda – 3 und 5: Katerina

Zu 8

1)
1. Wir machen entweder auf Mallorca oder auf dem Balkon Urlaub.
2. Wir können uns entweder einen Fernseher oder einen Laptop leisten.
3. Wir möchten entweder einen Hund oder eine Katze als Haustier haben.
4. Heute Abend kochen wir entweder Suppe oder Spaghetti.

2) Er kann sowohl singen als auch Gitarre spielen. Er kann sowohl schwimmen als auch tauchen. Er kann sowohl klettern als auch schnell rennen.

3) Er kann weder singen noch Gitarre spielen.
Er kann weder schwimmen noch tauchen.
Er kann weder klettern noch schnell rennen.

Zu 10

1) 1d – 2c – 3a – 4e – 5b

2) *netter:* Satz 1, c, 3, e, b

Zu 11

1)
1. Während ich sofort in den Supermarkt gehe, schreibt mein Mann zuerst eine Liste.
2. Während ich Kochen langweilig finde, probiert mein Mann gern neue Rezepte aus.
3. Während ich den Kindern abends vorlese, macht mein Mann mit ihnen eine Kissenschlacht.
4. Während ich nach dem Weg frage, programmiert mein Mann lieber das Navi.
5. Während ich auch mal Geld für einen Handwerker ausgebe, will mein Mann alles selber machen. Und dann wird es teuer!

Zu 13

1. B – 2. A – 3. D – 4. B

Zu 15

1) 1: dieselbe – 2: dasselbe – 3: derselbe – 4: dasselbe

Prüfungsvorbereitung

1G – 2H – 3C – 4M – 5K – 6N – 7E – 8F – 9J – 10B

Übungen 11

Zu 2

1) *Richtig:* 1. a – 2. a – 3. b – 4. b

2) Text 1: a – Text 2: b – Text 3: b

Zu 4

1) 1: von – 2: auf – 3: über – 4: auf – 5: von – 6: auf – 7: für

2)
1: ... auf dein**en** Lebensabend. = *Akkusativ*
2: ... an die neu**e** Lebenssituation. = *Akkusativ*
3: ... von ein**em** ruhig**en** Leben geträumt. = *Dativ*
4: ... von eur**em** neu**en** Tagesablauf ab. = *Dativ*
5: ... für sein langweilig**es** Hobby. = *Akkusativ*
6: ... an mein**e** erste**n** Tage ... = *Akkusativ*

3)

reflexiv	*nicht reflexiv*
sich ärgern über	achten auf
sich verstehen mit	sprechen über
sich interessieren für	diskutieren über
sich erinnern an	hoffen auf
sich engagieren für	sorgen für
sich treffen mit	
sich verabreden mit	

Zu 8
1) 1b – 2c – 3e – 4h – 5f – 6a – 7d

2)
A *Pieto:* 3 – 4 – 7 – 8 – 11 – 12
B *Hoa:* 1 – 2 – 5 – 6 – 9 – 10 – 13

3) *Reihenfolge:*
A: 3 – 8 – 11 – 12 – 7 – 4
B: 5 – 9 – 1 – 6 – 2 – 13 – 10

Zu 9
1) *Vorschläge:*
1. Was werden Sie in zehn Jahren machen?
2. Und was ist für Sie am wichtigsten?
3. Haben Sie noch Träume?
4. Was wollen Sie unbedingt noch erleben?

Zu 10
2. Er wird bestimmt einmal einen großen Garten haben.
2. Er wird bestimmt einmal Rennen fahren.
3. Sie wird bestimmt einmal als Model viel Geld verdienen.
4. Er wird bestimmt einmal Medizin studieren.
5. Sie wird bestimmt einmal tolle Bilder malen.

Zu 11
Er wird gleich da sein.
Sie wird wieder keine Zeit haben.
Sie wird schon schlafen.
Du wirst das schon machen.

Zu 13
1) *Individuelle Lösung*

2)
Ab morgen werde ich keine Cola mehr trinken.
Ab morgen werde ich mehr Fahrrad fahren.
Ab morgen werde ich mehr/die Zeitung lesen.

Prüfungsvorbereitung
Aussage 1: c – Aussage 2: a – Aussage 3: e – Aussage 4: f

Übungen 12

Zu 2
Individuelle Lösung

Zu 3
1) 2. die Regierung(smitglieder) – 3. die Massenflucht – 4. der Bau – 5. der Fluchtversuch – 6. die Wiedervereinigung – 7. das Friedensgebet – 8. die Reisefreiheit – 9. die Zahl

2) *Richtig:* 2, 3, 5, 6, 7
Falsch: 1, 4, 8

Zu 7
1. Seit – 2. Nachdem – 3. Während – 4. Seit – 5. Nach – 6. Während – 7. Nachdem

Zu 9
1) A

2) 1b – 2c – 3e – 4d – 5a

3) *Vorschläge:*
1. Angelika Unterlauf war Nachrichtensprecherin des DDR-Fernsehens.
2. Sie hat die Nachrichten /die neue Reiseregelung in den Nachrichten vorgelesen, dann ist sie an der Grenze Bornholmer Straße vorbeigefahren und hat danach die ganze Nacht ferngesehen.
3. Sie hat sich darüber gefreut, dass sie endlich eine wichtige Nachricht vorlesen konnte.
4. Vor der DDR-Regierung und davor, dass sie ihren Job verlieren könnte.
5. Dass sie früher gedacht hat „Ich lese die Nachrichten nur vor, ich habe sie nicht geschrieben". / Dass sie Nachrichten vorgelesen hat, die von der SED kontrolliert wurden.

Zu 12
1) der Rockpoet, die Rockpoeten – das Musical, die Musicals – die (Liebes-) Geschichte, die Geschichten – der Regisseur, die Regisseure – der Autor, die Autoren – die Bühne, die Bühnen – das Theater, die Theater – die Show, die Shows – der Star, die Stars – der Musiker, die Musiker – das Konzert, die Konzerte – das Publikum, *kein Plural* – der Künstler, die Künstler – die Musik, hm – das Lied, die Lieder – der Hit, die Hits – die Tournee, die Tourneen – das (Panik-)Orchester, die Orchester – das Konzert, die Konzerte – der Schriftsteller, die Schriftsteller – der Maler, die Maler – das Bild, die Bilder

Zu 13
Name: Thomas Brussig
Wohnort: Berlin und Mecklenburg
Familienstand: verheiratet, zwei Kinder
Beruf heute: Autor/freier Schriftsteller
Themen: Leben in der DDR, Zeit der Wende, Fußball

Prüfungsvorbereitung
1b – 2b – 3c – 4a – 5c – 6c – 7a – 8b – 9a – 10b

Übungen 13

Zu 1

1) die Hose, die Hosen – der Schuh, die Schuhe – das Kleid, die Kleider – der Anzug, die Anzüge – die Jeans – der Rock, die Röcke – das Hemd, die Hemden – der Stiefel, die Stiefel – die Bluse, die Blusen – der Pullover, die Pullover – der Mantel, die Mäntel – der Schal, die Schals – die Badehose, die Badehosen – der Badeanzug, die Badeanzüge – die Handtasche, die Handtaschen – die Krawatte, die Krawatten – das T-Shirt, die T-Shirts

2) Die Stiefel sind aus Kunststoff.
Die Brille ist aus Metall.
Die Handtasche ist aus Leder.
Die Kette ist aus Gold.
Das T-Shirt ist aus Baumwolle.

Zu 2

Richtig: 1, 4 – *falsch:* 2 – *nicht im Text:* 3

Zu 3

1. Zuerst wird in Europa das Design für das T-Shirt gezeichnet.
2. Dann wird die Baumwolle in Kenia bestellt.
3. In China wird aus der Baumwolle ein Faden gemacht.
4. Dann wird das T-Shirt in Bangladesch genäht.
5. Dort wird in den Fabriken für bessere Arbeitsbedingungen gekämpft.
6. In Deutschland wird das T-Shirt für nur 4,95 Euro verkauft.
7. Am Ende wird das T-Shirt oft in einen Altkleidercontainer geworfen.
8. Dann wird es vielleicht nach Afrika geschickt.

Zu 5

1) 2. der Export – 3. der Lohn – 4. die Arbeitsbedingungen – 5. produzieren – 6. das Produkt – 7. der Kunde – 8. der Verbraucher – 9. die Kontrolle – 10. der Discounter – 11. die Vorschriften – 12. die Mehrarbeit

2) *Richtig: B*

3) *Abschnitt 1:* 1a – 2b; *Abschnitt 2:* c – e – a – d – b; *Abschnitt 3: richtig:* 1, 3, 5 – *falsch:* 2, 6; *nicht im Text:* 4; *Abschnitt 4: B ist richtig; Abschnitt 5: gesprochen wird über:* die Arbeitsbedingungen in den Fabriken – das Bild der Discounter in den Medien – die Kampagne saubere Kleidung – das Kaufverhalten der Kunden – lange Arbeitszeiten – die Preise

Zu 6

1)
2. Früher wurde vieles per Hand genäht.
3. Früher wurden vor allem natürliche Stoffe benutzt.
4. Früher wurde viel in Fachgeschäften eingekauft.

2)
2. Am Wochenende darf nicht gelernt werden.
3. Die Kursräume müssen renoviert werden.
4. Mehr Lehrer müssen beschäftigt werden.
5. Die Bibliotheken dürfen nicht geschlossen werden.

Zu 9 *Vorschläge:*

Mein Hund hat zu lange Haare, ich lasse sie schneiden. Mein Auto ist schmutzig, ich lasse es waschen. Meine Schuhe sind kaputt, ich lasse sie reparieren. Ich habe kein Wasser mehr, ich lasse es mir bringen / es liefern. Meine Kette ist kaputt, ich lasse sie reparieren.

Zu 11

1) *Für Kaufhaus:* Horst, Uschi, Preisfuchs, Mausi
Für Internet: Feline, Klausi

2) 2. die normalen Kaufhäuser
Horst: bestimmte Artikel im Internet zu kaufen
Uschi: shoppen gehen
Preisfuchs: im Internet, Preise und Bewertungen
Feline: nachts/nach 19 Uhr im Internet einkaufen
Mausi: Kleidung im Internet kaufen
Klausi: aus dem Ausland

Zu 12

2. Er kauft sein Obst nicht im Supermarkt, sondern auf dem Markt.
3. Er kauft sein Gemüse nicht frisch, sondern als Tiefkühlprodukt.
4. Er kauft seine Kleidung nicht neu, sondern gebraucht.
5. Er kauft seine Bücher nicht in der Buchhandlung, sondern im Internet.
6. Er kauft seine Bahntickets nicht am Schalter, sondern am Automaten

Prüfungsvorbereitung

Musterlösung

Lieber José
danke für deine Mail. Ich würde mich über deinen Besuch sehr freuen und natürlich ist es kein Problem, wenn Susana mitkommt. Ich würde sie sehr gern kennenlernen. Bei uns gibt es sehr viele verschiedene Geschäfte. Sehr günstige Discounter, aber auch sehr teure Fachgeschäfte.

Man hat eine große Auswahl. Am besten gehen wir zusammen in die Fußgängerzone, da kann Susana in Ruhe schauen, was ihr gefällt. Anfang Juni ist Pfingsten, da haben wir hier ein langes Wochenende und ich hätte viel Zeit für euch. Schreib mir bitte bald, ob ihr dann kommen könnt.
Viele Grüße, dein/e

Übungen 14

Zu 2

1) 1. Sehenswürdigkeit – 2. Das ist etwas, mit dem man bezahlen kann. – 3. Nachbarländer – 4. Das sind die Menschen, die in einem Land wohnen. – 5. Landessprache – 6. Million – 7. Produkt – 8. Das ist die wichtigste Stadt in einem Land.

2) Österreich – österreichisch – der/die Österreicher/in; die Schweiz – schweizerisch – der/die Schweizer/in; Italien – italienisch – der/die Italiener/in; Frankreich – französisch – der Franzose/die Französin; Polen – polnisch – der Pole/die Polin; Dänemark – dänisch – der Däne/die Dänin; Belgien – belgisch – der/die Belgier/in; Tschechische Republik – tschechisch – der Tscheche/die Tschechin; die Niederlande – niederländisch – der/die Niederländer/in; Ungarn – ungarisch – der/die Ungar/in

Zu 3

1) *Text 1:* Hauptteil; *Text 2:* Einleitung; *Text 3:* Schluss

2) *Thema 1:* allgemeine Informationen
Thema 2: Schweizer Spezialitäten/Essen
Thema 3: Tourismus/Reisemöglichkeiten

3) 1b – 2c – 3c – 4a

Zu 8

1) 1. C – 2. B – 3. D – 4. A

2) *Mustertext*
Die Swatch-Uhr kam zum ersten Mal als bunte Plastikuhr 1983 in den Handel. Am Anfang gab es eine Swatch nur aus Plastik, sie wurde aus 51 Teilen zusammengebaut. Die Marke wurde sehr beliebt und es gibt weltweit viele Sammler. Die Swatch-Uhr gilt als erfolgreichste Armbanduhr aller Zeiten. Allein 2006 wurden über 333 Millionen Exemplare verkauft.

Zu 9

1) *Musterlösung*
Lieber Kimiko,
toll, dass es dir so gut in der Schweiz gefällt. Vielen Dank für die Einladung, darüber freue ich mich sehr. Ich könnte im Sommer kommen. Hast du in der ersten Augustwoche Zeit? Dann können wir zusammen wandern gehen. Aber natürlich möchte ich auch Zürich sehen. Du kannst mir bestimmt die schönsten Plätze zeigen, das wird toll!
Vielen Dank und liebe Grüße, deine/e

2) 1. Pavel mag nicht nur Großstädte, sondern auch die Natur. 2. Pavel mag nicht nur Flugzeuge, sondern auch die Bahn. 3. Pavel mag nicht nur Pommes frites, sondern auch komische Spezialitäten. 4. Pavel mag nicht nur Hotels, sondern auch Campingplätze.

3) *Individuelle Lösung*

Zu 12

Text A: Seit wann?: seit 1814/1935 – Preise für die Eintrittskarten: 250 bis mehrere 1000 Euro – Kleidung: langes Ballkleid, Frack – Beginn: 22 Uhr – Debütanten: junge Leute zwischen 17 und 24, die in die Gesellschaft eingeführt werden – Damenspende: ein kleines Geschenk oder eine Süßigkeit, die an alle Frauen verteilt wird – Speisen und Getränke: 3000 Flaschen Wasser, 800 Flaschen Sekt oder Champagner, über 1500 Paar Würstel

Text B: Nationalität: türkisch – Alter: 32 – Beruf: Tanzschullehrer – Kindheit: in Ostanatolien aufgewachsen, als Ziegenhirte gearbeitet – Seit wann Tänzer?: mit 16 Jahren angefangen – Höhepunkt seiner Karriere: Tanzmeister beim Opernball 2012

Zu 13

1)
1. Obwohl meine Frau nicht Skifahren kann, fährt sie mit mir in den Winterurlaub.
2. Obwohl sie leicht friert, mag sie den Winter.
3. Obwohl wir kein Deutsch verstehen, fahren wir zum Skifahren am liebsten nach Österreich.
4. Obwohl wir nicht viel Geld haben, gehen wir jeden Abend essen.
5. Obwohl wir nicht mehr jung sind, genießen wir das Leben.

2) 1. Wegen – 2. Trotz – 3. wegen – 4. trotz – 5. wegen

Prüfungsvorbereitung

1G – 2B – 3E – 4F